第1話
朝鮮時代に
タイムスリップ!?

韓国ドラマにまつわる言葉をイラストと豆知識でアイゴーと読み解く

韓ドラ語辞典

文：高山和佳

絵：新家史子

はじめに

　本書は、韓国ドラマにまつわる言葉から韓国ドラマの魅力を深掘りしていく、新たな
スタイルの韓ドラ本です。逆引きのように本文の解説に俳優名やドラマ名が出てきま
すが、見出しにはほぼ登場しません。見出しに並ぶのは、一般的な韓国ドラマ用語、
韓流時代劇用語、独自に命名した韓ドラあるある用語などですが、そのセレクトには
著者の偏愛が多分に含まれています。

　韓国ドラマを観はじめて早17年。元来淡白な私が、趣味が高じて韓流雑誌などで
執筆するようになり、今も飽きていないなんて驚きです。この本に想いを詰め込みまし
たが、とにかく韓国ドラマのメンタリティがたまらなく好きなのです。ここ数年は、韓国
ドラマを通して、関心が韓国の近現代史や周辺諸国にまでおよび、本を読んだり、あ
れこれ考えたり。また違った意味で、韓国ドラマの底知れぬ魅力を感じていました。

　そんな折、ある韓国トークイベントで韓国文学好きの誠文堂新光社の編集さんと出
会い、しばらくして本書のお話をいただいたのです。最初は腰が引けたものの、本シ
リーズの特徴が「執筆者の主観に満ちた、ほとばしる愛と情熱の結晶」と聞いて心
を強くしました。韓国ドラマというと、ラブストーリーばかりが取り上げられがちですが、

面白さは"胸キュン"だけではありません。いろいろな視点から楽しむことが可能です。ここは思い切って、「私が愛する韓国ドラマの世界」を深める辞典にしてみようと思いました。

　つまりは本書は、著者視点の『韓ドラ語辞典』なのです。ほかの方が手掛けたら、まったく違うものになるでしょう。韓ドラファンのすそ野は広く、ハマり方も千差万別ですから、それぞれが作ったとしたら何億通りもの『韓ドラ語辞典』ができるんだろうなと思います。そんなプロジェクトがあったら面白そうだなぁと夢想してしまいます（ただし、このボリュームを1人でやろうとすると、5歳老ける可能性があります……）。

　執筆中は、思わずふき出したり、思わず胸を熱くしたりと、さまざまな感情が噴出して大変でした。ドラマで何気なく見ていたシーンがパッと色づいていくというか、意味を成していくというか、そんな感覚を何度も覚えました。

　本書を読んだことで韓国ドラマを観る楽しさが増したとしたら、それは限りない発想力と知恵を持って並走してくださった韓ドラ語辞典チームと、アイデア出しから原稿チェックまで全力でサポートしてくれた夫のおかげです。感謝してもしきれません。

高山　和佳

韓ドラの深いところまでよくわかる！
この本の楽しみ方

「韓ドラあるある」「韓国の歴史・社会問題」など、
韓国ドラマを深く理解するうえで役立つ用語を50音順で紹介！
ネタバレなしなので、マニアから初心者まで楽しめる情報ぎっしりの1冊です。

ポッポ **1**
【ポッポ】

現代劇

軽いキスのこと。響きがかわいいこともあり、ドラマを観ているとすぐ覚えてしまう韓国語のひとつ。一般的には子どもに対する"チュー"を指すことが多いが、異性間でも行われる。劇中の大人のポッポは、頬とおでこにするものに大別される。頬 **3** の場合は、チュッというぐらいのライトなものが大半だが、おでこ（どちらかというと前髪？）にする場合は、気持ちを我慢しなくてはならないけど狂おしいほど愛おしい……など、深い意味を持つことが多くなる。また、高身長俳優のおでこポッポは、横からのシーンがとても美しい。

トキメキ
おでこポッポ
なだ込むような手がポイント！ **4**

ホラー＆オカルト **3**
【ほらーあんどおかると】

現代劇　時代劇

昨今、盛んに作品が制作されるジャンル。地上波ドラマでも『九尾狐伝〜愛と哀しみの母〜』(2010)などはゾッとさせられる出来だったが、韓国では、映画に比べて地上波ドラマは規制が厳しく、かつては控え目なものが多かった。だが、比較的自由な表現が可能なケーブルドラマやNetflixオリジナルドラマの隆盛によりアップグレード。『客ーザ・ゲストー』(2018)『テバク不動産』(2021)などKオカルトと呼ばれる作品や、『キングダム』(2019〜)『ダークホール』(2021)といったゾンビなどのクリーチャーものが続々と作られている。いずれも作品性が高く、マニアの心を捉えるグロさもしっかり備えていると思われる。ホラー＆オカルト好きは、Netflixとともにケーブルテレビ局OCN（→「OCN」参照）にも注目したい。

5 厳選！
ホラー＆オカルトドラマ

『九尾狐伝〜愛と哀しみの母〜』(2010)
ホラー＋ラブコメディの意欲作！

『主君の太陽』(2013)
『君を守りたい〜SAVE ME〜』(2017)
『客ーザ・ゲストー』(2018)
『パンドラ 小さな神の子供たち』(2018)

1 見出し語

著者ならではのユニークな視点で切り取った語句を中心に、50音順に並べています。

2 アイコン

「現代劇」「時代劇」、どちらに関連する語句かをアイコンで示しています。

3 解説

作品名や俳優名は、主に解説の中で取り上げています。見出し語に関連する作品や出演俳優がわかる、逆引き辞典としても楽しめます。

4 イラスト

見て楽しめるイラストが満載！ 解説とは異なる視点で描かれたものもあり、1つの見出し語で2つの世界が味わえます。

5 厳選ドラマ

ジャンルを表す見出し語では、厳選ドラマを紹介。次に観るドラマを探している人はチェックしてみてください。

綴込み
付録

創作韓ドラすごろく

韓ドラストーリーを作って遊べる「すごろく」付きです。

※本書の内容はすべて2021年9月現在のものです。

もくじ　韓ドラ語辞典

妄想★Specialインタビュー

西
現代劇

やせがまんしているわけではないのでご安心ください

女性が困っていると、どうしても手を貸してしまいたくなるのが性分のようです。特に寒そうにしているところは、見過ごせません。自分の上着を脱いで、女性の肩にフワッとかける……。別にやせがまんしてやっていることではないんです。韓国イケメンとして、自然に身についているしぐさのひとつなんです。劇中の上着がけシーンを改めてじっくり見ていただければ、それがおわかりになるでしょう。これからも、寒さにひるまず、この道をまっとうします！

今後も新パターンの開発に励み皆さんの期待にお応えします

圧倒的な得票数で横綱に選んでいただき、ありがとうございます。韓国イケメン特有のしぐさではないのですが、恋愛表現が控えめな日本の方に受け入れていただきやすいのでしょうか。ファンミーティングでも、よくバックハグをさせていただきます。韓国ドラマでは、料理をしているときなど、さまざまなシチュエーションでバックハグをします。今後も、アッと驚くパターンのバッグハグをお見せしていきますので、どうぞご期待を！

大関　上着かけ

横綱　バックハグ

敢闘賞　日差し遮り

献身的？　いえいえ、ただただ相手を想いやっているだけです

もしかしたら、日差し遮りをされた経験がある日本の方は、少ないのかもしれませんね。韓国ドラマでは、陽だまりの中でうたた寝している相手をゆっくり寝かせてあげようと、手や物を使って日差しから守るしぐさをよくします。相手は気づかないことも多いですが、その人への想いが強いからこそしてしまう代表的な行動のひとつです。皆さんにもっとときめいていただけるよう、さらに精進します！

ワンツーフィニッシュを飾った横綱・大関に加え、
大健闘した敢闘賞受賞者(←勝手に著者が授与)に妄想インタビューを決行！
脳内にこだまする彼らの喜びの声をお届けします♡

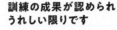

地味かと思いきや
熱いご支持をいただき感無量です

折り目正しく韓服を着て小机の前に座り、背筋をピンと伸ばし書物に目を落とす……。現代劇ではなかなか見られない、静かな佇まいを支持していただけたのかなと思います。書物の文字面を指で追ったり、ふと書物から目を離してもの思いに耽る姿も、魅力的だとよく言われます。硯から筆に優しく墨をつけるしぐさも好評です。これからも、時代劇ならではの気品あふれる決まり手を繰り出していく所存です！

訓練の成果が認められ
うれしい限りです

今日は残念ながら馬はお留守番ですが、まさか横綱になるとは……。剣を片手に乗馬するときは、前のめりになって上半身を微動だにしません。人馬一体となり目的地へ一直線に走る姿が、見る者の心を捉えるのかもしれませんね。剣を携えての乗馬は片手で手綱を持つことになるため、高度な技術が必要です。皆さんに認めていただき、訓練したかいがありました。遠目から見ると、さらに美しく映ると思います。ぜひ山の頂や草原を疾走する姿を堪能してください。

大関 書物を読む美姿勢

横綱 剣を携え乗馬

敢闘賞止まりなのは色気不足のせいでしょうか

キスはもともと首を傾げてしますが、カッを被っていると、さらに印象深く見えるのではないでしょうか。少し顔が隠れるところが、情緒的なのかもしれません。大変なのは、相手が男装女子のとき。ツバとツバがぶつかってお互いに「ああっ……」となるシーンを、劇中でよくご覧になると思います。もう少し上位に食い込めると思っていました。よりセクシーなキスしぐさを極めるべく、まい進いたします。

時代を映す韓ドラヒロインたち

「悲劇のヒロイン」タイプ

不幸話が盛り沢山！

『秋の童話』(2000) ウンソ(ソン・ヘギョ)

韓流初期の悲劇のヒロインといえば、『秋の童話〜オータム・イン・マイ・ハート〜』(2000)のウンソ(ソン・ヘギョ)。裕福な家庭の娘から一転、入れ違いが発覚して貧乏な家の娘になってしまったり、血のつながらない兄との悲恋の関係に苦しんだり、最終的には韓ドラの定番病のひとつ"白血病"に侵されたり……。さまざまな不幸に見舞われながらもたくましく生きていこうとするが、昨今の自立したヒロインとは異なり、ウンソにはどこか儚いイメージがあった。当時は、男性が守ってあげたくなるような女性が好まれていたのだ。

「涙の女王」タイプ

清らかな美しさ

『冬のソナタ』(2000) ユジン(チェ・ジウ)

『冬のソナタ』(2002)のユジン(チェ・ジウ)には、清らかな美しさがあった。本作は、亡き初恋相手が物語のポイントとなるが、"初恋"がテーマのドラマは韓国に数あれど、これほど切ない気持ちになる作品はそうそうない。忘れられない人を想って涙をポロポロ落とすユジンの姿は、もらい泣きするほどドラマチックで、演じたチェ・ジウには"涙の女王"という称号が与えられた。一方で、建築デザイナーでもあるユジンは、留学するなどしてキャリアをしっかり積んでいくのも特徴。仕事で自己実現を果たす韓ドラヒロインの先駆けともいえるだろう。

シンデレラタイプ

韓ドラ王道ヒロイン

『パリの恋人』(2005) テヨン(キム・ジョンウン)

『パリの恋人』(2005)のテヨン(キム・ジョンウン)が、まさにこのタイプ。貧しくても前向きで明るくて、「苦難にアタック！タイプ」(P11)に似ているが、キャラクター設定にシンデレラ的な夢が詰め込まれているところが大きく異なる。ヒロイン自身も結構頑張っているのだが、恋愛関係となる財閥御曹司がさらにグイッと引き上げてくれるのだ。見たこともない豪華な部屋に泊まり、着たこともない華やかなドレスを着て、就職の面倒まで見てもらう……。韓国では、こうしたタイプを"キャンデレラ"(キャンディ・タイプ(→「キャンディ・タイプ」参照)＋シンデレラ)と呼ぶとか。

容姿なんて気にしない！タイプ

ぼっちゃりがカワイイ！

『私の名前はキム・サムスン』(2005) サムスン(キム・ソナ)

『私の名前はキム・サムスン』(2005)のサムスン(キム・ソナ)は、韓ドラ界の革命的ヒロイン。パティシエゆえにぽっちゃり体型は仕方ないと気にせず、思ったことはズケズケ言い、時には性的な発言も口にしちゃう……。それまでも元気なヒロインや気の強いヒロインはいたが、ここまで女らしさを武器にしないヒロインはおらず、その率直な言動が女性たちに熱狂的な支持を得た。サムスンの爆発的魅力によって個性あふれる一作に仕上がっている本作。そんな自由闊達なヒロインが、ヒョンビン演じるイケメン年下男子を射止めるのも痛快だった。

男装ヒロインタイプ

BLの先駆け!?

『コーヒープリンス1号店』(2007) ウンチャン(ユン・ウネ)

今も続く男装ヒロインの先駆者といえるのが、『コーヒープリンス1号店』(2007)のウンチャン(ユン・ウネ)。韓流時代劇では仕方なく男装することが多いが、テコンドーの師範で食べっぷりも見事なウンチャンは、もともとボーイッシュであるというのがポイント。無理して男装しているわけではなく、中性的なキュートさがあった。相手役のハンギョルと次第にBLのような関係になっていくのも、当時は新鮮な展開。韓国ドラマの脚本家は女性が多いが、本作は脚本だけでなく演出も主人公も女性という点でも革新的な一作だ。

苦難にアタック！タイプ

定期的に現れる

『華麗なる遺産』(2009) ウンソン(ハン・ヒョジュ)

困難にぶち当たってもめげずに自分で人生を切り開いていくタイプのことで、『華麗なる遺産』(2009)のウンソン(ハン・ヒョジュ)がまさしくそれ。韓国では、キャンディ・タイプ(→「キャンディ・タイプ」参照)と呼ばれている。裕福な家で育ったウンソンは、継母の策略にハマり、家族も財産も奪われてしまう。だが、元来の明るさと前向きさで周囲を巻き込み、自分の人生を取り戻していくのだ。"周囲を巻き込む"というのがポイントで、男性主人公や見守り男子(→「見守り男子」参照)に支えてもらう術に長けているのも特徴。2000年以降は定期的に現れる人気のヒロインタイプだ。

リーダータイプ

現実より先に女性大統領誕生

韓国では、2013年に初の女性大統領（第18代大統領・朴槿恵）が誕生。その3年前に、韓国ドラマでは『レディプレジデント～大物』(2010)のヘリム（コ・ヒョンジョン）が劇中で女性大統領になっていた。元大統領の娘であった現実世界の女性大統領とは異なり、ヘリムはアナウンサーで、夫の無念の死をきっかけに政界入りしていく。演じたコ・ヒョンジョンがとにかくカリスマ的で、女性リーダーのこれからを期待させるキャラクターだった。本作の前年には、朝鮮半島初の女王の生涯を描いた『善徳女王』、女性市長誕生を描いた『シティホール』も制作されていて、当時の韓国には女性リーダーが生まれる気運があったのかも？

『レディプレジデント』(2010)　ヘリム（コ・ヒョンジョン）

私はスター！タイプ

グローバル化した韓流の象徴

2000年代後半からのK-POPブームを受け、2010年代に入って韓流がグローバル化。その象徴的なヒロインともいえるのが、『星から来たあなた』(2013)のソンイ（チョン・ジヒョン）だ。宇宙人×トップ女優という、これまでにない組み合わせの恋を描いた本作は、中国でも大ヒットし、男性主人公を演じたキム・スヒョンとともにチョン・ジヒョンも国際的な人気に。ソンイは、トップ女優だけれど、わがままで寂しがり屋でかなりおバカという、破天荒すぎるヒロイン。まるでスターの裏側を暴露したかのようなキャラクターが、多くの人に支持されたのかもしれない。

『星から来たあなた』(2013)　ソンイ（チョン・ジヒョン）

信念の女タイプ

女性もホレる！

『シグナル』(2016)のスヒョン（キム・ヘス）は、冷静沈着なベテラン刑事。それまで刑事、検事、弁護士の主人公といえば男性ばかりだった韓国ドラマにおいて、スヒョンは草分け的存在といえるだろう。男性に頼らず、揺るがない信念を持つ女性。2016年と過去を行き来しながら進む本作は、今では現場を渡り歩くやり手刑事である彼女が、若い頃は署内でお茶くみをしていたというエピソードが設けられ、女性への待遇の変遷も感じさせる。本作以降、刑事や検事などの専門職についたクールなヒロインが増加するが、その最強版が『誰も知らない』(2020)のヨンジン（キム・ソヒョン）。あまりのカッコ良さにホレます。

『シグナル』(2016)　スヒョン（キム・ヘス）

ピースフル
ライフ！

『恋愛体質』(2019) ハンジュ(ハン・ジュン) ウンジョン(チョン・ヨビン) ジンジュ(チョン・ウヒ)

2018年頃から韓国で#MeToo運動(→「#MeToo」参照)が広まり、韓ドラのヒロインも細分化していく中で生まれたのが、このタイプ。『恋愛体質～30歳になれば大丈夫』(2019)のジンジュ(チョン・ウヒ)、ウンジョン(チョン・ヨビン)、ハンジュ(ハン・ジュン)は、これまでの韓ドラ設定にしばられていないヒロインだ。それぞれにドラマ脚本家、ドキュメンタリー作家、マーケティング会社の会社員という道を進むけれど、がむしゃらに夢を追ったりしない。厳しい現実に直面しても、自分のペースで生きることを諦めず、幸せの形を見失わないのだ。距離感を保って支え合う姿も新鮮で、韓国ドラヒロインの新たな可能性を感じる。

最先端分野で
活躍

『恋愛ワードを入力してください～Search WWW～』(2019) ヒョン(イ・ダヒ) ガギョン(チョン・ヘジン) タミ(イム・スジョン)

同性も憧れるガールクラッシュ(→「ガールクラッシュ」参照)なヒロインが増加する中で注目されたのが、『恋愛ワードを入力してください ～Search WWW～』(2019)のタミ(イム・スジョン)、ヒョン(イ・ダヒ)、ガギョン(チョン・ヘジン)。アラフォー女性3人がヒロインというのも珍しいが、本作は男性主人公が当たり前だった企業モノで女性を中心に描いた点でも画期的だ。しかも、舞台となるのは、社会の最先端を行くポータルサイト業界。柔軟な判断力で組織を動かす3人は、恋も自分主導。それぞれの人生観や結婚観も綴られ、自立した現代女性の苦悩が描き出されていくのも興味深い。

『梨泰院クラス』(2020)のイソ(キム・ダミ)は、かつての謙虚な韓ドラヒロインとは真逆のキャラクター。IQ162のソシオパスであるとともに、SNSで多大な影響力を持つインフルエンサーで、ファッションも生き方も、まさに今の時代を映したヒロインだ。従来の韓ドラファンには馴染みのないヒロイン像だが、若い世代は絶賛。生意気で計算高くても、誰にも媚びずに欲しいものを手にできる才能あふれるイソは、最高にカッコイイのである。一方で、エキセントリックに見えて、男性に対しては徹底して"一途"なのも特徴。おそらくどんなに時を経ても、"一途"であることは、韓ドラヒロインに欠かせない要素なのだ。

えっ、
ソシオパス
！？

『梨泰院クラス』(2020) イソ(キム・ダミ)

韓ドラ語辞典

あ

相合傘
【あいあいがさ】

現代劇

恋の始まりを予感させるシーンに使われる。『よくおごってくれる綺麗なお姉さん』(2018)では、カーラ・ブルーニの「Stand By Your Man」をBGMに2人が肩を組みながら雨の中を相合傘するシーンが印象的に流され、韓国ドラマの名シーンのひとつとなった（ちなみに本作の英題は、『Something in the Rain』!）。相合傘からはみ出て濡れてしまった男性の肩がクローズアップされるのも鉄板シーン。『ゴー・バック夫婦』(2017)でも、チャン・ナラと相合傘をしたチャン・ギヨンの濡れた肩にカメラがばっちり寄っていた。また、『キム秘書はいったい、なぜ?』(2018)でも見られたが、上着を2人で被って傘にするパターンも多い。

よくおごってくれる綺麗なお姉さん

赤いシリーズ
【あかいしりーず】

現代劇

1970年代に放送された日本のドラマシリーズ。山口百恵や宇津井健などがメインキャストを務め、『赤い運命』『赤い衝撃』などがある。出生の秘密、記憶喪失、異母きょうだいなど、主人公たちがさまざまな障害に立ち向かうストーリーが、『冬のソナタ』

(2002)と似ているといわれた。確かに共通の設定も多く、波乱万丈さ加減も同じだが、冬ソナは主人公2人の純愛により力点が置かれ、ロマンチックな要素が濃い。

悪縁
【あくえん】

現代劇 時代劇

主人公カップルは、基本的に悪縁でつながる。それが乗り越えるべき壁となり、ドラマを盛り上げる。双方の父による勢力争いがのちに歴史的大事件へと発展する『王女の男』(2011)は典型的で、朝鮮王朝版ロミオとジュリエットとも呼ばれる。また、『ここに来て抱きしめて』(2018)では、ヒロインの両親を殺した犯人が男性主人公の父（しかも連続殺人犯!）という究極の設定であった。

悪女
【あくじょ】

現代劇 時代劇

愛憎復讐劇には欠かせないキャラ。時代劇では朝鮮三大悪女（→「朝鮮三大悪女」参照）が有名。基本的に妖艶なタイプが多く、良質な悪女はドラマにいい緊張感を与える。金や名誉のために家族さえも貶めたり、恋する相手にゾッとするほど執着したりするが、何かワケありな場合も。注目したいのは、悪女を心から愛してしまう男性の存在。意外に一番印象に残ったりする。『ヘチ 王座への道』(2019)でも、パク・フンがセクシーな魅力たっぷりに悪女に愛を捧げる。

悪徳刑事
【あくとくけいじ】

現代劇

刑事ドラマには、必ずといっていいほどワイロを受け取っている刑事が登場する。『シグナル』(2016)『みんなの嘘』(2019)など、挙げたらきりがないほど。最後の最後まで悪いヤツもいるが、家族の入院費のためなど、

弱みを握られて仕方なく悪に手を染めているパターンもあり、良心が残っていて最後は主人公を助ける悪徳刑事もいる。ただ、そういう場合はたいてい途中で命を落とし、最終回まで生き残れない。

アジア通貨危機
【あじあつうかきき】

現代劇

1997年、アジア各国で相次いだ急激な通貨下落現象のこと。各国の経済に影響を及ぼし、韓国は国家破綻の危機に追い込まれて、国際通貨基金（IMF）の資金支援を受けるに至った。事の顛末は映画『国家が破産する日』(2018)に詳しい。そんな激動の時代を背景にしたドラマも多く、『ミス・コリア』(2013)『黄金の帝国』(2013)などは、アジア通貨危機が主人公たちの運命を狂わせる。また、『応答せよ1997』(2012)は、アジア通貨危機の年から物語が始まる。

足踏み洗濯
【あしふみせんたく】

現代劇

たらいに水と洗剤を入れて、シーツなどの大きな布を足で踏みながら洗う洗濯方法のこと。なぜか胸キュンシーンとして使われることも多い。男女が一緒に行った場合、2人の仲は確実に恋に発展する。足踏み洗

濯のあと2人でねじり絞りしたり、仲良く洗濯物を干したりするのも鉄板シーン。最近は減ってきたが、『恋愛体質〜30歳になれば大丈夫』(2019)では、過去作へのオマージュのように足踏み洗濯が登場。

アジュンマ軍団
【アジュンマぐんだん】

現代劇

"アジュンマ"とは、韓国語で"おばさん"の意味。キツいくるくるパーマや柄に柄を合わせた離れ業ファッション、おしゃべり好きで世話好きなのが基本スタイル。派手派手な登山ファッション（→「登山ファッション」参照）も、彼女たちの得意分野。昨今は、ラブストーリーに集団として現れる傾向が強い。『契約主夫殿オ・ジャクトゥ』(2018)『愛の不時着』(2019)などでもアクの強いアジュンマ軍団が活躍している。

韓国アジュンマ大解剖

Big! サンバイザー
クルクルパーマ
モチモチお肌
ハデハデ柄モノ&カラフルファッション
ログセ
市場の黒いビニール袋
斜めがけショルダー

アジョシ俳優
【アジョシはいゆう】

現在のドラマ界のクオリティを支える演技派中堅俳優のこと。ユ・ジェミョン、キ・ハ・ビョンチョル、キム・ヨンミン、パク・ホサンなどがいる。"アジョシ"とは、韓国語で"おじさん"の意味。映画『アジョシ』(2010)の中で元祖韓流四天王のイケメン俳優ウォンビンが「アジョシ」と呼ばれたことが、言葉のイメージアップに役立った。

あ

姐さん女優
【あねさんじょゆう】

キム・ナムジュ、キム・ヘス、コ・ヒョンジョンのこと（勝手に命名）。女帝女優とも呼びたくなるような迫力を放つ三大女優。彼女たちが出演するだけで、ドラマがピリッと引き締まる。キム・ナムジュはいみじくも『逆転の女王』(2010)などの女王シリーズに主演。全員、身長170cm前後で、1970年前後生まれ。最近は、チョン・ヘジンの迫力も見逃せないものになっている。

雨
【あめ】

現代劇 時代劇

感傷的なシーンで使われる。打ちひしがれているときは大半、びしょ濡れになって雨の中を歩く。相合傘（→「相合傘」参照）とともに韓ドラ名物である雨宿りシーンでは、手の平で雨を感じる場面がなぜか必ず差し込まれる。『ドクターズ〜恋する気持ち』(2016)の雨の中のダンスシーン、『十八の瞬間』(2019)の両手傘シーンなど、作品を象徴するような感動シーンも多い。雨が降ってきたらドラマに集中を！　最近は桜吹雪が台頭。

暗行御史
【アメンオサ】

時代劇

朝鮮王朝時代、身分を隠して密かに地方官の不正を内偵した王直属の特命捜査官のこと。1509年からその名が記録され、1892年に廃止された。暗行御史は、私利私欲のない人物としてヒーロー的に扱われることが多い。実在の人物としてはパク・ムンス(1691〜1756)が有名。ドラマでも『暗行御史パク・ムンス』(2002)などがあり、『秘密の扉』(2014)『ヘチ 王座への道』(2019)にも登場する。『暗行御史：朝鮮秘密捜査団』(2020)では、キム・ミョンス（エル）が若き暗行御史に扮している。

『アリランの歌—ある朝鮮人革命家の生涯—』
【アリランのうた
あるちょうせんじんかくめいかのしょうがい】

朝鮮人革命家の波乱の人生を、アメリカ人ジャーナリストのニム・ウェールズが本人から聞き書きしてまとめた1冊。岩波書店刊。今となっては、1905年に生まれ33歳で亡くなったキム・サン（本名：張志楽）の物語として知られるが、本人の身を守るため初の翻訳本(1953年刊)ではその正体はまったくの謎で、改訳本(1965年刊)でも本書が書かれたあとすぐに処刑されていたこともわかっていなかった。革命家としての想いから恋についてまでリアルに綴られ、『シカゴ・タイプライター 〜時を越えてきみを想う〜』(2017)などが好きな人には興味深い内容。掲載されたキム・サンの顔写真は、俳優イ・ヒジュン似。ぜひいつか彼を主役に本作原作のドラマが観てみたい。

『アリランの歌』
ニム・ウェールズ、キム・サン著／
松平いを子訳／岩波書店

安企部
【あんきぶ】

1981〜1999年まであった大統領直属の情報機関「国家安全企画部」の略称。前身は韓国中央情報部（KCIA）で、1999年に名称が国家情報院（→「国家情報院」参照）に改められた。全斗煥大統領の軍事政権（1980〜1988）下には、反政府運動の弾圧を激しく行い、水責めや電気ショックなどの拷問もしていた。取調室がソウルの南山にあったため"南山"が隠語で、ドラマでも「昔、南山にいたよ」などと話されることも。『砂時計』(1995)『ジャイアント』(2010)などでは、そんな現代史の闇を垣間見ることができる。現在、南山の安企部庁は改装され、ソウルユースホステルになっている。

アン・ギルホ
【アン ギルホ】

演出家。その名を知らしめたのは、視聴者をまさに森に置き去りにするような演出で検察内部の不正を描いた『秘密の森〜深い闇の向こうに〜』(2017)。最終回は韓国ドラマ随一の完成度といわれる。その後の作品も、『アルハンブラ宮殿の思い出』(2018)『青春の記録』(2020)など、緻密で繊細な演出力が光る。『ウォッチャー 不正捜査官たちの真実』(2019)は、タイトルの文字が浮かび上がるクールなオープニングシーンだけでも見る価値あり。『秘密の森 シーズン2』(2020)は担当しなかった。

アン・ジョンファン (1976〜)
【アン ジョンファン】

元サッカー選手。2002年の日韓ワールドカップの際に、彫刻のような横顔とふわりとなびく長髪でピッチを駆け巡る姿を披露。それまで「韓国男性＝イケメン」という概念があまりなかった日本人女性に衝撃を与えた。その後の韓国イケメンの受容や韓流ブームの隆盛に、少なからず影響を与えたと筆者は見ている。2012年に引退後は、バラエティで活躍。かなりぽっちゃりしてしまい、日本では「あのアン・ジョンファンがアンパンマンに!?」ともささやかれる。

安東金氏
【アンドンキムシ】

朝鮮王朝後期に国の実権を握った一族。名君として知られる正祖（→「イ・サン」参照）亡き後、第23代王・純祖（在位1800〜1834）と第25代王・哲宗（在位1849〜1863）の時代に勢道政治を行った。勢道政治とは、もともとは有能な臣下が王の信任を受け正しく政治を行うことを指したが、安東金氏の場合は、外戚関係を結んで王を意のままに操り、民衆から厳しく搾取した。『イ・サン』(2007)のラストは、その後に安東金氏時代が訪れることを想像して観るとさらに印象深い。『風と雲と雨』(2020)は、若干設定が異なるためか、"壮洞キム氏"と微妙に名前を変えている。

あ

アン・パンソク (1961〜)
【アン パンソク】

演出家。ダークな色合いで映画の名シーンのような味わい深い場面を生み出す巨匠。象徴的な作品は、『よくおごってくれる綺麗なお姉さん』(2018)。江國香織の小説『東京タワー』を原作にした『密会』(2014)も名作。不倫を純愛へと昇華させた名場面(→「『密会』のベッドシーン」参照)の数々が心に刺さる。『風の便りに聞きましたけど!?』(2015)も、映像美×ブラックコメディというこれまでの韓国ドラマにないタイプの秀作。そのほか、日本ドラマのリメイク作『白い巨塔』(2007)や、『妻の資格』(2012)『ある春の夜に』(2019)も担当。

イ・ウジョン脚本家 (1974〜)
&シン・ウォンホ監督 (1975〜)
【イ ウジョンきゃくほんか
あんどシン ウォンホかんとく】

韓国ドラマ界の至宝ともいえるゴールデンコンビ。2人が制作に携わった『応答せよ』シリーズ(→「『応答せよ』シリーズ」参照)、『刑務所のルールブック』(2017<イ・ウジョン脚本家は脚本企画のみ>)、『賢い医師生活』(2020〜)は軒並み大ヒット。複雑な感情をユニークな視点で切り取り、細部まで意味を持たせ、小さなエピソードをつないで大きな感動へと導くのが特徴。2人ともバラエティ番組出身のため、遊び心も満載だ。また、無名の俳優の個性を引き出すのもうまく、チョンウ、パク・ボゴム、リュ・ジュンヨルなど、これまで多くの出演俳優がスターに。

イ・ウンボク (1969〜)
【イ ウンボク】

演出家。『秘密』(2013)で頭角を現す。韓国一の脚本家と称されるキム・ウンスク(→

「キム・ウンスク」参照)とタッグを組んだ『太陽の末裔 Love Under The Sun』(2016)『トッケビ〜君がくれた愛しい日々〜』(2016)『ミスター・サンシャイン』(2018)はどれも大ヒット。大作でありながら大味ではなく、切ない心情を表した幻想的なシーンが真骨頂。日本にもファンが多い。『Sweet Home−俺と世界の絶望−』(2020〜)は演出の自由度が高いNetflixオリジナル作品だからか、韓国ドラマが新たなステージに入ったと感じさせる出来栄え。『智異山』(2021)では脚本家キム・ウニ(→「キム・ウニ」参照)とタッグ。

イ・ギョンヒ (1969〜)
【イ ギョンヒ】

脚本家。ヒリヒリとした感性で心をつかむ感動作が多い。韓国ドラマ界きっての名作『ごめん、愛してる』(2004)と『ありがとうございます』(2007)が真骨頂。そのほか、『サンドゥ、学校へ行こう』(2003)『優しい男』(2012)『本当に良い時代』(2014)など、韓ドラファンなら見逃せない作品ばかり。『チョコレート：忘れかけてた幸せの味』(2019)では、『ごめん、愛してる』の監督(→「イ・ヒョンミン」参照)と再タッグを組んだ。

「行く当てがないの」

【いくあてがないの】

韓国ドラマでよく使われるセリフのひとつ。例えば『威風堂々な彼女』(2003)でもそうだったが、住むところがなくなったヒロインが、男性主人公の家に転がり込むときに涙目でこのセリフを放つ。実質的に行き場がないときだけでなく、心の行き場がないようなときにも使用。いずれにしても、2人の仲が進むきっかけを作るセリフである。

イケメン時代劇

【いけめんじだいげき】

若手のイケメン俳優が主演する時代劇のこと。16～20話程度と見やすく、長編の本格時代劇が下火になる中、安定した人気を維持する。いわば青春時代劇ともいえるが、時代背景はしっかり描かれ、周囲を熟練の時代劇俳優が固めているので、意外に見応えがあることも。何人ものイケメンが集結した「大人数イケメン時代劇」、スター俳優を誕生させた「イケメンスター誕生時代劇」、二番手もイケメンの「イケメン対決時代劇」と3つに大きく分けられる。

代表的な イケメン時代劇

大人数イケメン時代劇

『麗<レイ>
　　～花萌ゆる8人の皇子たち～』(2016)
『花郎<ファラン>』(2016)
『コッパダン～恋する仲人～』(2019)

イケメンスター誕生時代劇

『トキメキ☆成均館スキャンダル』(2010)
『太陽を抱く月』(2012)
『雲が描いた月明り』(2016)
『月が浮かぶ川』(2021)

イケメン対決時代劇

『仮面の王 イ・ソン』(2017)
『王は愛する』(2017)
『私の国』(2019)

右を見ても左を見ても、イケメン！イケメン‼イケメン‼︎‼

第8皇子 ワン・ウク カン・ハヌル

第4皇子 ワン・ソ イ・ジュンギ

第13皇子 ペガ（ワン・ウク） ナム・ジュヒョク

第10皇子 ワン・ウン ベクヒョン

イ・サン (1752〜1800)

【イ サン】

時代劇

朝鮮王朝第22代王・正祖。在位期間は1776〜1800年（24年3ヵ月）。第21代王・英祖の孫で、米びつ事件（→「米びつ事件」参照）で餓死させられた思悼世子の息子。朝鮮王朝後期を代表する名君である。さまざまな改革に着手し、理想の国づくりに力を入れた王だけに、ドラマや映画で何度も扱われてきた。『イ・サン』（2007）のイ・ソジンが有名だが、『風の絵師』（2008）ではペ・スビン、『トキメキ☆成均館スキャンダル』（2010）ではチョ・ソンハが好演を見せている。

医師ドラマ

【いしどらま】

現代劇　時代劇

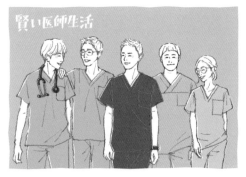

医師が活躍するドラマのこと。メディカルドラマともいう。毎年コンスタントに作られている人気ジャンル。異色なところでは、サヴァン症候群の医師が主人公の『グッド・ドクター』（2013）、刑務所の医師が主人公の『ドクタープリズナー』（2019）がある。時代劇では、『ホジュン〜宮廷医官への道〜』（1999）が有名。また、『浪漫ドクター キム・サブ』（2016〜）など、シーズンものが多いのも特徴だ。これまでは主人公が破天荒なキャラであることが多かったが、最新型医師ドラマ『賢い医師生活』（2020〜）はごく平凡な医師5人が主人公。

イ・ジョンヒョ

【イ ジョンヒョ】

演出家。『愛の不時着』（2019）が大ヒットし、日本でも名前を広く知られるように。これまで『ロマンスが必要2』（2012）『ロマンスは別冊付録』（2019）のほか、台湾ドラマ原作の『魔女の恋愛』（2014）、イギリスドラマ原作の『グッドワイフ 彼女の決断』（2016）『ライフ・オン・マーズ』（2018）とリメイク作を3作も担当。いずれの作品も、小粋な演出が目を引く。大ヒット作の次は、どんなドラマを手掛けるのか気になるところ。

イジワル女

【いじわるおんな】

現代劇　時代劇

ヒロインの恋路をジャマする女性のこと。主人公の元カノや政略結婚を控えた婚約者などのことが多い。ライバル役（→「ライバル役」参照）ではなく、別枠の脇役として登場することも。イジワルしてヒロインを貶めるも、たいていそれがきっかけでヒロインと主人公の仲が進むことになってしまう。『冬のソナタ』（2002）『パリの恋人』（2004）など、かつては必ず登場していたが、最近はなりを潜めている感もある。

イジワル女の特徴!!

◀素直じゃない

ツンとした◀美人

真ん中分けの◀長い髪

とにかく金持ち

自分に自信がある

スタイルバツグン

イ・スヨン
【イ スヨン】

怪物新人ともいわれる新鋭の女性脚本家。検索の闇を描いた『秘密の森〜深い闇の向こうに〜』(2017)でデビューした。それ以前は会社員だったという異色の経歴の持ち主。図書館に通って3年かけて調査と執筆を行い、8話を書き上げたときにドラマ採用が決定。同作は、第54回百想芸術大賞で脚本賞を獲得した。2作目の『ライフ』(2018)では、大学病院の闇に切り込んでおり、今後も知的で重厚な社会派サスペンスを楽しませてくれそう。

イ・スンジェ (1934〜)
【イ スンジェ】

韓国で最高齢の現役俳優。俳優歴60年以上。KBS初のドラマから出演する、韓国テレビドラマ界のレジェンド。『愛が何だって』(1991)で国民的なお父さんに。現在も現代劇・時代劇問わず活躍。ソウル大学哲学科出身で、国会議員を務めたこともある。70代後半で海外にバックパッカー旅をしたリアルバラエティ番組『花よりおじいさん』シリーズ(2013〜)を観ると、類まれなる博識ぶりと人間力がわかる。

イ・スンシン (1545〜1598)　時代劇
【イ スンシン】

李舜臣。朝鮮水軍の司令官。壬辰倭乱(イムジンウォラン)(→「壬辰倭乱」参照)の最後の戦いである露梁海戦で、亀甲船を用いて日本軍と戦い勝利を収めた、救国の英雄。『不滅の李舜臣』(2004)では、キム・ミョンミンが熱演。『軍師リュ・ソンリョン 〜懲毖録<ジンビロク>〜』(2015)でもイ・スンシンの活躍ぶりが見られる。IU演じるヒロインにその名をつけた『最高です！スンシンちゃん』(2018)

という異色の現代劇も。

イ・ソンゲ (1335〜1408)　時代劇
【イ ソンゲ】

李成桂。朝鮮王朝の建国者で、初代王・太祖(テジョ)。在位期間は1392〜1398年(6年2ヵ月)。王位に就く前は負け知らずの武将だったことから、勇猛なイメージで描かれることが多い。『大風水』(2012)ではチ・ジニ、『六龍が飛ぶ』(2015)ではチョン・ホジンと、これまで多くの俳優が演じてきたが、特に『鄭道伝<チョン・ドジョン>』(2014)のユ・ドングンはイ・ソンゲが降臨したかのような圧倒的な存在感だった。

梨泰院　現代劇
【イテウォン】

ソウル中心部にある国際色豊かな街。同エリアに最近まで米軍龍山基地があったため、外国人相手のお店が多い地域として知られ、六本木に例えられる。梨泰院の名がついた作品といえば、チャン・グンソクとソン・ジュンギがブレイク前に奇跡の共演をした映画『イテウォン殺人事件』(2009)ぐらいだったが、『梨泰院クラス』(2020)の大ヒットで日本でも広く街の名が知られるように。かつては米兵が訪れる売春宿も多かったが、現在は外国人の安全な観光名所であり、ソウル随一のクラブ地域。ゲイバーなども多く"LGBTの聖地"とも呼ばれる。

梨泰院クラスで有名に

イ・バンウォン（1367〜1422）

【イ バンウォン】

李芳遠。朝鮮王朝第3代王・太宗。在位期間は1400〜1418年（17年10ヵ月）。朝鮮王朝開国の功臣であったが、父である初代王・太祖に認められず、第一次王子の乱などを起こして王座を奪取。その後も王権強化を図って多くの血が流されたため、頭はキレるが残虐な面を持つ男として描かれることが多い。チャン・ヒョクは、映画『純粋の時代』（2015）に続きドラマ『私の国』（2019）でもイ・バンウォンを演じた。

イ・ビョンフン（1944〜）

【イ ビョンフン】

演出家。日本一有名な韓流時代劇『宮廷女官チャングムの誓い』（2003）を生み出した時代劇の巨匠。色鮮やかな衣装やこだわりのOSTなど、今では当たり前となったものを時代劇に取り入れた監督でもある。歴史に埋もれてきた人物や職を魅力的に描き出すのが特徴。がむしゃらタイプの主人公が、宮廷から追いやられるも不死鳥のごとく舞い戻り上り詰めていくパターンのドラマが多い。『ホジュン〜宮廷医官への道〜』（1999）は、韓国で時代劇最高視聴率（63.7%）を保持。そのほか多くの代表作が

あるが、筆者は『薯童謡〔ソドンヨ〕』（2005）と『イ・サン』（2007）を推したい。

イ・ヒョンミン（1969〜）

【イ ヒョンミン】

演出家。代表作は、何といっても『ごめん、愛してる』（2004）。そのほか、『サンドゥ、学校へ行こう』（2003）『雪の女王』（2006）『赤と黒』（2010）など、ちょっと悪めの男を切なく美しく描くのがうまい。コミカルな演出が光る『力の強い女 ト・ボンスン』（2017）『私たちが出会った奇跡』（2018）もヒット。昨今は『チョコレート：忘れかけてた幸せの味』（2019）で『ごめん、愛してる』の脚本家（→「イ・ギョンヒ」参照）と再タッグを組んで話題になった。実は、『秋の童話』（2000）の共同演出や、『冬のソナタ』（2002）のプロデューサーも担当している。

異父・異母兄弟（姉妹）

【いふ いぼきょうだい（しまい）】

韓国ドラマの基本設定のひとつ。特に愛憎復讐劇に兄弟（姉妹）が登場してきたときは、この設定だと思って間違いない。だいたいどちらかは超善人（たいていこちらが主人公）で、どちらかは超強欲。舞台が財閥家の場合は、庶子（→「庶子」参照）が何らかの

理由で財閥家に引き取られるも冷遇され、そのことがドラマの行方を左右。貧困層の場合は、いずれかが財閥家の落とし子であることがドラマ前半で判明し、立場が入れ替わりになるパターンも多い。『ガラスの靴』(2002)『蒼のピアニスト』(2012)などが典型的。

『イヴのすべて』(2000)

【いぶのすべて】

現代劇

2002年に日本で初めて全国放送ネットで放送された韓国ドラマ。日本での視聴率は芳しくなく、冬ソナブーム前の放送だったため"早すぎた韓流ドラマ"ともいわれる。筆者は偶然、初放送を観ていたが、主役のチャン・ドンゴンが、多くの人の前でひざまずいてヒロインにアンクレットをつけるシーンには驚愕したものだった(その後、韓国ドラマでひざまずく男性を何度も見ることになる)。2010年には、チャン・ヒョク主演で中国ドラマとしてもリメイクされた。

イム・サンチュン

【イム サンチュン】

脚本家。会社員出身。『サム、マイウェイ〜恋の一発逆転!〜』(2017)で頭角を現した超大型新人。連続ドラマ2作目の『椿の花咲く頃』(2019)は、地方の町を舞台にしたダサカワな恋愛ドラマにサスペンスやヒューマンを見事に融合させて新たな世界観を構築。第56回百想芸術大賞では大賞とともに脚本賞を受賞した。短編ドラマ『ベクヒが帰ってきた』(2016)も含め、いずれも一風変わった作品であるものの、主人公にも周囲の登場人物にも温かな視線が注がれている。誰もがそれぞれの場で役割があると感じさせてくれるドラマばかりだ。

壬辰倭乱

【イムジンウェラン】

時代劇

豊臣秀吉による朝鮮出兵「文禄・慶長の役」のこと。1592〜1598年まで足掛け7年続き、東アジアに絶大な影響を及ぼした。朝鮮半島は人口の大半が失われたといわれ、この乱を境に朝鮮王朝時代は前期と後期に分けられている。文禄の役を壬辰倭乱、慶長の役を丁酉倭乱と分けて呼ぶことも。『軍師リュ・ソンリョン 〜懲毖録<ジンビロク>〜』(2015)などで詳しく知ることができるが、ドラマでよく扱われる第15代王・光海君(→「光海君」参照)の世子時代に起きたことなので、その時代背景としてちらりと登場することも多い。『王の顔』(2014)のほか、意外なところでは『医心伝心〜脈あり!恋あり?〜』(2017)にも描かれている。

ドリームハイ

『恋はチーズ・イン・ザ・トラップ』
(2016)でも発揮されている。まった
くタイプの違う『ゴールデンタイム』
(2012)『アルゴン〜隠された真実
〜』(2017)『みんなの嘘』(2019)な
どのサスペンスタッチの作品も見
応えたっぷり。

毎日ドラマ
【イルイルどらま】

韓国の地上波放送局(KBS／MBC
／SBS)で月〜金まで毎日放送され
るドラマのこと。日本のNHK連続
テレビ小説(朝ドラ)のような内容の
作品や、マクチャンドラマ(→「マク
チャンドラマ」参照)と呼ばれる愛憎復
讐劇が多い。100話を超える作品
も珍しくない。そのほか、地上波ドラマには、
平日ドラマと週末ドラマがあるが、いずれも
週2日放送するのが基本。週末ドラマは長
編ホームドラマが多く、特にKBSの週末ドラ
マは高視聴率を記録することで知られる。
近年、ドラマ編成はミニマム化し、毎日ドラマ
や週末ドラマは減少傾向が見られる。

イヤホン分け
現代劇
【いやほんわけ】

イヤホンを男女2人で分け合って音楽を聞
く胸キュンシーンのこと。まだちょっと距離の
ある2人が、イヤホンのケーブルの長さまで
近づく。そのどぎまぎ加減を観るのは楽しく、
ケーブルでつながってる感があるのも何とも
いい。『ドリームハイ』(2011)のペ・スジ×オ
ク・テギョン(2PM)のイヤホンシーンは、韓
ドラ名場面のひとつ。『場合の数』(2020)で
もロマンチックな思い出のワンシーンとして
登場している。

イ・ユンジョン (1974〜)
【イ ユンジョン】

演出家。MBC初の女性ドラマ監督。代表
作『コーヒープリンス1号店』(2007)では、
第44回百想芸術大賞で新人演出賞を獲
得し、韓国ドラマ界に女性演出家の道を切
り開いた。ポップで繊細な世界観を作り上
げる手法は、MBC退社後初の作品『Heart
to Heart〜ハート・トゥ・ハート〜』(2015)や、

一枝梅
時代劇
【イルジメ】

架空の義賊。もともとは中国の説話に「盗
んだあとに梅の花が一輪ついた一枝を残
す義賊がいた」というエピソードがあり、そ
れが朝鮮王朝後期に伝わり、さまざまな作
品のモチーフとなった。盗みによって弱き民
を助けるヒーローとして描かれる。日本で
いうと鼠小僧や石川五右衛門のようだが、
"一枝梅"という名に美しいイメージがある
のか、配役される俳優はスッとした美男子
ばかり。『イルジメ〔一枝梅〕』(2008)で演じ
たイ・ジュンギは、本作を経てトップスター
に。そのほか、韓国の人気漫画原作の『美

あ

一枝梅
【イルジメ】

賊イルジメ伝』(2009)ではチョン・イルが、90年代には『一枝梅』(1993)でチャン・ドンゴンが演じている。

仁祖 (1595〜1649)
【インジョ】

時代劇

朝鮮王朝第16代王。在位期間は1623〜1649年(26年2ヵ月)。12歳のときに綾陽君(ヌンヤングン)の名を奉じられる。正式な王位継承者ではなかったが、宮廷クーデターにより叔父の第15代王・光海君(クァンヘグン)(→「光海君」参照)から王位を奪った(仁祖反正(インジョバンジョン))。仁祖の時代から清と朝鮮は君臣関係に。清から帰国した長男の昭顕世子(ソヒョンセジャ)を嫉妬して暗殺したともいわれ、ドラマには卑屈な王として登場することが多い。『華政〔ファジョン〕』(2015)でキム・ジェウォンが若き時代を、『チュノ〜推奴〜』(2010)でキム・ガプス、『花たちの戦い〜宮廷残酷史〜』(2013)でイ・ドクファが老齢時代を怪演している。

インスタントラーメン
【いんすたんとらーめん】

現代劇

登場しないドラマはないといっても過言ではない韓国ドラマの定番食。たいていキッチンの流し台の上の棚に、これでもかというほど積まれている。名古屋の味噌煮込みう

あ

どんのようにフタに麺をとって食べるのがスタイルだったが、近年そのシーンは減少傾向。家でもコンビニでもキャンプでも、とてもおいしそうに食べるので、夜中に観るとツラい。また、最近は、「うちでラーメン食べる?」は、異性への誘い文句に。

辛いラーメンが豊富!!
辛度 ★★★★
辛度 ★★★★
辛度 ★★

仁川
【インチョン】

現代劇

仁川国際空港や旅客ターミナルがある韓国の代表的な港湾都市。ソウルから地下鉄で1時間ほど。韓国ドラマでは密航船が出航する港がある場所としてもおなじみ。日本でいうと横浜のような歴史を持つ町で、韓洋和中の近代建築物が残り、ドラマロケ地の宝庫としても有名。2020年の大ヒット三部作『愛の不時着』(2019)『梨泰院クラス』(2020)『サイコだけど大丈夫』(2020)も一部を仁川で撮影。『ドリームハイ』(2011)のキリン芸術高校、『トッケビ〜君がくれた愛しい日々〜』(2016)の主人公が通う古書店もあり、『スイッチ〜君と世界を変える〜』(2018)『無法弁護士〜最高のパートナー〜』(2018)なども撮影された。仁川の目の前にある舞衣島に渡れば、『天国の階段』(2003)のロケ地もある。

陰謀と策略
【いんぼうとさくりゃく】

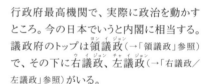

時代劇や、現代劇の愛憎劇・サスペンス系の作品に欠かせない要素のひとつ。これまで何度「陰謀と策略によって主人公は貶められ……」と原稿に書いたかわからない。特に時代劇の宮廷ドラマは、陰謀と策略の巧妙さによって作品の面白さが決まるといっても過言ではない。イ・ビョンフン監督（→「イ・ビョンフン」参照）の時代劇は、その面白さがハンパない。

義禁府
【ウィグムブ】

朝鮮王朝時代にあった官庁のひとつ。王直属の司法・治安維持機関で、王命により罪人を調査した。主に謀反の罪、王族の罪、儒教の教えを乱した罪などを取り締まった。拷問して尋問を行うこともできたため、劇中では義禁府に連行されると聞いて恐れおののいているシーンをよく観る。捕盗庁（→「捕盗庁」参照）が現在の警察庁のような機関とすると、義禁府は検察庁、最高裁判所、公安警察、諜報機関を足したような機関。

右議政／左議政
【ウイジョン／チャイジョン】

朝鮮王朝時代の行政府最高機関・議政府の三役の官職名。総理大臣的な領議政（→「領議政」参照）に対し、右議政と左議政は副総理的存在。ドラマでは王の側近として厚い信頼を受けていることもあれば、王とは牽制し合う仲であることも。ヒロインや男性主人公の父であることも多い。右議政を"右相"（ウサン）、左議政を"左相"（チャサン）とも呼ぶが、何となくかわいく聞こえてしまうのは筆者だけだろうか。

議政府
【ウィジョンブ】

行政府最高機関で、実際に政治を動かすところ。今の日本でいうと内閣に相当する。議政府のトップは領議政（→「領議政」参照）で、その下に右議政、左議政（→「右議政／左議政」参照）がいる。

ウイスキーの原液ワンショット飲み
【ういすきーのげんえきわんしょっとのみ】

韓国は、ウイスキーなどの洋酒は原液で飲むのが基本。水割りにする習慣はないとか。グラスに氷を入れてカラカラと音を立てながら飲むこともあるが、何より気になるのは、このワンショット飲み。テキーラのショットグラスのようなものにウイスキーを入れて、ソジュ（→「ソジュ」参照）のごとくグイっと飲み干す。特に若い富裕層が好んで薄暗いカウンターバーで飲んでいる。

威化島回軍
【ウィファドフェグン】

高麗末期の1388年にイ・ソンゲ（→「イ・ソンゲ」参照）が起こした政変。イ・ソンゲは、高麗第32代王・禑王に遼東征伐を命じられ

明に出陣するも、雨期のため進撃は無理であるとして鴨緑江の中洲・威化島で撤退。引き返したイ・ソンゲは禑王を追放した。高麗崩壊のきっかけとなった重要な歴史ポイントなので、『龍の涙』(1996)『六龍が飛ぶ』(2015)『私の国』(2019)など、高麗末期を描くドラマでは必ず登場する。

WEBTOON

【うぇぶとぅーん】

韓国発のデジタルコミック、WEB漫画のこと。脚本家（→「脚本家」参照）のオリジナル作品が中心だった韓国ドラマ界だが、2014年前後からWEBTOON原作のドラマが増加。最近はWEBTOON配信会社が映像化専門部署を設けるパターンもあり、スムーズに映像化できるようになったのだという。基本的に大ヒット作が原作となるためドラマも良作が多い。LINEマンガなどで日本語で読める作品は、ドラマとの違いをチェックするのも楽しい。『だから俺はアンチと結婚した』(2021)は、ドラマとWEBTOONを同時進行で制作。

厳選！
WEBTOON原作ドラマ

『ミセン-未生-』(2014)
『ホグの愛』(2015)
『恋はチーズ・イン・ザ・トラップ』(2016)
『私のIDはカンナム美人』(2018)
『キム秘書はいったい、なぜ？』(2018)
『偶然見つけたハル』(2019)
『他人は地獄だ』(2019)
『梨泰院クラス』(2020)
『女神降臨』(2020)
『Sweet Home～俺と世界の絶望～』(2020)
『悪霊狩猟団: カウンターズ』(2020)
『模範タクシー』(2021)
『わかっていても』(2021)
『D.P. －脱走兵追跡官－』(2021)

WEBドラマ

【うぇぶどらま】

主にYouTubeの公式チャンネルで公開される短編ドラマのこと。さまざまな動画配信サービス（→「動画配信サービス」参照）でも視聴できるため、デジタルドラマとも呼ばれる。学園ドラマが多く、10～20代の若者に人気。イケメン俳優の青田刈りをしたい人、韓国の若者文化を知りたい人に◎。1話10～30分が主流。若手俳優の登竜門といわれ、『A-TEEN』(2018)のキム・ドンヒも、その後『梨泰院クラス』(2020)でブレイクした。2020年からは韓国版YouTube「カカオTV」もWEBドラマ界に参戦。

ファッションやコスメが若者に人気!!

A-TEEN ド・ハナ シン・イェウン

ウォークインクローゼット

【うぉーくいんくろーぜっと】

お金持ちの部屋の象徴。ずらりと洋服がかかり、中央には、女性用はアクセサリーコーナー、男性用は腕時計かネクタイが並ぶコーナーが。最近、日本でも増えてきたが、韓ドラの富裕層のウォークインクローゼットは、そこだけで1人暮らしができそう。『僕が見つけたシンデレラ～Beauty Inside～』(2018)もワケアリとはいえ広い・豪華！

 あ

『美しい世界』
【うつくしいせかい】

現代劇

歌手パク・ハッキ（1963〜）の1990年発売のアルバム「パク・ハッキ2集」の最後に収められた曲。『ありがとうございます』（2007）で、ソ・シネ演じる少女ボムが好んで歌った。HIVに感染した娘ボムと認知症の祖父を世話しながら、小さな島で暮らすシングルマザー。ドラマは、孤独な医師がそんな家族に出会ったことから始まるのだが、思わぬ感動の連続。歌詞は「美しい愛を集めて一緒に美しい世界を作っていこう」という単純なものだが、天使のようなボムと童話のような物語を象徴した1曲で、韓国ドラマが求める世界観にも通じる。

小さな胸と胸に 美しい愛を集めて 僕たち一緒に作っていこう 美しい世界を

腕つかみ
【うでつかみ】

現代劇

その場を去ろうとするヒロインの腕をぐいっとつかむこと。恋愛ドラマ序盤の重要なスキンシップシーンのひとつ。基本的に腕をつかむのは男性。腕をつかむ人物はたいていその相手に気があるが、腕つかみをしたからといって必ず恋が成就するとは限らない。

その現場を誰かに見られてしまい、2人の関係が周囲にバレるきっかけになることも。

「生まれてすぐオムツをし、死ぬ間際にもオムツをする。人の一生は不潔ね」
【うまれてすぐおむつをし、しぬまぎわにもおむつをする。ひとのいっしょうはふけつね】

おそらく韓国ドラマ史上初の老男老女の群像劇である『ディア・マイ・フレンズ』（2016）の名ゼリフ。本作は、“老い”を友情の観点から綴った意欲作。家族の中のおじいちゃん・おばあちゃんではなく、友人の中にいる1人の老いた人間として描いたからこそ発せられた辛辣なセリフだといえる。美しく描いてしまいがちなシニアの物語にこうした皮肉めいたセリフをさらりと入れるとは、さすが名脚本家ノ・ヒギョン（→「ノ・ヒギョン」参照）である。

裏帳簿
【うらちょうぼ】

現代劇

刑事ドラマ、政治ドラマ、愛憎復讐劇など、さまざまなドラマに登場する重要アイテム。事件解決の切り札になることも多いため、勝手に部屋に侵入して盗んだり、裏取引をしたりと、犯罪まがいのことをしてまで入手しようとする。あまりに多発する設定なので、視聴者に安易な展開と思われてしまうのは否めない。分厚いファイルかと思いきや、ちょっとした手帳や普通のノートのことも多く、最近はUSBやパソコンに入っていることも。

上着かけ
【うわぎかけ】

女性が寒がっているときや、うたた寝してい

韓ドラあるある 上着かけ

ろめたいことの後始末をしたり、秘密を握っていたりと、物語を左右する重要な役割を担う。苦虫を噛みつぶしたような顔の運転手が出てきたら、目を離さないようにしたい。また、主人公の父や二番手（→「二番手」参照）の父が財閥家の運転手というのも、よくあるパターン。

運命の再会
【うんめいのさいかい】 現代劇 時代劇

大半の主人公カップルは、運命の再会を経験する。幼少期からスタートするドラマの場合、2人は「初対面最悪」（→「初対面最悪」参照）→「初恋」→「何か悲劇が勃発」→「離れ離れ」という展開を辿ったあと、十数年後に「運命の再会」を果たす。幼少期がないドラマの場合は、真ん中部分が省かれ、「初対面最悪」→（少し時間が経ったあと）「運命の再会」となる。劇的な運命の再会を、うまい具合に最後のシーンにもってこられると、次回が思わず観たくなる。

るときに、自分の上着をサッと相手の肩にかける、韓国イケメンの必殺技のひとつ。自分が着ている服を"脱ぐ"というところが男気を感じさせる重要ポイントなので、正確には「上着"脱ぎ"かけ」が正しい。相手が眠っている場合、上着かけのあとに女性をじっと見つめるのも、よくある一連の流れ。『威風堂々な彼女』(2003)では、ペ・ドゥナとカン・ドンウォンが極寒のバスの中に閉じ込められ、上着かけるも寒すぎて、1枚の上着を一緒に羽織って一夜を明かす極上の胸キュンシーンを作り出した。

運転手
【うんてんしゅ】 現代劇

日本のドラマではほぼ見ないが、韓国ドラマでは、財閥家や会社役員の運転手は脇役の常連。映画『パラサイト 半地下の家族』(2019)でもソン・ガンホが運転手をしていたが、単なる運転する人と思ったら大間違い。後

あんた、あの時の…!!お前は、

韓ドラあるある 運命の再会

映画監督
【えいがかんとく】

韓国ドラマの中には、人気映画監督が手掛けた作品も。名匠クァク・キョンテク監督は、自身の大ヒット映画『友へ チング』（2001）を『チング〜愛と友情の絆〜』（2009）としてドラマ化。また、映画『新感染 ファイナル・エクスプレス』（2016）のヨン・サンホ監督は『謗法〜運命を変える方法〜』（2020）『地獄』（2021＜予定＞）、映画『エクストリーム・ジョブ』（2019）のイ・ビョンホン監督は『恋愛体質 〜30歳になれば大丈夫』（2019）、映画『最後まで行く』（2015）のキム・ソンフン監督は『キングダム』（2019）などの制作にかかわっている。今後、映画監督のドラマ制作はさらに加速する模様。日本の三池崇史監督も、韓国ドラマ『CONNECT』を演出予定だ。

映画デート
【えいがでーと】

ファーストデートの定番。街ブラデート（→「街ブラデート」参照）よりも前段階（まだお互いの気持ちが確認できていない段階）に利用されることが多い。気が急いて待ち合わせ時間よりも

だいぶ前から映画館で待ってしまうのもよくある展開。必須アイテムは、ポップコーン＆ドリンクセットで、映画観賞の最中にポップコーンを取ろうとして手が触れ合いそうになる胸キュンシーンが必ず入る。『私のIDはカンナム美人』（2018）では、照れたヒロインが、手が触れないようストロー2本を箸にしてポップコーンを食べるシーンが。

ARゲーム
【えーあーるげーむ】

現代劇

AR（Augmented Reality）の技術を使い、現実世界に架空のゲームキャラクターが存在しているかのように楽しめるゲームのこと。「ポケモンGO」が有名。『アルハンブラ宮殿の思い出』（2018）は、ARゲームの中に人間が入り込んでしまうという斬新な設定であった。そのほかにも『恋するアプリ Love Alarm』（2019・2021）『愛しのホロ』（2020）など、最先端の技術を登場させることによって人の本質的な部分を浮かび上がらせるドラマが、最近はいろいろ登場している。また、別の世界に入り込んでしまう系ドラマとしては、『W-君と僕の世界-』（2016）『ドラマワールド』（2021）などがある。

SNS
【えすえぬえす】

現代劇

Twitter、Facebook、LINE、Instagramなどのソーシャル・ネットワーキング・サービスは、昨今のドラマでは欠かせないものに。恋愛ドラマでは相手の素性や動向を探る手段に使われ、画面上に恋人同士のSNSのやり取りがポップな感じで映し出されるのも最近のトレンド。捜査劇やヒューマンドラマでは悪質なSNSが物語に大きな影響を与えたりする。『それでも僕らは走り続ける』（2020）では、ヒロインがSNSを炎上させて主人公を窮地から救うエピソードが。

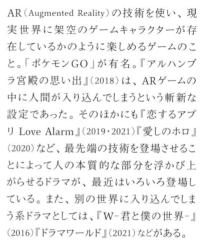

SBS
【えすぴーえす】

韓国ソウル放送のこと。韓国の地上波3大テレビ局（KBS／MBC／SBS）のひとつ。地上波で一番の後発（1990年開局）で、唯一の純粋な民間放送局。ドラマは、毎日ドラマ（→「毎日ドラマ」参照）、月火ドラマ、金土ドラマなどを放送。かつては『砂時計』（1995）『ジャイアント』（2010）など、骨太などラマがヒットを飛ばしていたが、最近は『熱血司祭』(2019)『浪漫ドクター キム・サブ2』(2020)『ペントハウス』(2020〜)などとにかく面白い作品が高視聴率を獲得している。現在、地上波の中で最もヒット作が多い局。

NGシーン
【えぬじーしーん】

ドラマのNGシーンは、出演者の素顔や撮影現場の雰囲気がわかり、韓ドラファンにとってドラマ視聴後のひとつの楽しみになっている。最終回のラストシーンの後に差し込まれたり、YouTubeなどで見られることも。ただし視聴中に観ると、ドラマの展開がわかってしまうことがあるので要注意。

MBC
【えむぴーしー】

韓国文化放送のこと。韓国の地上波3大テレビ局（KBS／MBC／SBS）のひとつ。1961年に開局した半官半民の放送局だ。ドラマは、毎日ドラマ（→「毎日ドラマ」参照）、月火ドラマ、水木ドラマなどを放送。かつては"ドラマのMBC"といわれ、『宮廷女官チャングムの誓い』(2003)や『私の名前はキム・サムスン』(2005)など数々の高視聴率名作ドラマを生み出したが、昨今は時代劇が少なくなり、週末ドラマをやめてしまったからか、地上波で一番ドラマに弱い局ともい

われる。そんな中でも人気が高かった最近の作品は、『私の恋したテリウス〜A Love Mission〜』(2018)『神との約束』(2018)『チェックメイト！〜正義の番人〜』(2019)など。ちなみに鹿児島県の南日本放送の略称もMBCである。

演技ドル
【えんぎどる】

ミセン チャン・グル イム・シワン（ZE:A）

演技が上手すぎてイカのシーンつらかった…

演技もできるK-POPアイドルのことで、韓国ドラマ界の造語。基本的に男性アイドルに対しての言葉で、女性アイドルに使われることは少ないようだ。主演俳優として活躍している演技ドルは何人かいるが、とりわけ演技力が秀でているのは、イム・シワン（ZE:A）とド・ギョンス（EXO）だろう。2人はスクリーンでも活躍し、映画界の名優たちの評価も高い。また、『十八の瞬間』(2019)で初演技とは思えない存在感を示したオン・ソンウ（元Wanna One）も今後が楽しみ。ちなみに、イム・シワン所属のZE:Aは、現在ほぼ活動停止状態だが、K-POP界の弱小グループにもかかわらず、彼以外にもパク・ヒョンシク、キム・ドンジュンと計3人もの優秀な演技ドルを輩出しているすごいグループであることを、書き添えておく。

あ

縁台
【えんだい】

現代劇

\韓ドラファンの憧れ!!/

屋上の縁台で
サムギョプサル

屋根部屋(→「屋根部屋」参照)のテラススペース、韓屋の中庭、田舎町の大きな木の下などに置かれている。日本の縁台より大きめで、4〜5人座れるものが多い。韓国語では"ピョンサン"という。劇中ではだいたいそこで友人や家族が集まり、サムギョプサルを鉄板で焼いて食べるのが定番。『プライバシー戦争』(2020)のようなピリッとしたドラマも、この縁台シーンが出てくると和やかなムードに。『アクシデント・カップル』(2009)では、中庭にある縁台から見る空をヒロインが「四角い空」と呼ぶ名シーンがある。

『応答せよ』シリーズ
【おうとうせよしりーず】

現代劇

イ・ウジョン脚本家&シン・ウォンホ監督(→「イ・ウジョン脚本家&シン・ウォンホ監督」参照)が手掛けた、これを観なくては現在の韓国ドラマを語れないほど重要な大ヒットシリーズ。『応答せよ 1997』(2012)『応答せよ1994』(2013)『恋のスケッチ〜応答せよ1988〜』(2015)の3作品がある。それぞれキャストも異なり(ヒロインの両親役だけ同じ)、物語もつながっていないが、「ヒロインの未来の夫は誰なのか?」をお題目に過去の

物語を描いていくという設定が同じ。つまり、「今の自分たちを作った青春時代よ、応答せよ」というドラマなのである。『〜1997』は恋愛ドラマ要素、『〜1994』は青春ドラマ要素、『〜1988』は家族ドラマ要素が強い。いずれも名コンビ独特の味わい深いセリフや演出が見られ、マニア的なファンが多い。OSTに80〜90年代の韓国歌謡曲を多用したり、韓国ホームドラマのように登場人物の細かな部分まで描写したりと、韓国大衆文化への愛が感じられるのも特徴。

OST
【おーえすてぃー】

現代劇 | 時代劇

オリジナル・サウンド・トラックの略で、いわゆるドラマのBGMのこと。韓国ドラマに欠かせない要素のひとつで、個人的にも好きなドラマはOSTとともにシーンが思い出される。主演俳優が1曲歌ったり、登場人物の気持ちを代弁するような内容の場合は歌詞が画面に流されたりするのが恒例。1つのドラマで10曲以上作られることもある。以前はドラマチックな曲調が多かったが、最

賢い医師生活の劇中でも「Aloha」を熱唱

近はトレンドを先取りしたようなOSTも多く、K-POPアイドルのソロ活動の場やインディーズグループの活躍の場にもなっている。韓国の音楽シーンの常連でもあり、最近ではチョ・ジョンソクの「Aloha」(『賢い医師生活』(2020))やGahoの「Start」(『梨泰院クラス』(2020))などがヒットチャートにランクイン。チャン・ボムジュンの「揺れる花の中で君のシャンプーの香りを感じた」(『恋愛体質〜30歳になれば大丈夫』(2019))は、1年以上ランクインしロングヒット曲に。

大きな木
【おおきなき】

木は、愛や信念など揺らがないものの象徴として、韓国ドラマによく登場するアイテム。なかでも有名なのは、百済最後の都・扶余の加林城にある、通称「愛の木」と呼ばれる樹齢400年のケヤキの木。大きな木と

見下ろす山々の光景が心に染み入る絶景の地で、さまざまなドラマのロケ地になっており、韓ドラファンなら一度は見たことがあるはず。ここで落ち合う約束をするも結局会えずに月日が流れ……などという、切ないシーンで使われることが多い。特に『イルジメ〔一枝梅〕』(2008)『シンイ-信義-』(2012)『王は愛する』(2017)など、時代劇での登場シーンが印象的。

大きな写真
【おおきなしゃしん】

ドラマの中の俳優やモデルの部屋には、なぜか必ず自身のどでかい肖像写真が飾られている。逆にいうと、そういう写真が掲げられていたら、その部屋の住民の職業は俳優かモデルだと思っていい。また、部屋に大きな家族写真が飾られている家庭は、夫婦仲に問題が発生するなど、家族に何らかの不幸が待ち受けている(『夫婦の世界』<2020>『優雅な友達』<2020>然り)。

OCN
【おーしーえぬ】

「オリオン・シネマ・ネットワーク」の略で、韓国のケーブルテレビ局のひとつ。1999年に開局。ドラマは、週末ドラマを主に放送。スリラーやサスペンスなどジャンルもの(→「ジャンルもの」参照)に強く、"ジャンルものの名家"といわれる。シーズン5まで制作された『神のクイズ』(2010〜)など、シーズン制ドラマも多い。そのほか、『ボイス』(2017〜)『愛の迷宮-トンネル-』(2017)『悪霊狩猟団:カウンターズ』(2020)などが人気作。2019年から手掛けるドラマ制作陣と映画制作陣が組んだ「OCNドラマチック・シネマ・プロジェクト」の作品群は、『トラップ〜最も残酷な愛〜』(2019)『他人は地獄だ』(2019)など、いずれも超ハイクオリティ。

大谷亮平 (1980〜)
【おおたにりょうへい】

日本人俳優。2003年に韓国でダンキンドーナツのCMに出演したのをきっかけに芸能事務所の誘いを受け、2006年から韓国ドラマに出演するように。韓国のバラエティ番組では流暢な韓国語を披露しているが、ドラマではほぼ日本語のみの日本人役も多い。『朝鮮ガンマン』(2014)では、2014 KOREA DRAMA AWARDSのグローバル俳優賞を受賞した。ドラマ『逃げるは恥だが役に立つ』(2016)で日本でもブレイク。ソウルドラマアワード2018ではアジアスター賞を獲得。

おかずスプーン乗せ
【おかずすぷーんのせ】　現代劇

オモニ(韓国語で「お母さん」の意味)が、息子や娘の彼氏などのスプーンやご飯に、一口大のおかずを乗せる行為のこと。大皿や鍋におかずが盛られることが多い韓国。遠慮せずに美味しいものをたくさん食べてほしいという、愛情表現のひとつなのだという。日本の食習慣にはない行為のため、最初は不思議な気がするが、見慣れてくると、そのシーンを観ただけでしんみりと温かな心持ちになってくる。韓国イケメンの必殺技「ステーキカット渡し」(→「ステーキカット渡し」参照)の原型という説も。

屋上
【おくじょう】　現代劇

オフィスや学校を舞台にしたドラマに必ず登場する。屋上は、韓国ドラマの登場人物にとって大切な眺望(→「眺望バツグン」参照)と風(→「「風に当たってくる」」参照)を体感できるため、感性を刺激される場所として映るのかもしれない。社内恋愛の密会の場としても使われるが、物思いに耽る場としても登場し、『ミセン-未生-』(2014)ではオ課長が主人公グレに「俺たちはまだ弱い石だから」と語りかける名シーンを生み出している。学校が舞台のドラマでは自殺の現場となることが多いが、なかでも『凍てついた愛』(2019)『保健教師アン・ウニョン』(2020)の屋上使いが印象的。

「送るよ」
【おくるよ】　現代劇

韓国ドラマの男性主人公は、気がある相手にはたいていこの言葉を投げかけ、車で送ろうとする。最近は、こうしたシチュエーションが減ってきた気もするが、かつてはあまりに頻発するので、韓国ドラマを観始めてまず覚えてしまう韓国語フレーズのひとつだった。確認のため『パリの恋人』(2004)を観直すと、パク・シニャンの「送るよ」攻撃の連発を目にすることができた。

オジェパメ〜♫

応答せよ1988でも歌ってた

の若手俳優やK-POPアイドルが配されることが多く、要チェックな存在。かつてはあのチャン・グンソクも、『プラハの恋人』(2005)でヒロインの弟役をしていた。最近では、ナム・ジュヒョクが『恋はチーズ・イン・ザ・トラップ』(2016)で後輩役に、ロウンが『アバウトタイム〜止めたい時間〜』(2018)で弟役に扮している。

『オジェパメ・イヤギ〜ゆうべの話』

【おじゃぱめ いやぎ ゆうべのはなし】

現代劇

1987年に韓国初のアイドルグループとしてデビューした3人組のユニット「ソバンチャ」のデビュー曲。今や世界的なスターとなったBTSに比べるとクオリティに隔世の感はあるが、大衆受けするアップテンポな曲調とアクロバットなダンスが当時は新しく、爆発的にヒットした。80年代韓国歌謡曲をOSTに取り入れた『恋のスケッチ〜応答せよ1988〜』(2015)で、リュ・ジュンヨル、コ・ギョンピョ、イ・ドンフィが同曲によりノリノリのダンスを披露したことで、韓ドラファンの間でも有名に(実は3ヵ月も練習したそうで、よく見ると真剣な顔をして踊っているのが愛おしい)。1996年には、日本のバラエティ番組「ダウンタウンのごっつええ感じ」でダウンタウンらが『オジャパメン』としてカバーしている。

弟・後輩枠

【おとうとこうはいわく】

現代劇

ヒロインの弟役や後輩役は、期待

踊る斬首刑執行人

【おどるざんしゅけいしっこうにん】

時代劇

朝鮮王朝時代劇によく出てくる死刑執行人のこと。体格のいい男が太い刀にブーっとお酒を吹きつけ、踊りながら死刑囚を斬首する姿は、一度見ると忘れられない。韓国語では"マンナニ"というそうで、この言葉は今は「ならず者」「ろくでなし」といった意味のスラングになっている。70年代にはマンナニを主人公にした映画『マンナニ』(1974)が制作され、そのリメイク作『サルオリラトダ』(1993)では、主人公を演じたイ・ドクファがモスクワ国際映画祭の主演男優賞を受賞している。

刀に酒を吹きかけて踊る

ゝシャーッ!

オリジナルキャラ枠
【おりじなるきゃらわく】

現代劇 時代劇

原作のあるドラマには、二番手（→「二番手」参照）に男性のオリジナルキャラクターが追加されることが。理由はおそらく、恋の三角関係を作るための補充。この枠には、次回作ぐらいで主役になるようなネクストブレイク俳優が投入されることが多く、主人公以上に活躍することも（比重の大きい役柄のため、弟・後輩枠<→「弟・後輩枠」参照>や刺客・護衛武士枠<→「刺客・護衛武士枠>より経験を積んだ若手俳優が配される）。過去には、『Dr.JIN』（2012）でジェジュン（元JYJ）、『のだめカンタービレ〜ネイル カンタービレ』（2014）でパク・ボゴム、『恋はチーズ・イン・ザ・トラップ』（2016）でソ・ガンジュンが、ドラマのオリジナルキャラを務めている。

オレ様キャラ
【おれさまきゃら】

現代劇 時代劇

オレ様キャラのカリスマ

ファン・テギョン

「オレを好きでいる事を許可してやる」

自己中でエラそーな男性キャラクターのこと。韓国ドラマの場合、御曹司や世子であることが多く、性格が悪そうに見えて頼りがいがあり、根はロマンチストだったりするのが基本。以前は男っぽさが強調されていたが、『美男＜イケメン＞ですね』（2009）のテギョンからツンデレ（→「ツンデレ」参照）要素がマストとなり、少女漫画の王子様的イメージが強くなったようだ。ツンデレとの混同も見られるが、オレ様はおそらく『パスタ〜恋が出来るまで〜』（2010）の主人公のシェフのように"横暴"であることがポイント。そういう意味では、『宮-Love in Palace-』（2006）のシン君はツンデレだがオレ様キャラではないと筆者は思うのだが、どうだろうか。

おんぶ
【おんぶ】

現代劇

韓ドラあるある おんぶ

息子が母にする場合もあるが、何といっても目を引くのは恋人になる前の男女のおんぶ。酔っぱらったとき、足をくじいたとき、韓国イケメンは必ずおんぶして連れて帰ってくれる。『まぶしくて－私たちの輝く時間－』（2019）では、「昔はおぶった女と結婚したものよ」とキム・ヘジャ扮するヒロインが言うが、実際どうなのだろうか。最近は男女逆パターンや、おんぶを取り合うシーンもよく見受けられる。いずれにせよ、成人をおんぶするのは、かなりの体力と忍耐が必要。筆者は、耳が赤くなって本当に重そうなところを見ると胸がキュンとする。

韓ドラの世界を
ご贔屓俳優から深めるススメ

新作代表
『愛の不時着』

第四次韓流ブームの立役者『愛の不時着』（2019）。本作を勝手に "ヒョンビン丸儲けドラマ" と呼んでいる。今回演じたリ・ジョンヒョク役に、ヒョンビンが損する点がまったく見当たらないからだ。

ヒョンビンには、本作以外に2作のブレイク作がある。その2作『私の名前はキム・サムスン』（2005）『シークレット・ガーデン』（2010）は、いずれも御曹司役である。ヒョンビンは実はほかの作品ではほとんど御曹司役を演じていないのだが、まるでジンクスのように御曹司役を演じると作品がヒットする。『愛の不時着』は厳密にいえば御曹司ではないが、北朝鮮の高官の息子であり、裕福な家庭に育った点では御曹司と同等。ヒョンビンの得意中の得意の役柄だったわけだ。

また、本作のリ・ジョンヒョクは、"軍人×ピアニスト" という2つの面を持っているのも大きな特徴だ。実は、これもヒョンビンの得意分野。過去作の『雪の女王』（2006）でも "ボクサー×数学の天才" という役に扮していたが、美しき精神を下支えにした二面性を持つ役柄を演じたとき、ヒョンビンは俄然光り輝くのである（『雪の女王』の哀愁あふれるヒョンビンは、美しすぎです！）

えくぼがチャームポイントといわれるヒョンビンだが、満面の笑顔は意外と美しくない。それよりも素晴らしいのは、上品な微笑、憂いのある眼差し。そしてその真逆の印象ともいえる、海兵隊の厳しい訓練にも耐え抜いた強い肉体。そう、ヒョンビンは、"優雅さ×屈強さ" という、2つの相反する魅力を併せ持つ稀有な韓流スターなのである。そう考えていくと、韓国イケメン界広しといえども、あの凛々しきリ・ジョンヒョク役はヒョンビン以外ありえなかったのだ！

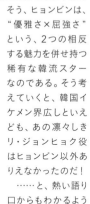

……と、熱い語り口からもわかるように、ヒョンビンは特にお気に入りの韓国俳優である。にもかかわらず、"一番" と言い切らないのは、ほかにも好きな俳優が山ほどいるから。変な宣言だが、ご贔屓俳優を作ることに躊躇はしないようにしている。ご贔屓俳優ができると、妄想したり、過去作を見直したり。大ファン俳優1人よりも、ご贔屓俳優大勢のほうが韓ドラの世界が確実に広がる。あまりに増えて「ご贔屓俳優多すぎて多忙問題」が発生することもあるけれど。

ガールクラッシュ
【がーるくらっしゅ】

同性である女性も思わず惚れてしまうような魅力を備えた女性のこと。以前はサブキャラで活躍することが多かったが、晩婚化や社会の多様化に合わせ、ドラマの主な視聴層である女性が強い女性像を求めるようになったのか、近年は主役になることも増えてきた。『ハイエナ－弁護士たちの生存ゲーム－』(2020)『誰も知らない』(2020)などが典型。『恋愛ワードを入力してください～Search WWW～』(2019)のように数人出てくるパターンも。クールなファッションも見どころで、たまに弱いところやかわいいところを見せるのも重要なポイントに。

海外ドラマリメイク作
【かいがいどらまりめいくさく】

欧米のドラマをリメイクした作品のこと。サスペンス系のものが多く、日本ドラマリメイク作(→「日本ドラマリメイク作」)は作品によってバラつきがあるが、こちらは安定してクオリティが高い。特に内容を思い切って韓国に寄せた作品が成功している。韓国で大ヒットした『夫婦の世界』(2020)もイギリスドラマのリメイク作。そのほか、イギリスドラマのリメイク作『ミストレス～愛に惑う女たち

～』(2018)、アメリカドラマのリメイク作『サバイバー:60日間の大統領』(2019)も、すばらしい出来栄え。アメリカドラマのリメイク作『アントラージュ～スターの華麗なる人生～』(2016)は評判はイマイチだが、筆者としては推し作品。

海外養子
【かいがいようし】

主人公の設定でよくある要素のひとつ。韓国では、朝鮮戦争(→「朝鮮戦争」参照)で戦争孤児が生まれたことから海外養子が増え始めた。儒教による血統主義の影響で未婚の母が子どもを育てにくいという背景もあったのだという。ドラマでは両親を探したり愛憎の念が入り混じったりと、胸に迫るエピソードとともに綴られ、海外養子であったことが物語の重要なカギとなっていく。『ホテリアー』(2001)ではアメリカ、『ごめん、愛してる』(2004)ではオーストラリア、『アイルランド』(2004)ではアイルランドの海外養子という設定だった。経済成長により減少した昨今でも、ドラマでたびたび扱われている。『ペントハウス』(2020～)では海外養子で金儲けをする国会議員が登場。『ムーブ・トゥ・ヘブン:私は遺品整理士です』(2021)では海外養子の末路が描かれる。

海外ロケ
【かいがいろけ】

韓国ドラマは、日本のドラマでは考えられない国でロケをしている。最初の海外ロケブームは2000年代前半。その頃はパリやプラハ、バリ島など、王道の観光都市が多かった。だが、一時下火になり、2010年前後から再び増加すると、海外ロケ地がマニアック化。スロベニア、ヨルダン、キューバなど、旅好きの旅心を誘うような国々でロケをするように(→174ページ参照)。

階段
【かいだん】

現代劇

階段が多いソウルや釜山を舞台にすることが多い韓国ドラマは、階段の名シーンがたくさん。『私の名前はキム・サムスン』(2005)のラストシーンに使われた南山公園の階段もデートコースとして人気になったが、昨今はさらに階段がロマンチックアイテム化。恋人同士で座っておしゃべりしたり、散歩したり、待ち合わせしたり、「階段のある風景ってステキ！」と思わずうっとりしてしまうシーンが必ず差し込まれる。一方で、『悪の花』(2020)では、階段を登るのが面倒で老人を殺害したという階段大国ならではの殺人事件が登場。実際に生活するとなると、階段はやはり厄介なのかも……。

会長
【かいちょう】

主人公が御曹司のことが多い韓国ドラマは、父か祖父がたいてい会長職。後ろに部下を引き連れて社内を巡回したり、入口で部下がずらりと並んで出迎えたりする光景は、まるで朝鮮王朝の王のようだが、これは会長が出てくるドラマに必須の儀式なので驚くに当たらない。豪邸のダイニングでは、「水をくれ」と偉そうに言うシーンと、1

人で食事をとるシーンが目につく。頂点に立つ者の孤独を表しているのだろうか？

買い物お着替え
【かいものおきがえ】

財閥御曹司の主人公がヒロインを高級ブティックに連れて行き、何枚も服を着替えさせたうえでプレゼントをする、韓国ドラマの伝統的なシーンのこと。「違う、次！」という感じで次々に衣装チェンジさせ、最初はツンツンしているのに、自分好みの服を着たヒロインを見た途端、メロメロになってしまうというのがお決まりの流れ。最近は『愛の不時着』(2019)『愛しのホロ』(2020)など、男女逆パターンも見受けられ、筆者としてはこちらのほうが萌える。

帰れない2人
【かえれないふたり】

恋愛関係になる予定の主人公カップルが、島や山に行くと帰れなくなる、韓国ドラマ独特の現象のこと。島に行ったら、最終の船を乗り過ごし、宿に空き部屋が1つしかないような状況になる。山に行ったら、どちらかが足を怪我するなどして、山に一晩留まらざるを得なくなる。数えきれないほど使われてきた設定なので、最近の韓国ドラマの登場人物たちは、「そんなドラマみたいな展開あるわけないでしょ」などと、劇中でこの現象を揶揄することも。

顔の天才
【かおのてんさい】

漫画から飛び出したような完璧なビジュアルを持つイケメンを指す、韓国でよく使われる言葉。俳優では、ウォンビン、カン・ドンウォンあたりが元祖といえそうだが、現在の"顔の天才"といえばチャウヌ（ASTRO）。本当にイケメンなのか疑問になるイケメン俳優もいる中で、チャウヌは「韓国イケメンもここまで進化したか」と驚くほどの容姿を誇る。主演作『私のIDはカンナム美人』（2018）では彼の立ち姿を見たヒロインが「モデルみたい、平凡な大学生とは思えない」とつぶやくシーンがあるが、「そりゃそうだ」と誰もが思うはず。

顔の天才 チャウヌ

科挙
【かきょ】

高麗時代・朝鮮王朝時代に実施されていた、役人の登用試験のこと。基本的に3年に1度行われた。中国の漢の時代に始まった制度で、朝鮮半島には新羅の時代（788年）に伝わり、高麗初期の958年から実施され朝鮮王朝末期の1894年に廃止された。朝鮮王朝時代は、事実上、両班（→「両班」参照）の男性しか受験できなかった。相当難しかったのか、上昇志向ゆえ

か、朝鮮王朝後期になると不正が増えたといい、同時期を舞台にした『トキメキ☆成均館スキャンダル』（2010）や『ヘチ 王座への道』（2019）でも替え玉受験エピソードが盛り込まれている。

格差カップル
【かくさかっぷる】

恋の行方を阻む問題盛りだくさんの格差カップルは、これまで何度も使われてきた設定。韓国ドラマでは、阻むものがあればあるほど、愛の純度が高まる。大財閥の御曹司と貧しい家庭の女性（金銭問題を抱えた家族がいるのが常）というのが古典的な設定で、だいたい財閥家の両親がものすごく怖い。『ボーイフレンド』（2018）など逆パターンもあり、サブカップルの女性上位カップルが人気を集めることも。『上流階級』（2015）など、女性上位・男性上位の2つの格差カップルをそろえるドラマもある。

カクシタル
【カクシタル】

2010年に世界遺産に指定された安東市・河回村の仮面劇で使われる伝統的なお面のひとつ。仮面劇では花嫁役がつけるお面で、"守り神"の意味をもつ。それを被った主人公が、日本統治時代を背景に日帝（→「日帝時代」参照）と闘う『カクシタル』（2012）というドラマも制作されている。映画『軍艦島』（2017）など、2010年代に流行した国家主義的な映画と同時期に作られたドラマで、日本人としては心が痛むが、考えさせられる部分も多い。ドラマとしても、

最初から最後までテンション高めかつ痛快で非常に面白く、韓国では高視聴率を獲得。日本で一般放送されていないのは残念だ（現在はNetflixで視聴可能）。

学食・社食

【がくしょく しゃしょく】

現代劇

学園ドラマでは学食、オフィスドラマなどでは社食がよく登場。『ブラックドッグ 〜新米教師コ・ハヌル〜』(2019)ではヒロインが同期の先生たちに村八分にされ、1人で食事をとるシーンがあったが、学食・社食では、"一匹狼である""人気者である""いつも同じ友達とツルんでいる"など、その主人公の学校や会社での立ち位置がよくわかるシーンが投入されるので要注目。また、秘密の恋人同士が目配せしたり、気がある男女の目が合ったり、ちょっとした恋愛シーンが展開されることも多い。

崖から転落

【がけからてんらく】

時代劇

主に時代劇で見られる展開だが、追手に追い詰められ、矢を放たれて崖から落ちても、心配はいらない。下が海や川などの水辺ならば、その人物はたいてい生きている。瀕死の状態のところを見知らぬ人に助け

られ、記憶を失ったりしているが、最終的に復讐などのために舞い戻ってくるというのが典型的なパターン。ただし、メインキャラでない場合は、死んでいることもある。

過去作

【かこさく】

その俳優が過去に出演した作品という意味で使われることが多い。主演クラスになると、デビュー当初からメインで出演している場合もあるが、今を輝くパク・ソジュン、パク・ボゴム、キム・スション のように、最初は脇役だった俳優も多い。その頃の作品を見ると、ブレイク前の原石の輝きを目の当たりにできる。また、古めの過去作では、「こんな人がこんな役を！」というレアな場面に遭遇することも。

「風に当たってくる」

【かぜにあたってくる】

現代劇 時代劇

劇中で必ず一度は聞くセリフのひとつ。日本でこの言葉を使うとすれば、お酒に酔ったときなど気分が悪いときだが、韓国ドラマでは「考え事がしたい」という意思表示のようだ。

壁にもたれて空を見上げる

屋外でも「風に当たりたい」と要求することがあり、その場から離れる言い訳のようにも聞こえる。車窓から手を出して風を感じたり、屋上（→「屋上」参照）で風を受けながら物思いに耽るのもよくあるシーン。風は、韓国ドラマの登場人物をセンチメンタルな気分にさせるのかも？

韓ドラあるある
肩貸し

たコ・ヒョンジョンは、重さで垂れてしまう顔を上げるために眉を吊り上げたことから生まれた表情だと語っている。

『ガチョウの夢』
【がちょうのゆめ】

現代劇

現在ソロ歌手として活躍するイ・ジョクとキム・ドンリュルのプロジェクト・ユニット「Carnival」が、1997年に発売したファーストアルバムの収録曲。ドラマチックなメロディーと、飛べないガチョウと夢のコントラストが胸に迫る歌詞がポイント。韓国人と黒人のハーフとして差別や苦労を乗り越え生きてきたソウルシンガーのインスニが、2007年にカバーしヒットした。『ベートーベン・ウィルス ～愛と情熱のシンフォニー～』(2008)の最終回では、オーケストラをバックにインスニが熱唱し感動的なシーンを創出。『ドリームハイ』(2011)で、ペ・スジが警察に向かう友人に電話越しに「私には夢があった……」とアカペラで歌うシーンも、涙なしでは観られない。

肩貸し
【かたかし】

現代劇 時代劇

女性がバスの中でうたた寝しているときや、悲しみに暮れているときに、男性が肩を貸すこと。韓国イケメンのひとつのマナーともいえる。頬の辺りを手でぐっと引き寄せ、頭を自分の肩にもたれかけさせる。『100日の朗君様』(2018)では、寝落ちしたヒロインがフラッと倒れかかったところにサッと肩を差し出す、これまでにない肩貸しシーン。「女性でも肩を貸せるのよ」と言って、女性が肩を貸すパターンもある。

カチェ
【カチェ】

時代劇

時代劇で女性がつけている装飾用のかつらのこと。人毛で作られ、大きいほど美しいとされていたため、重いものになると3～4kgにもなり、首が折れて亡くなる女性もいたとか。そのため、朝鮮王朝第21代王・英祖(→「英祖」参照)、第22代王・正祖(→「イ・サン」参照)の時代に禁止された。『善徳女王』(2009)の悪女ミシルの独特の眉毛の動きも、実は重いカチェが原因。演じ

カチェ
朝鮮時代の
女性のカツラ。
大きく重いほど
美しいとされた。

カッ
【カッ】

時代劇

朝鮮王朝時代劇で身分の高い成人男性が被っている外出用の笠子帽のこと。衣服の一部と見なされたため、訪問先や目上の人の前でも被ったままでよかったという。素材は、朝鮮王朝初期は竹、中期以降は馬の尾の毛が使われた。このカッをイケメン俳優がかぶると、とにかくカッコいい。Netflixで全世界に配信された『キングダム』(2019〜)では、チュ・ジフンのカッ姿が海外の視聴者の注目を浴び、「Kingdom hat」(キングダム帽子)というワードがアメリカのツイッターを賑わせた。また、つばの幅や円筒部分の高さは時代によって流行りがあったそうだが、『トキメキ☆成均館スキャンダル』(2010)では、主人公と男装ヒロインがカッのつばが邪魔してキスできないという萌えシーン。個人的には、上流階級の儒者が自宅で被る炎のような形をした程子冠も気になる。

カッをかぶったイケメンたち

雲が描いた月明り パク・ボゴム

キングダム チュ・ジフン

100日の郎君様 ド・ギョンス

『学校』シリーズ
【がっこうしりーず】

現代劇

KBS(→「KBS」参照)の学園ドラマシリーズのこと。1999年にスタートし、2002年までに4作を放送。2013年に10年ぶりにシリーズ5(『ゆれながら咲く花』)が制作されると、その後、2015年にシリーズ6(『恋するジェネレーション』)、2017年にシリーズ7(『恋するレモネード』)と続いた。それぞれ物語は異なるが、いずれも目を引くのはスター俳優の輩出度。これまでにチャン・ヒョク、キム・レウォン、チョ・インソン、コン・ユ、イ・ジョンソク、キム・ウビン、ナム・ジュヒョク、チャン・ドンユンなどを世に送り出している。

「彼女を守れないと、僕の人生は地獄になります」
【かのじょをまもれないとぼくのじんせいはじごくになります】

現代劇

『愛の不時着』(2019)でヒョンビン演じる主人公が、ヒロインへの気持ちを父親に吐露したときのセリフ。『君の声が聞こえる』(2013)でも、「また会えたなら、僕が守るよ」が大きなテーマとして掲げられているが、"守る"は韓国ラブストーリーの男性主人公にとって必須ともいえる言葉。"地獄になる"とまで表現したこのセリフは、なかでも最上級のものである。

カプチーノキス
【かぷちーのきす】

『シークレット・ガーデン』(2010)の名キスシーン。ヒョンビン演じる主人公がハ・ジウォン演じるヒロインの口についたカプチーノの泡を唇で拭い去るという、ちょっぴりエロチックなもの。そのほかにも韓国ドラマには、「確認キス」(『応答せよ1997』<2012>)、「スパゲティキス」(『イニョン王妃の男』<2012>)、「時間停止キス」(『星から来たあなた』<2013>)、「ワインキス」(『太陽の末裔 Love Under The Sun』<2016>)、「クローゼットキス」(『キム秘書はいったい、なぜ?』<2018>)などなど、名前つきのキスがいっぱい。

シークレット・ガーデン

株主総会
【かぶぬしそうかい】

主人公が財閥御曹司の場合、だいたい経営権を争う事態となり、どこかのタイミングで必ず株主総会が開かれる。登場人物たちが「株が〇％足りない」などと言ってあくせくしているのはおなじみの光景。"臨時株主総会"という言葉も、劇中で何度聞いたことだろうか。『華麗なる遺産』(2009)では、クライマックスに臨時株主総会があり、ペ・

スビンが熱演を披露している。

「髪、切った?」問題
【かみきったもんだい】

ドラマの途中で、俳優が髪を突然散髪してしまう問題のこと。気になるのは男性で、もみあげや前髪などをさりげなく切っているのだが、時代劇でも結構目立つ。思わず『笑っていいとも!』のタモリばりに「髪、切った?」と画面に向かって聞いてしまう視聴者も多いだろう。「まぁ、何とかなるだろう」と安易に切っている節があるが、シーン前後で散髪後と散髪前が入れ違いになっててつながりがおかしくなっていることも。最近は減ってきた感があり、少し寂しい。

髪を引っ張るケンカ
【かみをひっぱるけんか】

女性同士の取っ組み合いは、たいてい髪を引っ張るケンカに発展。ペルーの「タカナクイ」というケンカ祭りでも、ルール違反だといわれようが、女性は髪を引っ張ってケン

カしてしまうという。非力のせいなのか、大切な顔を傷つけないためなのか、世界共通のことなのかもしれない。『グッド・キャスティング〜彼女はエリートスパイ〜』(2020)では珍しく、女性同士の髪を引っ張らない本気の乱闘が頻発!

カメオ出演
【かめおしゅつえん】

最近は1話ごとにカメオ出演者がいたり、最終回にスター俳優をサプライズ登場させたり、話題作りに欠かせないものに。アイドルが本人役、俳優がドラマや映画の役柄で出演し、場面を賑わせることも。『愛の不時着』(2019)では、キム・スヒョンが映画『シークレット・ミッション』(2013)の北朝鮮スパイ役でカメオ出演。『ヴィンチェンツォ』(2021)では、20人以上もカメオ出演者が。

伽耶
【かや】

3〜6世紀まで朝鮮半島南部に存在した古代国家もしくは小国家群を指す。日本では任那、加羅とも呼ばれる。6世紀に新羅に併合され消滅。謎が多く、古代ロマンをかき立てる地名でもある。『鉄の王 キム・ス

伽耶琴（カヤグム）

伽耶の楽師が開発したと言われる楽器。

ロ』(2010)では、伽耶国の始祖キム・スロ（→「金首露」参照）を主人公に韓国で初めて建国神話をドラマ化。朝鮮半島の伝統的な弦楽器である伽耶琴（カヤグム）は、伽耶の楽師が開発したといわれ、朝鮮王朝時代劇で妓生が嗜む楽器としてもよく登場する。

カルト教団
【かるときょうだん】

『熱血司祭』(2019)ではインチキ宗教団体が脇を固めていたが、『パンドラ 小さな神の子供たち』(2018)のように宗教にまつわる事件が描かれることも。なかでも『君を守りたい〜SAVE ME〜』(2017)と、第2弾として制作された『約束の地〜SAVE ME〜』(2018)は、地方社会の弱点につけこむカルト教団の姿を描き出した秀作。道端で勧誘する信者のエピソードもよく見るが、『ホント無理だから』(2021)によると、韓国に来たばかりの外国人も狙われやすいとか。

韓国映画
【かんこくえいが】

韓国映画第1号は、『義理的仇討』(1919)。その後、日本統治時代、朝鮮戦争、軍事独裁政権時代といった苦難を乗り越え、2019年に100周年を迎えた。2000年代初頭が黄金期ともいわれたが、2020年には『パラサイト 半地下の家族』(2019)がアジア初のアカデミー賞作品賞、続いて2021年には『ミナリ』(2020)でユン・ヨジョンが助演女優賞を受賞するという快挙を成し遂げた。かつて映画俳優はドラマには出ないという風潮もあったが、最近はボーダレスに活躍する俳優が多い。

韓国BLドラマ
【かんこくびーえるどらま】

現代劇

韓国のボーイズラブドラマのこと。BLものは韓国映画では以前からあったが、タイのBLドラマの爆発的ヒットを受け、韓国初のBLドラマ『君の視線が止まる先に』(2020)が誕生。その後、『Mr.ハート』(2020)『カラーラッシュ』(2021)『リュソンビの婚礼式』(2021)など、続々と制作されている。今後の新たな若手俳優の登竜門になる可能性大だ。韓ドラのBLの歴史を辿りたいなら、BLという言葉がなかった時代に年の離れた男性同士の儚い愛を描いた『悲しい誘惑』(1999)も観てみたい。

揀擇
【カンテク】

時代劇

朝鮮王朝時代に行われていた、王妃や世子の配偶者を選ぶオーディションのようなもの。実施期間には、禁婚令(ほかに嫁いでしまわないよう、両班の未婚の娘の婚姻を禁止するというお達し)が出され、書類審査で絞られた候補者は3回にわたって選考された。喜ばしいことのようだが、政変に巻き込まれることも多いうえ、落選すると一生独身で過ごさなければならなかったため(上位まで残れば側室や女官になれることも)、敬遠する家も多かったという。『太陽を抱く月』(2012)など、宮廷を舞台にした時代劇ではたびたび描かれており、候補者たちの美しい衣装対決も見もの。『カンテク〜運命の愛〜』(2019)では、とうとうドラマ全体のテーマとなった。

韓ドラマジック
【かんどらまじっく】

韓国ドラマを愛好している人たちに起きる不思議な現象のこと。さまざまな現象があるが、韓ドラファンなら誰しも経験していると

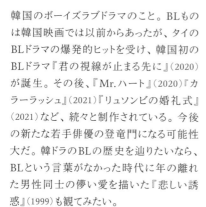

思われるのが、「そうでもないと思っていた主人公が、ドラマを観ていくうちに、ものすごくイケメンや美女に見えてくる」現象。そう見えてきたらもう、韓ドラ沼にハマっている証拠。また、筆者には、「それまで見たこともなかった脇役(端役)俳優の出演ドラマを、一度観るとなぜか立て続けに観てしまう」という怪現象もよく起きる。

江南
【カンナム】

現代劇

ソウルを南北に分ける川・漢江の南側のエリアのことで、主に江南区、瑞草区、松坡区の3つの区の総称として呼ぶことが多い。ブランドショップや高級マンションが立ち並び、2012年に大ヒットしたPSYの『江南スタイル』で世界的にもその名が知られた。江南に対し、漢江の北側のエリアを江北という。江北は古くからの中心地で、江南は90年代から栄えた新興地。『ジャイアント』(2010)では、その開発に翻弄された3兄妹の激動の人生が描かれている。

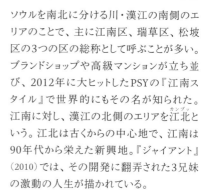

江華島
【カンファド】

<!-- 時代劇 tag -->時代劇

漢江の河口に位置する、韓国で5番目に大きい島。南北休戦ラインの近くにあり、島の北側は海を隔てて北朝鮮と向き合う。日本人には、朝鮮王朝開国のきっかけにもなったといわれる日本との武力衝突「江華島事件」(1875)で知られるが、檀君建国神話(→「檀君建国神話」参照)の聖地もあるなど、とにかく歴史的なことが詰まった島。高麗時代が舞台の『武神』(2012)では、蒙古軍の侵攻から逃れるため江華島に遷都した様子が描かれるが、朝鮮王朝時代には流刑地となり、あの燕山君(→「燕山君」参照)も流刑された。また、『ミスター・サンシャイン』(2018)では、江華島で起きたアメリカとの交戦「辛未洋擾」(18/1)が描かれている。

韓方薬（漢方薬）
【かんぼうやく】

現代劇 時代劇

中国の伝統医学が韓国に伝わり独自に発展した韓方の薬。時代劇では、女性が座り込んで薬剤を煎じる姿をよく見る。現代劇では、パウチパックに入った韓方薬がおなじみ。補薬と呼ばれるもので、オーダーメイドで作ることも可能。劇中でも母親が婿の健康を気にして贈ったりする。『ストーブリーグ』(2019)では、試合前に野球選手全員で韓方薬パックをチューチュー。あれほど大勢で飲んでいるシーンは初!? 『風船ガム』(2015)など韓方医が登場するドラマも多い。

現代劇では…
スティックタイプ
パウチタイプ

時代劇では…
甘いお菓子（薬菓）と一緒に

妓生
【キーセン】

時代劇

朝鮮半島の伝統的な芸妓のこと。高官や外国からの使者の宴会に同席し歌舞を披露した。新羅時代にも存在したが、正式に官婢(国が所有する奴婢<→「奴婢」参照>)となったのは高麗初期からで、朝鮮王朝末期まで全国に常に2〜3万人はいたという。基本的に妓生の娘は妓生を継がなければならなかった。時代劇の妓生は、ヒロインと美しさを二分する存在。出演者が男性ばかりの本格時代劇でも、紅一点として凛々しく登場し、客の高官たちと駆け引きをする諜報員のような活躍もする。『ファン・ジニ』(2006)(→「ファン・ジニ」参照)など、妓生を主人公にしたドラマもある。

記憶喪失

【きおくそうしつ】

現代劇　時代劇

韓ドラあるあるの筆頭。あまりに多用されているので、韓国ドラマを見慣れてくると、「もしかして……」→「やっぱり記憶喪失か!」と展開が見えてしまうようになる。単なる記憶喪失の場合もあるが、手の込んだものも。『冬のソナタ』(2002)では記憶が書き換えられている設定、『その男の記憶法』(2020)ではヒロインをある部分だけ覚えていない設定にするなど、巧みに記憶喪失を取り入れている。また、記憶は失っているが、なぜか心は覚えている……というのも、韓国ドラマならではだろう。

起業家
【きぎょうか】

現代劇

昨今、勢いを増している男性主人公設定。財閥御曹司に迫る勢いだ。すでに起業家として成功しているパターンと、劇中で成長していくパターンがある。『ずる賢いバツイチの恋』(2014)のチュ・サンウクが演じたIT起業家が先駆けか? 『アルハンブラ宮殿の思い出』(2018)『半分の半分〜声で繋がる愛〜』(2020)『シーシュポス：The Myth』(2021)などは主人公が扮していたが、二番手や脇役が起業家のことも多く、韓国の人気職種の変遷を感じさせる。

鬼神
【きしん】

現代劇　時代劇

簡単に言うと、お化けのこと。人が死んだときに、この世に恨みなどを抱いていると、鬼神となって現世を彷徨うことになる。『朝鮮紀行〜英国婦人の見た李朝末期』(講談社刊)では、鬼神信仰をシャーマニズムとして紹介している。ドラマで鬼神がメインに扱われているのは、『アラン使道伝ーアランサ

トデンー』(2012)『夜警日誌』(2014)など。

傷口ふうふう
【きずぐちふうふう】

現代劇

ケガをしたあとは、必ずこのシーンがあると思って間違いない。ひざまずき(→「ひざまずき告白」参照)とセットで行われることも多い。男性→女性、女性→男性、どちらもあり。1人暮らしでもなぜか救急箱が家にあり、塗り薬を綿棒でつけることが多い。薬局に慌てて買いに行き、想いの深さをさらけ出すことも。傷口ふうふうしている相手の顔を見てうっとりしてしまうのも、よく見る光景。

キスシーン複数カット撮り
【きすしーんふくすうかっとどり】

現代劇　時代劇

遠目、アップ、右、左などと、キスする瞬間を複数のカットで構成するキスシーンのこと。スローモーション気味なのもポイント。ファーストキスのときに、この手法が使われることが多いようだ。かつては、これにプラスし、キスする2人を中心にぐるぐるカメラが回るというシーンが流行ったことも。最近は、『愛

1. アップで!!

2. 横から!!

3. 引きで!!

の温度』(2017)のように、本人たちが本当にイチャイチャとキスしているような"フリースタイルキス"も台頭。女性から先にして、その後に本気モードに突入パターンも人気。

キス職人
【きすしょくにん】

現代劇 時代劇

キスがうまい俳優に贈られる、韓国ドラマ独特の称号。俳優陣の意気込み(?)を感じさせるセクシーなキスシーンが年々増加し、キス職人としてパク・ソジュンやチ・チャンウクなどの人気俳優の名が挙がるが、なかでも揺るぎない地位を築いているのが、ソ・イングク。『応答せよ1997』(2012)『ナイショの恋していいですか!?』(2014)『ショッピング王ルイ』(2016)などで、職人ならではの技を遺憾なく発揮している。

北朝鮮
【きたちょうせん】

現代劇

北朝鮮を扱った作品は映画に多いイメージがあるが、韓国ドラマでも制作されている。スパイ（工作員）ものとしては、『IRIS -アイリス-』(2009)『約束の恋人』(2012)など。変わり種としては、北朝鮮の電車のシーンが旅心を誘う『愛の不時着』(2019)のほか、脱北女性が主人公の『吹けよ、ミプン』(2016)、北から来た青年が韓国の医師となる『ドクター異邦人』(2014)などがある。また、架空の韓国王室の王子と北朝鮮特殊部隊の女性の愛を描いた『キング～Two Hearts』(2012)も、『愛の不時着』と同様に北朝鮮の人々の普通の感覚が垣間見られる稀有な作品。

キム・ウォンソク (1978~)
【キム ウォンソク】

演出家。韓国を代表するドラマ監督の1人。何といっても2014年から連続してヒットした『ミセン-未生-』(2014)『シグナル』(2016)『マイ・ディア・ミスター～私のおじさん～』(2018)の3作が有名。舞台はまったく異なるが、いずれも細部までこだわった演出力が目を引く。時代劇でもその才能は発揮されており、初の単独演出作『トキメキ☆成均館スキャンダル』(2010)も大ヒットしている。また、異色の時代劇『アスダル年代記』(2019)は、韓国初の古代ファンタジー。内容の評価は分かれるが、類を見ない壮大な意欲作であることは間違いなく、筆者としてはシーズン2を熱望している。

か

キム・ウニ (1972〜)
【キム ウニ】

脚本家。韓国で初めて法医学を扱った『サイン』(2011)で頭角を現した、緻密な構成で魅せる社会派サスペンスの名手。顔が見えないサイバー犯罪を描く『ファントム』(2012)、無線機でつながる過去と未来の刑事が未解決事件に挑む『シグナル』(2016)、朝鮮王朝を舞台にしたゾンビもの『キングダム』(2019〜)シリーズと、新鮮な素材を使った作品が目立つ。夫は映画『記憶の夜』の監督で脚本家・俳優でもあるチャン・ハンジュンで、結婚後に彼の助手をして脚本に興味をもったという。『サイン』も夫とともに執筆している。

キム・ウンスク (1973〜)
【キム ウンスク】

脚本家。韓ドラファンなら知らぬ者はいないスター作家の1人。男性主人公にインパクトがあるという点が共通しており、御曹司ものや、壮大な世界観が好きな人にはたまらない。2000年代は『恋人』シリーズ(→「『恋人』シリーズ」参照)、2010年代は『シークレット・ガーデン』(2010)『相続者たち』(2013)『太陽の末裔 Love Under The Sun』(2016)『ミスター・サンシャイン』(2018)などが大ヒット。『トッケビ〜君がくれた愛しい日々〜』(2016)では、第53回百想芸術大賞で、ドラマ脚本家として初めて大賞を受賞している。『ザ・キング:永遠の君主

(2020)は、これまでの作品に比べると低調だった。次作『ザ・グローリー』では、再びソン・ヘギョをヒロインとする予定。

キム・ギュテ
【キム ギュテ】

演出家。美しい情景に人の心を映し出すような演出が魅力的。『パダムパダム〜〜彼と彼女の心拍音』(2011)『その冬、風が吹く』(2013)『大丈夫、愛だ』(2014)『ライブ〜君こそが生きる理由〜』(2018)など、名脚本家ノ・ヒギョン(→「ノ・ヒギョン」参照)と組んだ作品は、どれも見応えがある。初の時代劇演出作品『麗〈レイ〉〜花萌ゆる8人の皇子たち〜』(2016)はもちろん、日本でも大ヒットした『IRIS −アイリス−』(2009)も、スパイアクションものながらロマンチックなシーンが目を引く。

金首露 (42〜199)
【キム スロ】
<small>時代劇</small>

伽耶(→「伽耶」参照)諸国の1つである金官伽耶の初代王。『鉄の王 キム・スロ』(2010)では、少年時代から即位するまでが描かれる。謎の部分も多く、歴史的には158年も生きていることになっているのが何とも神秘的。妻がインド出身というのも興味深い(ちなみに妻も157歳まで生きたとされている)。金の卵から生まれたことから"金"の姓を名乗ったといわれ、韓国で最も多い氏族であり、金海出身の"金"氏という意味をもつ"金海金氏"の始祖とされる。

キム・ソンユン (1976〜)
【キム ソンユン】

演出家。KBSのプロデューサーだったが、2017年にJTBC(→「JTBC」参照)に移り、『梨泰院クラス』(2020年)を撮影。男性ファンの

心もつかみ日本でも大ヒットした。そのほか代表作は、『ドリームハイ』(2011)『ビッグ〜愛は奇跡<ミラクル>〜』(2012)『恋愛の発見』(2014)『恋するジェネレーション』(2015)『雲が描いた月明り』(2016)。いずれも若手人気俳優を主人公に、美しい映像で若者の輝きを鮮やかに描き出している。

金春秋 (603〜661)

時代劇

【キム チュンチュ】

新羅第29代王・武烈王。在位期間は654〜661年。母は、第27代王・善徳女王(→「善徳女王」参照)の姉(妹という説も)。唐と手を組んで百済を滅亡させ、三国統一(新羅・百済・高句麗の統一の意味)の基礎を築いた偉大な王。キム・チュンチュを主人公にした『大王の夢』(2012)では、チェ・スジョン(→「韓流時代劇王」参照)が若き頃から王として君臨するまでを熱演。『善徳女王』(2009)では、ユ・スンホが策士といった雰囲気を醸し出して好演している。

キム・チョルギュ (1966〜)

【キム チョルギュ】

演出家。日本のドラマを原作に、繊細な描写で心に深く入り込む名作へと昇華させた『マザー〜無償の愛〜』(2010)が真骨頂。同作は、第1回カンヌ国際シリーズ・フェスティバルで、世界130以上のドラマ作品の中から10作に選ばれた。そのほかも、『ファン・ジニ』(2006)『空港に行く道』(2016)

マザー

『キム・ヨンチョルの街歩き』

【キム ヨンチョルのまちあるき】 (2018〜)

時代劇からホームドラマまで重厚な演技で魅了するベテラン俳優キム・ヨンチョルの散歩番組。韓国ドラマで地方の町に興味を持った人にはたまらない番組だ。韓国の何気ない風景が魅力的に映し出され、よくぞここまでロケハンしたなと感心してしまうほど。単なる散歩番組と思っていると、ドキュメンタリータッチの回もあり、『秋の童話』(2000)のロケ地にもなったアバイ村(朝鮮戦争のときの北朝鮮避難民の村)に暮らす老女の半生を追ったことも。BGMも60年代のポップスや韓国のインディーズミュージックを使ったりと凝っている。

キム・ヨンヒョン (1966〜)

【キム ヨンヒョン】

脚本家。『宮廷女官チャングムの誓い』(2003)で一躍人気作家となった韓流時代劇の名手。その後に手掛けた『薯童謠〔ソドンヨ〕』(2005)も根強い人気がある。2007年からは脚本家パク・サンヨン(1971〜)と共同執筆し、『善徳女王』(2009)『根の深い木-世宗大王の誓い-』(2011)『六龍が飛ぶ』(2015)と、ヒットを連発。本格時代劇というより、これまで知られていなかった人物・出来事にスポットを当て、躍動感あふれる面白い時代劇を作り出すのが得意。女性キャラクターや悪役が魅力的なのも特徴だ。『アスダル年代記』(2019)では韓国初の古代ファンタジーに挑戦したが、評価が分かれ苦戦した。

か

逆賊
【ぎゃくぞく】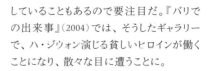

王に対し謀反を起こした者のこと。韓国時代劇では、主人公の父親が逆賊とされていることが多いが、大半は濡れ衣。素性を隠して力を蓄えながら復讐する機会をうかがい、裏切り者をやっつけて汚名返上し身分回復！　……となるところにカタルシスがあるが、少々パターン化されすぎな感も。『逆賊－民の英雄ホン・ギルドン－』(2017)は、義賊として有名なホン・ギルドン（→「洪吉童」参照）を、あえて"逆賊"と呼んでいるところが目を引く。

脚本家
【きゃくほんか】

脚本を中心に練り込まれる韓国ドラマは、脚本家の存在は絶大。シナリオが面白ければ、知名度の低い俳優や脚本家の作品でもヒットする。脚本家が登場するドラマも数多い。韓国ドラマの制作現場ではメイン脚本家を中心にチームで脚本を作り上げるのが慣習らしく、劇中でもそうした光景を見ることができる。また、実際にも女性に著名な脚本家が多いが、『ファンタスティック～君がくれた奇跡～』(2016)『愛の温度』(2017)『ラブリー・スター・ラブリー』(2018)『恋愛体質～30歳になれば大丈夫』(2019)など劇中の脚本家も女性ばかり。『Oh！ご主人様～恋ができない僕とカノジョの同居生活～』(2021)は、主人公が男性脚本家という珍しい作品。

ギャラリー運営
【ぎゃらりーうんえい】

劇中の財閥家の妻や娘は、たいていギャラリーを運営している。そこに置かれた美術品が、財閥グループの裏金隠しに関係していることもあるので要注目だ。『バリでの出来事』(2004)では、そうしたギャラリーで、ハ・ジウォン演じる貧しいヒロインが働くことになり、散々な目に遭うことに。

キャンディ・タイプ
【きゃんでぃ　たいぷ】

"キャンディ"とは、原作・水木杏子、作画・いがらしゆみこによる日本の少女漫画『キャンディ♡キャンディ』の主人公の少女のこと。キャンディのようにどんな困難にもめげず自分の道を切り開くキャラクターのことを、韓国ドラマでは"キャンディ・タイプ"と呼ぶ。例えば『がんばれ！クムスン』(2005)『華麗なる遺産』(2009)のヒロインは、まさにキャンディ・タイプ。韓国では80年代から同作原作アニメが放送されていたため、キャンディに親近感があるのだという。また、『キャンディ♡キャンディ』は、元祖韓流ドラマ『星に願いを』(1997)（→「『星に願いを』」参照）や『冬のソナタ』(2002)のストーリーにも影響を与えたといわれる。

吸血鬼もの
【きゅうけつきもの】

ヴァンパイアを主人公にしたドラマのこと。日本には少ないが、韓国ドラマには結構

ディア・ブラッド

多い。吸血鬼が、検事になるわアイドルになるわ医師になるわ探偵になるわ……と、さまざまな形で登場する。シリーズ化された『ヴァンパイア検事』(2011)や、『ディア・ブラッド〜私の守護天使』(2015)などが代表的作品。異色の吸血鬼シットコム『アンニョン！フランチェスカ』(2005)は、ルーマニアからやってきた吸血鬼たちのドタバタを通して韓国文化を風刺しているのが面白い。『夜を歩く士＜ソンビ＞』(2015)では時代劇に登場。『オレンジ・マーマレード』(2015)も、朝鮮王朝時代と現代を舞台に人間と吸血鬼の恋を描いた意欲作だ。

宮廷ロマンス
【きゅうていろまんす】

時代劇

韓流時代劇の人気ジャンルのひとつ。イケメン俳優が主演を務め、ロマンスを中心に物語が展開していく。さすがに現代劇のようないちゃいちゃシーンはないが、街ブラデート(→「街ブラデート」参照)やキスシーンは時代劇でもしっかりある。一方で、宮廷内の党派争いなども意外に濃密に描かれるため、一般の時代劇ファンでも楽しめることも。逆に"宮廷ロマンス"と名乗っていなくても、恋愛話をねじ込んでくるのが韓流時代劇の特徴だ。『雲が描いた月明り』(2016)『不滅の恋人』(2018)など朝鮮王朝ものが大半だが、『王は愛する』(2017)など高麗ものも静かな趣があり見逃せない。

巨悪カルテル
【きょあくかるてる】

現代劇

昨今、韓国ドラマで財閥グループ以上に権力を持ちつつあるのが巨悪カルテル。カルテルとは、いくつかの企業や団体が利益を独占しようと協定を結ぶこと、またはその組織。劇中では、マスコミ、警察、検察、国会議員、ヤクザなどの長が手を組み利益を

むさぼる。『熱血司祭』(2019)『ヴィンチェンツォ』(2021)など、そうした巨悪を主人公らがやっつけてくれる痛快ドラマも人気。

教会
【きょうかい】

現代劇

主に2つの用途に使われることが多い。1つは、良からぬことを相談する場所として。前後少し離れたところに座り、秘密の書類やUSBを受け取ったりする。もう1つは、権力者が善人アピールをする場所として。悪事をごまかそうと、熱心な信徒のふりや、ボランティアに参加するふりなどをする。ちなみにドラマロケが多いのは、ソウルにある韓国カトリックのシンボル・明洞聖堂。『美しき日々』(2001)『美男＜イケメン＞ですね』(2009)などが撮影されている。

強力班
【きょうりょくはん】

現代劇

劇中に登場する刑事は、大半が"強力班"所属である。その名がタイトルについた『強力班〜ソウル江南警察署』(2011)によると、強力班とは凶悪犯罪を専門に追う部署とのこと。強力班の紅一点として登場する女性刑事は、たいてい武術に秀で、ボーイッシュな出で立ち。警察が舞台のドラマは刑事が主役のことが多いが、『ライブ〜君こそが生きる理由〜』(2018)では、珍しく交番勤務の警察官の奮闘が描かれている。

か

巨大財閥グループ
【きょだいざいばつぐるーぷ】

現代劇

たいてい一族経営で、剛腕な祖父が創業者で会長、父が社長、財閥三世の孫が主人公というのが定番。また、財閥一家の長男は出来が悪く、次男は欲深いというのもよくある設定で、『愛の不時着』(2019)では、そんな中でヒロインが後継者に指名されることに。会長兄弟の確執、熾烈な後継者争い、金や権力を使った犯罪のもみ消し、周囲の人物の復讐心などなど、巨大財閥を舞台にしたドラマはネタに事欠かない。

慶州
【キョンジュ／けいしゅう】

現代劇 時代劇

慶尚北道の古都。かつては徐羅伐と呼ばれ、紀元前57年から935年まで約1000年間、新羅・統一新羅の王都だった。これほど長い間、都だった町は世界的にも少ない。高麗初代王・王建(→「王建」参照)が慶州に改称。仏国寺や石窟庵などの世界遺産もあり、日本でいう京都のようなところだが、実際に訪れて目を奪われるのは古墳の多さ。町に小山のような古墳が点在する光景は、マニアにはたまらない。『善徳

女王』(2009)などの三国時代劇(→「三国時代劇」参照)のほか、慶州の両班を描いた朝鮮王朝時代劇『名家』(2010)でも舞台に。『本当に良い時代』(2014)では現代劇の舞台にもなった。

景福宮
【キョンボックン】

現代劇 時代劇

朝鮮王朝時代の五大王宮(景福宮・昌慶宮・徳寿宮・慶熙宮・昌徳宮)のひとつ。初代王・太祖が1395年に創建した最初の王宮で、風水に基づいて造られた。韓国で最も有名な王宮だが、朝鮮王朝500年の歴史の中で王宮として使われたのは200年ほど。秀吉の朝鮮出兵(→「壬辰倭乱」参照)のときに焼失し、その後は270年間、放置された。1867年に興宣大院君(→「興宣大院君」参照)によって再建されるが、1895年には乙未事変(閔妃殺害事件)(→「閔妃」参照)が勃発。日本統治時代には、景福宮内に朝鮮総督府の庁舎が建てられた。現代劇でもちらりと舞台になるが、何といっても多いのは時代劇。『龍の涙』(1996)から『太陽を抱く月』(2012)まで、さまざまな作品に登場。『軍師リュ・ソンリョン ～懲毖録<ジンビロク>～』(2015)は、景福宮が燃えるシーンが圧巻。

慶州の古墳群

金のスプーン
【きんのすぷーん】

現代劇

裕福な家庭に生まれた人のことを指す。スプーン階級論ともいわれ、このほか「銀」「銅」「泥」のスプーンがある。親の財産により生まれたときにくわえているスプーンが違うという意味。韓国では2015年頃からSNSで頻繁に使われるようになり、BTSの楽曲『FIRE』(2016)の歌詞にも"スプーン"が登場する。韓国ドラマでは以前から持てる者と持たざる者の葛藤や苦悩がテーマになってきたが、それを端的に表した言葉といえる。昨今では、『黄金の私の人生』(2017)『青春の記録』(2020)など、さまざまなドラマでモチーフになったり、セリフとして使われたりしている。

光宗 (925〜975)
【クァンジョン】

時代劇

高麗王朝第4代王。在位期間は949〜975年。高麗初代王・王建の三男。無実の罪で奴婢になった者を解放する奴婢按検法の実施や科挙制度の導入などの偉業を成し遂げたが、高麗建国の功臣や親戚までも処刑する残忍な面もあった。その

功績を追うなら『光宗大王〜帝国の朝〜』(2002)がおすすめ。『輝くか、狂うか』(2015)ではチャン・ヒョクが、『麗〈レイ〉〜花萌ゆる8人の皇子たち〜』(2016)ではイ・ジュンギが、若き光宗を演じている。

光海君 (1575〜1641)
【クァンヘグン】

時代劇

朝鮮王朝第15代王。在位期間は1608〜1623年(15年1ヵ月)。歴史書には暴君と記されたが、現在では評価が変わり、悲劇の王とされる。庶子で次男であったため紆余曲折の末に王位に就くも、党派の思惑により親族までも粛清することに。甥の綾陽君のクーデター(仁祖反正)により廃位された。一方で、壬辰倭乱(→「壬辰倭乱」参照)の復興事業に尽力するなど、さまざまな功績も残す。ドラマは数多くあり、『火の女神ジョンイ』(2013)ではイ・サンユン、『王の顔』(2014)ではソ・イングクなど、人気俳優が務めることも。チャ・スンウォンが熱演を見せる『華政〔ファジョン〕』(2015)も、光海君の苦悩と有能さがよくわかる。

空港
【くうこう】

現代劇

空港で、海外渡航(→「最終回の海外渡航」参照)しようとするヒロインや男性主人公を探し回るシーンはきわめて韓国ドラマ的。かつては、なかなか見つからない焦燥を表すかのように、探す人物のまわりをカメラがぐるぐる回るというシーンがよくあった。最近は、結局見つかって連れ帰ることや、ひと声かけて送り出すパターンも見られる。空港好きなら、仁川国際空港で働く人々を描いた『輝く星のターミナル』(2018)は見逃せない。また、隠れた名作『空港に行く道』(2016)も、登場人物たちの心情を表したような美しい空港シーンがたくさん。

九十九里のハマグリを ガソリンで火の海に！ ツアー

【くじゅうくりのはまぐりを
がそりんでひのうみにつあー】

JS TOURSによって2020年10月10日に催行された日帰りツアー。『愛の不時着』（2019）でヒロインのセリが北朝鮮で食べたハマグリのガソリン焼きを、千葉県の九十九里浜で再現して食べようというもの。JS TOURSは、北朝鮮専門の旅行会社だが、コロナ禍により現地には行けないため本ツアーを企画。筆者も行きたかったが、すぐに予約がいっぱいに。結局、54名も参加したという。当日は残念ながら雨だったようだが、藁の上に置かれたハマグリがメラメラと燃えるシーンがSNSに投稿された。

百済

【くだら／ペクチェ】

4世紀前半から660年まで朝鮮半島西部および南西部にあった古代国家。高句麗、新羅と凌ぎを削り三国時代を築いた。一時、国号を南扶余としていたことがあり、『花郎＜ファラン＞』（2016）には、その国

号で登場。また、神話では高句麗の初代王・朱蒙の子の温祚が建国したとされ、『朱蒙〔チュモン〕』（2006）でもそう描かれている。660年、新羅・唐の連合軍により滅亡。その後、百済復興運動を興し、日本の援軍とともに新羅・唐の連合軍と戦ったが、白村江の戦いなどで敗れた。百済がメインの舞台となるドラマは少なく、『薯童謠〔ソドンヨ〕』（2005）が初。そのほか、最も発展した時代を描いた『百済の王 クンチョゴワン（近肖古王）』（2010）、滅亡までの道のりを描いた『階伯〔ケベク〕』（2011）などがある。

靴プレゼント

【くつぷれぜんと】

劇中の韓国イケメンは、なぜか靴をプレゼントすることが多い。『六龍が飛ぶ』（2015）では、主人公に靴を贈られそうになったヒロインが「そんな仲ではありません！」と怒るシーンが。いったい、どういう仲という意味なのか？ 突然プレゼントするパターンも多く、いつサイズをチェックしたのか、サイズが合うのか気になってしまう。『青春の記録』（2020）では、主人公の手書きイラスト入りのスニーカーをプレゼント。『偶然見つけたハル』（2019）では、「世界に1つしかない靴だ」と言ってひざまずいて履かせていた。

椿の花咲く頃

九尾狐
【クミホ】

現代劇 時代劇

9つの尾を持った狐の妖獣。中国の伝説が、日本、ベトナム、朝鮮半島などに広まったとされ、神通力を持つ九尾狐が美女に化け人を騙すという構造は、どこも共通しているよう。だが、韓国ほど映像作品が豊富な国はないのでは。シリーズドラマ『伝説の故郷』(1977〜)ではさまざまな女優が九尾狐を演じ、特に1997年版のソン・ユナが演じた九尾狐は圧巻だったという。『伝説の故郷』をモチーフにした『九尾狐伝〜愛と哀しみの母〜』(2010)も力作。そのほか、ラブコメディの『僕の彼女は九尾狐』(2010)も面白い。最近では、『九尾狐<クミホ>伝〜不滅の愛〜』(2020)でイ・ドンウク、『九尾の狐とキケンな同居』(2021)でジャン・ギョンが、これまでにない男性の九尾狐に。

九尾狐役は美人女優の登龍門!!

キム秘書のパク・ミニョンも演じた

九龍浦
【クリョンポ】

現代劇

慶尚北道浦項市にある漁村。日本統治時代に香川県の小田村の人々が集団移住した地区が、「日本人家屋通り」として整備されている。当時、1000人以上の日本人が住んでいたそうで、今も日本風の建造物が残り、その中に昔の生活用品が並べられていたりと、テーマパークのようになっている。かつては神社があった公園の階段から見下ろす港町の風景も名物で、九龍浦で撮影された『椿の花咲く頃』(2019)でも印象的に使われた。従軍慰安婦を初めて韓国ドラマに登場させた90年代の大ヒット作『黎明の瞳』(1991)の撮影地でもある。

車椅子
【くるまいす】

現代劇

韓国ドラマには、車椅子生活を送る登場人物が結構多いが、ここで言及したいのはそこではない。マスコミが集まった病院前や警察署前に車椅子に乗って現れる権力者のこと。マスクをしてうなだれ、「罪を反省し、こんなに具合が悪くなりました」アピールを全力でする悪人たちのことだ。あまりによく見るものの、本当にこんなことをする人がいるのか疑問だったが、現実の韓国のニュースで実際に確認し納得……。

「車を止めて！」
【くるまをとめて】

車内で主人公カップルがケンカになったときに発せられるセリフ。たいていヒロインが、この言葉を叫んで車を降りようとする。おそらくヒロインの意志の強さを表すために必要なシーンなのだろう。時には車が走っている最中にドアを開けて無理やり降りる破天荒なヒロインも……。かつてはヒロインが運転するという状況はほぼなかったが、『サイコだけど大丈夫』(2020)では、ヒロインが

運転をし、男性主人公が「車を止めて」と言って降りたところに、新たな時代のドラマを感じる。

クレジットカード
【くれじっとかーど】

現実の韓国もカード社会だが、最近は劇中も何でもクレジットカード払い。上司のおごりも、カードを手渡されて支払うのがお決まり。また、特に財閥家に見られるが、子どもが言うことを聞かないと、親はとにかくまずカードを止めお金を使えないようにする。『ザ・バンカー』(2019)では、一般家庭の銀行員が母親にカードを止められガソリン代が支払えないというシーンがあるが、それほど簡単に止められるのか!?

黒キャップ
【くろきゃっぷ】

劇中の逃亡者や犯罪者は、必ず被ってい

る。黒キャップは、いわば「今、逃亡中だぞ」「これから後ろめたいことをするぞ」という意思表示であり、視聴者へのサインともいえるだろう。『誹法〜運命を変える方法〜』(2020)では、逃亡する前に屋台でわざわざ黒キャップを買うシーンまであった。最近は、黒ヘルメットも台頭している。

軍事境界線
【ぐんじきょうかいせん】

韓国と北朝鮮の実効支配地域を分割する幅20cmほどの境界線のこと。全長約250kmにわたり朝鮮半島を南北に隔てる。1953年7月27日に朝鮮戦争休戦協定により発効した休戦ラインで、38度線とも呼ぶが、北緯38度線とは正確には一致しない。境界線の南北各2km、計4kmは非武装地帯（DMZ<Korean Demilitarized Zone>）と呼ばれる。半世紀以上、人の手が加えられていないため、DMZは原生自然や野生

動物の宝庫になっているそうだが、『愛の不時着』(2019)のヒロインのパラグライダーは、そんな場所に不時着した（北朝鮮側）。そのほか、韓国初のミリタリースリラー『サーチ』(2020)ではDMZにある村が登場。『太陽の末裔 Love Under The Sun』(2016)は、軍事境界線から物語が始まる。

軍事独裁政権時代
【ぐんじどくさいせいけんじだい】

現代劇

朴正熙政権時代（1963〜1979）と全斗煥政権時代（1980〜1988）のこと（→「朴正熙」「全斗煥」参照）。計25年間続いた。軍事独裁政治のもと、経済政策を最優先し、70〜80年代は「漢江の奇跡」といわれたが、一方で民主化運動を厳しく取り締まり、報道検閲、言論統制などを行った。同時代を舞台にしたドラマはいろいろあるが、政治的なことと関係ないように見える『ラブレイン』(2012)『まぶしくて−私たちの輝く時間−』(2019)などでも、その様子が背景に映し出されているのが興味深い。また、『サメ〜愛の黙示録〜』(2013)『錐-明日への光-』(2015)では、現在も消えない軍事独裁政権による深い傷が描かれている。

軍人もの
【ぐんじんもの】

現代劇

軍人が主人公のドラマのこと。韓国は、成人男性の兵役義務や北朝鮮との関係（休戦状態）があるためか、ラブストーリーでも作戦遂行シーンなどに妙にリアリティがある。『太陽の末裔 Love Under The Sun』(2016)でヒロインが「女性も制服ファンタジーがあるのよ」と言うが、俳優陣の誇り高き軍服姿も大きな見どころ。同作のソン・ジュンギのほか、『ロードナンバーワン』(2010)でソ・ジソプ、『愛の不時着』(2019)でヒョンビン、『D.P.−脱走兵追跡官−』(2021)でチョ

ン・ヘインが軍服姿を披露。主人公ではないが、『キング〜Two Hearts』(2012)のナ・ジョンソク、『サバイバー：60日間の大統領』(2019)のパク・フンも印象深い。

グンちゃん
【ぐんちゃん】

俳優チャン・グンソク(1987〜)の日本での愛称。『美男＜イケメン＞ですね』(2009)によりアジアでグンちゃんシンドロームを巻き起こし、日本の第二次韓流ブーム（→「韓流ブーム」参照）も牽引した。1993年、6歳のときに子ども服のモデルとしてデビュー。その後、子役俳優として多くの作品に出演し、『ファン・ジニ』(2006)から成人役に。映画『楽しき人生』(2007)『ベートーベン・ウィルス〜愛と情熱のシンフォニー〜』(2008)『快刀ホン・ギルドン』(2008)など、筆者はブレイク前夜の姿がお気に入り。通訳なしで日本語を話せ、歌もMCもできる万能エンターテイナーでもある。

京城
【けいじょう／キョンソン】

時代劇

日本統治時代（1910〜1945）のソウルの呼称。日本から解放されるとソウルに改称された。その名がついた『京城スキャンダル』（2007）のほか、『ソウル1945』（2006）『カクシタル』（2012）『シカゴ・タイプライター 〜時を越えてきみを想う〜』（2017）『死の賛美』（2018）など、京城が舞台のひとつとなるドラマは数多い。特に路面電車が走る賑やかな街の光景が印象的だが、よくロケに使われているのは、慶尚南道陝川郡にある京城の市街地が再現された「陝川映像テーマパーク」。一般にも公開され、タイムスリップ気分が味わえる。

契約結婚
【けいやくけっこん】

現代劇

とりあえず結婚し、そこから恋が発展する、韓国ドラマの黄金設定のひとつ。だんだん2人の心が近づいていくも、期間などの決め事に邪魔されてしまうところに、切なさがかき立てられる。「またこの設定!?」と思わないでもないが、契約結婚設定をうまく使ったドラマは、やはり面白い。なかでも『アクシデント・カップル』（2009）『この恋は初めてだから〜Because This is My First Life』

（2017）は、名作の域。似たような設定に契約恋愛があるが、契約結婚のほうが同居というポイントがあったり、別れるのに障壁があったり、見応えがある。

厳選！契約結婚ドラマ

『フルハウス』（2004）
『アクシデント・カップル』（2009）
『メリは外泊中』（2010）
『総理と私』（2013）
『百年の花嫁』（2014）
『運命のように君を愛してる』（2014）
『結婚契約』（2016）
『この恋は初めてだから』（2017）
『契約主夫殿オ・ジャクトゥ』（2018）

契約社員
【けいやくしゃいん】

現代劇

契約社員は、オフィスドラマからラブコメディまで、よく登場するキャラ設定。韓国の就職事情や契約社員が働く環境などを垣間見ることができる。『ミセン−未生−』（2014）では、新入社員の中で主人公のグレだけが契約社員という設定だった。そのほか、『童顔美女』（2011）『アルゴン〜隠された真実〜』（2017）『スタートアップ：夢の扉』（2020）でも、優秀なのになかなか認められない契約社員の悲哀が描かれている。

KNTV
【けーえぬてぃーびぃー】

日本の代表的な韓流専門CSチャンネル。1996年に放送開始。最新韓国ドラマを日本初放送することが多い。そのほか、CSチャンネルとしては、DATV、Mnet、衛星劇場、ホームドラマチャンネル、KBS WORLD、アジアドラマチックTVが、韓国ドラマを積極的に放送。いずれも、地上波

やBSとは違い、基本的にノーカット字幕版（→「ノーカット字幕版」参照）で放送されるのが、コアな韓ドラファンにはうれしい。

『KT』(2002)
【けーてぃー】

1973年に東京のホテルグランドパレスで起こった韓国中央情報部（→「安企部」参照）による金大中拉致事件を題材にした日本・韓国の合作映画。監督は阪本順治、主役は佐藤浩市。スパイ映画としても見応えがあるが、韓ドラ好きが注目したいのはその俳優陣。韓国中央情報部の中心人物をキム・ガプスが好演するほか、脇役・端役としてユ・ジェミョン、チェ・ジョンウ、パク・ソンウンなども出演。昨今の韓国ドラマを支える名優たちの若き日の姿が日本人監督の映画で見られる貴重な作品だ。

KBS
【けーびーえす】

韓国放送公社のこと。韓国の地上波3大テレビ局（KBS／MBC／SBS）のひとつ。1961年にテレビ放送を開始し、1973年から韓国放送公社に。政府が資本金を全額出資する公共放送局だ。視聴料は電気代に上乗せして徴収される。KBS1とKBS2の2つのチャンネルがあるが、どちらでもドラマを手掛ける。毎日ドラマ（→「毎日ドラマ」参照）、月火ドラマ、水木ドラマ、週末ドラマなどを放送。特に週末ドラマ枠のホームドラマが大人気。CSチャンネルのKBS WORLDでは、大ヒットホームドラマを日本で先んじて視聴できる。昨今は、『黄金の私の人生』(2017)『たった一人の私の味方』(2018)『一度行ってきました』(2020)などが高視聴率を獲得。『プロデューサー』(2015)『椿の花咲く頃』(2019)など、意外に個性的なドラマも制作し評価を得ている。

ケーブルドラマ
【けーぶるどらま】

ケーブルテレビ局で放送されるドラマのこと。2011年頃から制作され、当初は視聴率は1%以下、有名俳優が出演することも稀だった。だが、推理ドラマや刑事ドラマなどのジャンルもの（→「ジャンルもの」参照）の制作、新人俳優や新人作家・監督の積極的な起用、踏み込んだ演出や表現方法の採用など、地上波ドラマではできないことにチャレンジし、徐々に視聴率を獲得。昨今では、有名俳優がこぞって出演し、日本で人気になる作品はケーブルドラマばかりという状況に。現在、tvN（→「tvN」参照）、JTBC（→「JTBC」参照）、OCN（→「OCN」参照）、TV CHOSUN、チャンネルA、MBNなどがドラマを放送。

K文学
【けーぶんがく】

現代劇	時代劇

『82年生まれ、キム・ジヨン』(筑摩書房刊)が日本でヒットし、2019年頃からK文学ブームが盛り上がりを見せている。クオンの「新しい韓国の文学シリーズ」などのお洒落な装丁も、その人気に大きく寄与した。韓国ドラマでは、長編小説『土地』が原作の『名家の娘ソヒ』(2004)、ベストセラー『景福宮の秘密コード』が原作の『根の深い木 ―世宗大王の誓い―』(2011)など、これまで多くのK文学原作作品を制作。昨今はWEB漫画原作もの（→「WEBTOON」参照）も増えているものの、『天気が良ければ訪ねて行きます』(2020)『保健教師アン・ウニョン』(2020)『ハッシュ〜沈黙注意報〜』(2020)など、小説原作の話題作も続々と誕生している。

『保健室のアン・ウニョン先生』
チョン・セラン著／斎藤真理子訳
／亜紀書房

K-POP
【けーぽっぷ】

同じエンタメ界だけに、韓国ドラマとは関係が深い。演技ドル（→「演技ドル」参照）という言葉が生まれる前から活躍するK-POPアイドル出身俳優も。主演クラスでは、ファン・ジョンウム（Sugar出身）、ソ・ヒョンジン（M.I.L.K出身）、オ・ヨンソ（LUV出身）、チョン・リョウォン（CHAKRA出身）など、女優陣の活躍が目立つ。また、『ドリームハイ』（2010）『イミテーション』（2021）などK-POP界が舞台のドラマや、ジャンル問わず劇中にアイドル役を設けている作品も多い。

開京 〔時代劇〕
【ケギョン／かいきょう】

高麗の首都。現在の北朝鮮の開城特別市。高麗王朝初代王・王建の故郷であり、919年に遷都し、風水に則って整備された。『武神』（2012）でも描かれるが、1232年から1270年まで蒙古軍の侵攻から逃れるため江華島に遷都。それ以外は、1392年まで約450年にわたり高麗の都として栄えた。当時の開京は、中国、モンゴル、アラビアなどの外国人も多く、非常に華麗な街だったようで、高麗時代劇（→「高麗時代劇」参照）でもその様子がちらりと描かれる。

ケミ 〔現代劇〕〔時代劇〕
【けみ】

ケミストリーの略で、韓国ドラマ界では男女2人に起きる化学反応、つまり相性の意味で使われる。使用法は、「最高のケミ」「ケミ炸裂」「驚きのケミを発揮した」

……など。さらに、男女はもちろん、ブロマンス（→「ブロマンス」参照）を見せるイケメン同士のカップルについても、超お似合いな場合は「ケミカップル」と呼んで尊ぶ。

癸酉靖難 〔時代劇〕
【ケユジョンナン／きゆうせいなん】

朝鮮王朝最大のクーデターのこと。1453年、首陽大君（→「首陽大君」参照）が幼い甥の第6代王・端宗から王位を奪おうと、王を補佐していたキム・ジョンソら臣下を粛清。キム・ジョンソを襲撃するとともに、その一派を王命だと言って宮廷に呼び出し一挙に殺害した。その後、端宗を無理やり追い出し即位。『王と妃』（1998）『王女の男』（2011）『インス大妃』（2011）など、その時代を扱った作品では、ドラマの重要エピソードとして盛り込まれている。

元 〔時代劇〕
【げん】

1271年から1368年まで存在した、モンゴル（蒙古）人による王朝。1206年に建国さ

元の最後の皇帝に
奇皇后
チ・チャンウク

れたモンゴル帝国が前身。支配地域は、中国全土とモンゴル高原を中心に、東アジアから北アジアまで及んだ。高麗は、モンゴル帝国に1231年から断続的に侵攻され、1259年に服従。その戦いの過程は『武神』（2012）に詳しい。また、『シンイ-信義-』（2012）『奇皇后 ～ふたつの愛 涙の誓い～』（2013）では、高麗と元の関係がよくわかる。

検事
【けんじ】

日本のドラマでは弁護士が主人公であることが多いが、韓国ドラマは断然、検事だ。しかも、容姿・学歴・家柄まですべてを兼ね備えた敏腕検事であるのが基本。ラブストーリーの場合は、華麗な経歴だが性格がイマイチで、ヒロインと出会い変わっていく……というのがお決まりのパターン。ジャンルもの（→「ジャンルもの」参照）では、巨悪と戦い、正義を貫くことの難しさや苦悩が描かれる。検事ドラマの中でも傑作は、『秘密の森～深い闇の向こうに～』（2017）。異色作は、元検事のエッセイが原作の『検事ラプソディ～僕と彼女の愛すべき日々～』（2019）で、本作では珍しく地方の平凡な検事たちの姿が綴られている。

恋する○○
【こいするまるまる】

日本版タイトルは、『恋する○○』などと、とかく「恋」の文字を入れたがる傾向にある。サブタイトル問題（→「サブタイトル問題」参照）とも関わるが、そのせいでタイトルがドラマの内容と少々かけ離れてしまっている場合もある。例えば、『恋するパッケージツアー～パリから始まる最高の恋～』（2017）の原題は『パッケージ』だが、内容的には原題のほうが合っている。『恋する泥棒～あなたのハート盗みます～』（2017）＜原題『泥棒野郎、泥棒様』＞）『恋の記憶は24時間～マソンの喜び～』（2018＜原題『マソンの喜び』＞）なども、「恋」がプラスされた典型例。コアな韓ドラファンになると、こうしたタイトルに惑わされない嗅覚が持てるようになる。

『恋人』シリーズ
【こいびとしりーず】

脚本家キム・ウンスク（→「キム・ウンスク」参照）と演出家シン・ウチョル（→「シン・ウチョル」参照）のゴールデンコンビが手掛けた大ヒットドラマ三部作のこと。なかでも最も高い視聴率（最終回57.4%!）を獲得したのが、1作目の『パリの恋人』（2004）。中毒性が高い韓国ロマンスドラマの元祖といえる。イケメン枠ではないパク・シニャンに韓ドラマジック（→「韓ドラマジック」参照）をかけられる。2作目の『プラハの恋人』（2005）は、韓国でマニアな人気を誇る。舞台となったチェコの首都プラハには韓国人観光客が殺到し、空港の案内板に新たにハングルが追加された。3作目の『恋人』（2006）では、イ・ソジンがヤクザ役で人気に。前作2作がヨーロッパだったのに対し、中国の海南島を舞台の1つにしているのも印象的だ。

広開土大王 (374〜412)

【こうかいどだいおう／クァンゲトデワン】

時代劇

高句麗第19代王。在位期間は391〜412年。名はタムドク。在位22年間に64城と1400あまりの村を獲得。最も領土を広げ、高句麗の全盛期を築いた。日本では、好太王とも呼ばれる。414年に建てたとされる広開土大王碑の碑文は、古代の貴重な資料になっている。ペ・ヨンジュンが広開土大王に扮する『太王四神記』(2007)は、宝塚でもリメイクされ、気高い雰囲気とファンタジックな演出で人気を博した。一方、イ・テゴンが主演した『広開土太王』(2011)では、雄々しい英雄としての姿が描かれている。

高級日本料理店

【こうきゅうにほんりょうりてん】

現代劇

日本の政治家も会食といえば料亭だが、韓国ドラマの権力者たちも密談は高級日本料理店でするのが基本。テーブルの上にはたいてい舟盛りや天ぷらが置かれているが、何より気になるのは、日本人にはお茶のイメージしかない急須に入れられたお酒。時にはお屠蘇を入れる容器のようなものこともあるが、お正月以外のシチュエーションで見ると違和感が。いったいどんなお酒が入っているのだろうか……。非常に気になるが、韓国の高級日本料理店に行く機会がなくて残念。

高句麗

【こうくり／コグリョ】

時代劇

紀元前1世紀頃から668年まで朝鮮半島北部から中国東北部にあった古代国家。新羅、百済と凌ぎを削って三国時代を築き、いち早く領土を拡大した。668年、新羅・唐の連合軍により滅亡。高句麗を建国した朱蒙(→「朱蒙」参照)や、国土を最も拡大した広開土大王(→「広開土大王」参照)は、時代劇ファンにはおなじみの高句麗の歴史上の人物。そのほか、朱蒙の孫を『朱蒙〔チュモン〕』(2006)のソン・イルグクが演じる『風の国』(2008)、高句麗最強の武将を描く『淵蓋蘇文 ヨンゲソムン』(2006)や『剣と花』(2013)など、三国時代劇の中で高句麗を舞台にしたドラマが最も多い。最近は途絶えていたが、2021年にフュージョン時代劇『月が浮かぶ川』が制作された。

後継者争い

【こうけいしゃあらそい】

現代劇 時代劇

韓国ドラマには、なくてはならない展開のひとつ。現代劇の場合、財閥家を舞台にしたドラマや、愛憎復讐劇と名付けられたドラマでは、必ずといっていいほど盛り込まれる。『蒼のピアニスト』(2012)『バベル〜愛と復讐の螺旋〜』(2019)のように、異母兄弟で争うことも多い。時代劇となると、党派の思惑が絡んだ王座の争いとなり、血みどろの戦いになることもしばしば。例えば朝鮮王朝時代では、第3代王・太宗、第7代王・世祖、第15代王・光海君を描くドラマで激しい後継者争いを見ることができる。

公式ガイドブック
【こうしきがいどぶっく】

1つの作品だけの公式のガイドブックのこと。オフィシャルガイドと呼ぶことも。ドラマがヒットしたり、旬な俳優が出演していたりすると出版されるようだが、必ずしも発売されるわけではなく、最近は減少傾向にあるようだ。出演者のスペシャルインタビュー、1話ごとのストーリーガイド、撮影裏話など、ほかでは見られない情報が盛りだくさん。ドラマへの理解がより深まり、ファンにはたまらない。『善徳女王』（2009）は上下2巻発売されたが、特に時代劇は、入り組んだ人間関係や歴史的背景の解説がしっかりなされたガイドブックがあると心強い。

光州事件
【こうしゅうじけん／クァンジュサコン】

全斗煥（→「全斗煥」参照）らによる軍事クーデターを発端にした、1980年5月18日から27日にかけて現・光州広域市にあたる全羅南道光州市で起きた市民の蜂起のこと。市民に対し無差別軍事作戦が行われ、多くの人々が連行され銃弾に倒れた。5・18民主化運動とも呼ばれる。韓国の現代史で最も大きな事件。映画『タクシー運転手 約束は海を越えて』（2017）のヒットにより、日本で再び注目された。ドラマでも垣間見ることができ、『砂時計』（1995）では光州事件の実際の映像が初めてドラマで流され話題に。また、『第5共和国』（2005）（→「第五共和国」参照）は、5話にわたって扱い、その前段階の出来事も時系列で描かれるため、光州事件への理解がより深まる。

高身長
【こうしんちょう】

韓国俳優は、想像以上に高身長。韓国人と日本人の平均身長はそれほど変わらないので、芸能人の身長が特に高いのだろう。筆者も取材で実際に韓国俳優を間近にすると、まずその細さと高い身長に驚く。韓国俳優名鑑などを見ると、男優は185cmはないと高身長とはいえないぐらい。女優は170cm前後がゾロゾロいる。特に高身長なのは、男優ではユン・ギュンサン（192cm）、女優ではイ・ダヒ（176cm）あたりだろうか。最新高身長俳優はロウンで、『偶然見つけたハル』（2019）では、男性主人公2人（ロウン＜191cm＞、イ・ジェウク＜187cm＞）の身長が高すぎて、ヒロイン（キム・ヘユン＜160cm＞）が2人の会話が聞き取れなかったという逸話がある。手にした物を上に掲げヒロインが取れないようにするいちゃいちゃシーンもよく見るが、これも高身長だからこそできる技。

スタイルの良さが際立つロングコート

トッケビ コン・ユ

ネギ持っててもカッコイイ

交通事故
【こうつうじこ】

現代劇

韓国ドラマにおいて古くから見られる、あるある設定のひとつ。かつてはストーリーが立ち行かなくなった絶妙なタイミングで、交通事故になることが多かった。最近は、電話ボックスや運転中の車に大きなダンプカーが突っ込みがち。また、『30だけど17です』(2018)『ブラックドッグ〜新米教師コ・ハヌル〜』(2019)などはバス事故もすごいリアリティだ。事故のシーンはなくても、主人公の両親や子どもが亡くなっている場合は、たいてい交通事故が原因である。

高麗時代劇
【こうらいじだいげき】

時代劇

高麗時代を舞台にした時代劇のこと。高麗は、10世紀から14世紀後半まで存在した王朝。高句麗の流れを汲む王建が、後三国を統一し918年に建国した。KOREAの名の由来になったともいわれる。高麗建国から初期の激動の時代は、『太祖王建(ワンゴン)』(2000)→『光宗大王-帝国の朝-』(2002)→『千秋太后(チョンチュテフ)』(2009)と順に見ていくとよくわかる。1170〜1270年まで、王や文臣ではなく武臣が政治を掌握する武臣政権であったのも高麗の

特徴で、ドラマでは『武人時代』(2003)『武神』(2012)などが詳しい。一方、ラブストーリーものは美しくロマンチックな印象だ。『シンイ-信義-』(2012)『奇皇后 〜ふたつの愛 涙の誓い〜』(2013)『王は愛する』(2017)『麗<レイ>〜花萌ゆる8人の皇子たち〜』(2016)などのほか、『トッケビ〜君がくれた愛しい日々〜』(2016)も序盤は高麗時代。

高麗人
【こうらいじん】

現代劇

高麗時代の人という意味ではない。『太陽の末裔 Love Under The Sun』(2016)では、"ロシア籍の韓国人"と表現されるが、正確には旧ソ連諸国の国籍を持つ朝鮮民族のことをこう呼ぶ。朝鮮王朝末期以降にロシア沿海州に移住した人々で、スターリンにより中央アジアなどに強制移住させられた悲しい歴史を持つ。そのほか、サハリンにも、日本占領時に置き去りにされ現地に住み続ける高麗人がいる。有名人も多く、映画『LETO -レト-』(2018)の主人公であるロシアの伝説的なバンド「キノ」のヴォーカリストのヴィクトル・ツォイも高麗人。高麗人をロシア語で"カレイスキー"というが、彼らを主人公にした『カレイスキー』(1994)というドラマも制作されている。

コーヒー文化
【こーひーぶんか】

現代劇

『コーヒープリンス1号店』(2007)以降、バリスタが煎れるコーヒーが定番になった韓国ドラマ。その一方で、砂糖と粉ミルクが入ったインスタントの甘いミックスコーヒーもよく登場する。小さな紙コップで飲むミックスコーヒーは、懐かしい雰囲気を醸し出し、『刑務所のルールブック』(2017)でも効果的に使われていた。茶房(女性が席についたりコーヒーを出前して性的な接待もする、韓国独特

のコーヒー文化のひとつ）でよく出されていたことから、"タバンコーヒー"とも呼ばれるという。茶房は、『クリスマスに雪は降るの?』（2009）で主人公の母親が営んでいたが、昨今も地方の町を舞台にしたドラマで目にできる。

国民の○○
【こくみんのまるまる】

韓国国民から愛される芸能人につけられる称号。俳優陣も名を連ね、例えば歴代の「国民の妹」にはIU、ムン・グニョン、キム・ユジョン、チャン・ナラなどの名が挙がる。そのほか、「国民の弟」（イ・スンギ、ユ・スンホ）、「国民の彼氏」（パク・ボゴム）、「国民の彼女」（映画『建築学概論』（2012）のペ・スジ）、「国民の母」（キム・ヘジャ、キム・ヘスク、コ・ドゥシム、キム・ミギョンなど）、「国民の父」（チョン・ホジン、カン・シニル、ソン・ドンイルなど）のほか、「国民の姑」（パク・ジョンス、パク・ウォンスクなど）、「国民の会長」（キム・ヨンゴン、ハン・ジニなど）なんていう称号も。今後、どんな「国民の○○」が現れるのか注目したい。

考試院
【コシウォン】

現代劇

韓国独特の簡易宿泊施設。トイレ・シャ

ワーは共同、部屋はかなり狭いが、ラーメンやキムチなどがフリーのところも。もともとは司法試験や公務員試験を目指す人々の勉強部屋だったが、今はワンルームタイプ（各部屋にトイレ・シャワー付き）の「コシテル」（コシウォン＋ホテル）もあり、中長期滞在の社会人や旅行者も利用する。『ミス・リプリー』（2011）『おひとりさま～一人酒男女～』（2016）『インターンは元上司!?』（2020）などさまざまなドラマで登場。スリラードラマ『他人は地獄だ』（2019）ではメインの舞台となり、古びた考試院が閉塞感ある社会の象徴のように描かれた。

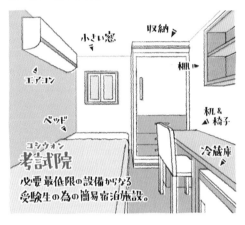

コシウォン
考試院
必要最限の設備からなる
受験生の為の簡易宿泊施設。

小さい窓　収納　棚　エアコン　ベッド　机＆椅子　冷蔵庫

高宗 (1852〜1919)
【コジョン】

時代劇

朝鮮王朝第26代王。在位期間は1863〜1907年（43年7ヵ月）。後の大韓帝国の初代皇帝。12歳で即位し、父の興宣大院君（→「興宣大院君」参照）が政治の実権を握ったが、後に王妃の一族の閔氏が政権を掌握。妻は、日本人将校らに暗殺された明成皇后（→「閔妃」参照）。朝鮮王朝末期という激動の時代に生きた王だが、繊細で気が弱かったようだ。『朝鮮ガンマン』（2014）ではイ・ミヌ、『ミスター・サンシャイン』（2018）ではイ・スンジュンが演じている。

ごちゃ混ぜドラマ
【ごちゃまぜどらま】

ラブコメディ、サスペンス、ファンタジー、ヒューマン、ドロドロ愛憎劇などがごちゃ混ぜに入ったドラマのことで、韓国ドラマの真骨頂ともいえるドラマスタイル。100話前後あるホームドラマや愛憎復讐劇は、話数の関係で内容盛りだくさんになるのは何となく想像できるが、たまに20〜30話程度のドラマにもあるから驚く。しかも、ハチャメチャになりそうなところを微妙なラインを守り、奇跡的に素晴らしい仕上がりになっていることが。特に『私の期限は49日』(2011)『私の心が聞こえる?』(2011)は、ほかの追随を許さないごちゃ混ぜ界の名作である。

古朝鮮
【こちょうせん】

紀元前2333年から紀元前108年に朝鮮半島にあったとされる檀君朝鮮・箕子朝鮮・衛氏朝鮮と続く3つの古代国家の総称。檀君朝鮮のみを指すこともある。檀君朝鮮と箕子朝鮮は神話的な存在であり、実在が確認されている衛氏朝鮮が史上初の朝鮮半島の王朝というのが通説。『太王四神記』(2007)の序盤では、檀君朝鮮の始祖・檀君の建国神話(→「檀君建国神話」参照)が描かれている。

国家情報院
【こっかじょうほういん】

大統領直属の情報機関。韓国のCIAとも呼ばれる。前身は、韓国中央情報部(KCIA)を改称した国家安全企画部(→「安企部」参照)で、金大中政権下の1999年に改編された。主人公が国家情報院の要員というドラマは結構多く、北朝鮮との闘いを描いたスパイものからラブコメディを交えたものまで多彩にある。『愛の不時着』(2019)『サバイバー:60日間の大統領』(2019)など、サブキャラの情報員が印象的な作品も。また、『IRIS −アイリス−』(2009)の舞台はNSS(国家安全局)という架空の国家機関だが、ドラマの内容が国家情報院の地位を高めたとのことで、イ・ビョンホンら出演俳優に名誉要員証が贈られた。

厳選!
国家情報院の要員が
主人公のドラマ

『犬とオオカミの時間』(2007)
『約束の恋人』(2012)
『マン・ツー・マン
　〜君だけのボディーガード〜』(2017)
『私の恋したテリウス
　〜A Love Mission〜』(2018)
『熱血司祭』(2019) ← 情報院出身
『Vagabond/バガボンド』(2019)
『グッド・キャスティング
　〜彼女はエリートスパイ〜』(2020)
『黒い太陽』(2021)

コップの水かけ
【こっぷのみずかけ】

韓国ドラマのあるあるシーンのひとつ。だいたい女性が怒ったときにかけるのが定番で、

韓ドラあるある
コップの水かけ

バシャ!!

「息子と別れなさい！」というタイミングや、恋敵同士の諍いの場、激昂した女性権力者が部下に……というパターンが多い。『優雅な友達』(2020)のようにワインなどの色つきの水分、さらにはキムチやスパゲティをかけるなんてドラマもあり、そのあとの洋服がどうなったか気になってしまう。最近はこうしたシーンをドラマの中でパロディにすることもあり、『恋愛ワードを入力してください〜Search WWW〜』(2019)では、俳優役のイ・ジェウクが劇中劇でワカメをかけられていた。

コネ入社

現代劇

【こねにゅうしゃ】

日本語でも"落下傘候補"という選挙用語があるが、韓国語ではコネ入社を"ラッカサン"という。劇中では、御曹司の寵愛のもと、鶴の一声で入社するハメになるヒロインも多い。一方で、『ミセン-未生-』(2014)の主人公のようにコネ入社により周囲に冷ややかに扱われるエピソードや、「地方大学出身でコネもない」という韓国の就職事情を嘆いたようなセリフもよく耳にする。

米びつ事件

時代劇

【こめびつじけん】

1762年に起きた、朝鮮王朝第21代王・英祖が次男の思悼世子（ソドセジャ）(1735〜1762)を米びつに閉じ込め餓死させた事件。世子は食料も水も与えられず8日目に餓死した。その背景には、党派争いを発端にした父王と世子の不和があり、世子は父王の叱責が続いたことにより一種の躁うつ病にかかっていたともいわれる。息子の第22代

王・正祖（チョンジョ）が建立した世界遺産の水原華城には、米びつの復元品がある。米びつ事件は、正祖のドラマ『イ・サン』(2007)の序盤で描かれるほか、『秘密の扉』(2014)では朝鮮王朝史に残る悲劇を新たな解釈で綴っている。

米びつ事件　思悼世子が米びつに入れられて8日間で餓死した歴史的事件。

子役俳優

【こやくはいゆう】

韓国ドラマの面白さは俳優陣によるところが大きいが、名子役の力も絶大。昨今では『マザー〜無償の愛』(2018)のホ・ユルが、第54回百想芸術大賞で歴代最年少の女性新人演技賞を受賞。キム・ガンフンやナム・ダルムも名子役の筆頭だ。とはいえ、長期にわたり子役に扮し子役界のチェ・スジョン（→「韓流時代劇王」参照）という異名を得たノ・ヨンハクのような存在を除けば、子役寿命は短いのが常。途中で挫折したり、うまくステップアップできない子役俳優も多い。そんな中で、ヨ・ジング、ユ・スンホ、キム・ユジョン、キム・ソヒョン、パク・ウンビンは、子役出身の主演俳優として目覚ましい活躍を見せている。

か

「殺してください」
【ころしてください】

時代劇

王様に赦しを乞うときに使うセリフ。もちろん、本当に殺してほしいわけではない。日本語では「お許しください」「面目次第もございません」などとと訳されることも。時代劇を観始めると、まず覚えてしまうフレーズだが、日常ではまったく使えそうにない……。

たイスやテーブルで、酒盛りをしたり、1人で寂しくお酒を飲んだりアイスを食べたりすることも。手軽にマネできるので、韓国旅行で試したことがある人も多いはず。庶民的イメージをアピールする場でもあり、御曹司がヒロインに近づくためにわざわざコンビニでイートインすることも。『コンビニのセッピョル』(2020)では、とうとうイケメンアルバイトが主人公に。ちなみに本作の舞台になったのは、韓国国内1位の店舗数を誇る大手コンビニチェーンのGS25。

公主
【コンジュ】

時代劇

朝鮮王朝時代の王の娘に与えられた称号で、王の正室から生まれた女子のこと。正室以外の側室から生まれた女子は翁主（オンジュ）と呼ばれた。『風と雲と雨』(2020)は序盤に判明するが、物語途中でヒロインが王族だと発覚する場合は、翁主であることが多い。

コンビニ
【こんびに】

現代劇

現代劇でお馴染みの舞台のひとつ。何より印象的なのはイートイン風景。外に置かれ

恭愍王 (1330〜1374)
【コンミンワン】

時代劇

高麗王朝第31代王。在位期間は1351〜1374年。幼い頃は元で育ち、妻は元の皇族の娘・魯國公主。親元派が権勢を振るう中で反元政策を展開するが、最後は親元派の側近に暗殺された。『シンイ−信義−』(2012)など高麗末期の激動の時代が舞台のドラマには必ず登場する王だが、特に興味深い作品は『シンドン〜高麗中興の功臣〜』(2005)。ロシア帝国のラスプーチンのような僧侶・シンドンと恭愍王の関係は、2016年に政治スキャンダルが発覚した朴槿恵（パク・グクヘ）元大統領とチェ・スンシルの関係に似ているといわれる。

「昔」の韓ドラを
「今」の視点から楽しむことのススメ

旧作代表
『砂時計』

本書を作るに当たって、90年代に制作された韓国ドラマをいくつか観た。なかでも『砂時計』(1995)は、"不朽の名作""金字塔"と呼ばれるだけあり、見どころ盛りだくさんだった。

本作は、光州事件(→「光州事件」参照)を描くために制作されたのだという。ドラマは、主に70年代から80年代を舞台に、陰鬱な軍事独裁政権時代を生き抜く若者たちの姿を描き出す。光州事件、パルチザン、KCIA(韓国中央情報部)、安企部(国家安全企画部)、三清教育隊、6月民主抗争といった韓国現代史のキーワードをちりばめながら、物語はドラマチックに進む。メインキャスト3人の真に迫った演技が、これまた心を捉える。特に、チェ・ミンスの眼力に持っていかれる。

けれど、観ている途中で、見どころはそれだけではないことに気づいた。90年代に作られたドラマを、今、観る。だからこそ見えてくるものがあり、それが面白さを倍増させているのだと。

『砂時計』は、実は現在のドラマに通じる韓ドラ伝統芸の宝庫なのだ。報われない愛を描くメロドラマとしても見応えがある本作で、特に目立つのは、"イ

ケメンしぐさ"(P6)である。何度か見られるバックハグ、本を使った日差し遮り、バスの中での肩貸し、物語佳境でのおでこポッポのほか、図書館の本棚のすき間で目が合うロマンチックシーンなんてのもある。刺客・護衛武士の原型のようなイ・ジョンジェ扮するボディガードも登場する。さらに、恋愛シーン以外でも、裏帳簿、黒キャップ、出国禁止、ブロマンス(すべて本書に掲載アリ!)なども目にできる。おそらく、同時代制作の『初恋』(1996)『星に願いを』(1997)よりも、こうした"韓ドラあるある"を多く含んでいるのではないか。あの骨太な社会派ドラマと思っていた『砂時計』が、意外や意外。

最新作があふれる昨今、なかなか旧作にまで手が伸びないが、そこにはまた新たな"沼地"が広がっている。お楽しみは、"韓ドラあるある"だけじゃなく、ニュートロのアイデアたっぷりのファッションや風景、脇役にちらりと見つける思わぬ俳優の姿など、いろいろ発見があってたまらなく面白いのだ。もうこれ以上、沼にハマりたくない方は、旧作にはどうぞご注意を。

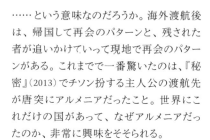

再開発
【さいかいはつ】

現代劇

韓国ドラマでよく扱われるモチーフのひとつ。『ジャイアント』(2010)『黄金の帝国』(2013)のような80年代、90年代を舞台にした作品だけかと思いきや、最近のドラマにもたくさん。立ち退きによって起こる悲劇や市井の人々の闘いを描いた社会派・ヒューマンドラマも見応えがあるが、再開発に抵抗する庶民の力強さをユーモアたっぷりに綴るドラマも痛快で面白い。『悪霊狩猟団：カウンターズ』(2020)『ヴィンチェンツォ』(2021)も再開発がドラマのポイントになる。

サイコパス
【さいこぱす】

現代劇

“反社会性人格障害”“反社会性パーソナリティ障害”とも呼ばれる精神障害の一種。先天的なもので、人を騙すことが得意なため、なかなか見抜けないともいわれる。ドラマでは連続殺人事件を扱う作品によく登場。『トラップ〜最も残酷な愛〜』(2019)には「普通の人とサイコパスの差は1mmほどしかない」というセリフがあり、深く考えさせられる。特にサイコパスがうまく描かれているのは、『カプトンイ 真実を追う者たち』(2014)。ネタバレになるので俳優名は書けないが、非常に恐ろしい。『君を憶えてる』(2015)『ボイス〜112の奇跡〜』(2017)『ここに来て抱きしめて』(2018)も、サイコパス役俳優の熱演が圧巻。

最終回の海外渡航
【さいしゅうかいのかいがいとこう】

現代劇

ラブストーリーを含んだ韓国ドラマの最終回は、ラストあたりで海外渡航となることが多い。だいたいヒロインが海外留学をする。いろいろあったので、とりあえず冷却期間

……という意味なのだろうか。海外渡航後は、帰国して再会のパターンと、残された者が追いかけていって現地で再会のパターンがある。これまでで一番驚いたのは、『秘密』(2013)でチソン扮する主人公の渡航先が唐突にアルメニアだったこと。世界にこれだけの国があって、なぜアルメニアだったのか、非常に興味をそそられる。

最終回前の別離
【さいしゅうかいまえのべつり】

現代劇 時代劇

ラブストーリーを中心にしたドラマは、たいてい主人公カップルは最終回前話あたりに一度別れるのが鉄則。最終回の前々話から前話にかけて、2人の愛は最高潮に達する。旅行に行ったり、街ブラデート（→「街ブラデート」参照）を楽しんだり、仲睦まじい姿がまるでイメージビデオかのごとく映し出されるが、最終回間際にそういうシーンが出てきたら、そのあとに涙・涙の別れがくるぞと覚悟したほうがいい。

財閥御曹司
【ざいばつおんぞうし】

現代劇

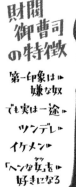

韓国ドラマになくてはならないキャラクター設定。主人公の場合は、基本的に容姿も頭脳も何もかも優れているが、家族に恵ま

れず、欲深い兄弟と対立していることが多い。オレ様的な性格のこともあるが、ヒロインと出会って変わっていくので、根はいい人なのだろう。だが、主人公ではない場合の財閥御曹司は、たいていえげつない奴である。『ドクタープリズナー』(2019)でもそんな御曹司が登場するが、警察に捕まると「オレを誰だと思ってるんだ！」が常套句。『リターン-真相-』(2018)のように財閥御曹司サークルのようなものを作り、そこで何やら企むのもよく見る光景。

財閥家のダイニングテーブル
【ざいばつけのだいにんぐてーぶる】
現代劇

財閥家の家の中といえば、ゴージャスな応接セットのあるリビング、そこからつながる立派な階段……というのが、よく見られる光景だが、ダイニングの細長い大テーブルも象徴的だ。財閥家トップの祖父か父が王様席に座り、テーブルを囲んで母やら兄夫婦やら御曹司の主人公やらがずらりと勢ぞろいするのだが、とても和やかに食事する雰囲気ではなく食欲が失せそう。超ゴージャスドラマ『Mine』(2021)でも、屋外なのに頭上にシャンデリアが設けられたダイニングテーブルで、ピリピリとした神経戦が繰り広げられる。

賜死
【ササ／しし】
時代劇

王から賜った毒薬（賜薬）で自決を命ずる、朝鮮王朝時代の処刑方法のひとつ。対象は、王族や両班など高い身分出身の罪人。儒教では、体を傷つけることは「孝」に反するため、体を傷つけない賜薬は名誉ある処刑方法だった。時代劇では、血を吐いて息絶える姿をよく見る。特にチャン・ヒビン（→「チャン・ヒビン」参照）の吐血シーンが有名。実際は、当時の毒薬に猛毒性がなかったため（砒素やトリカブトといわれる）、なかなか死ねず、時には一晩中もがき苦しむこともあったという。

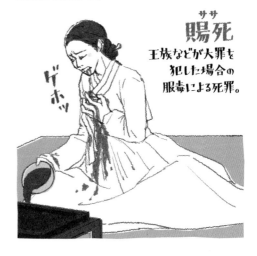

賜死
王族などが大罪を犯した場合の服毒による死罪。

サッドエンディング
【さっどえんでぃんぐ】
現代劇 時代劇

最終回が悲しい結末になること。ハッピーエンディングの対語。『秋の童話〜オータム・イン・マイ・ハート〜』(2000)『バリでの出来事』(2004)『ごめん、愛してる』(2004)などがサッドエンディングの名作として知られる。昨今はハッピーエンディングが流行りで、ほとんど見られない終わり方だが、たまには余韻の残るサッドエンディングも観てみたい。劇中で不幸な最後を迎えやすいキム・ナムギル、キム・ガプス、キム・ミョンミンなどは、バッドエンディング俳優といわれる。

士大夫
【サデブ】

時代劇

上級官僚である両班（ヤンバン）のこと（→「両班」参照）。

サヌリム
【サヌリム】

大韓ロックの伝説的なバンド。実の3兄弟で1977年に結成。90年代に活動が途絶えるが、その後、2度ほど再結成した。長男のキム・チャンワンは、俳優としても活躍。日本では『コーヒープリンス1号店』（2007）から広く知られるようになり、持ち前の独特の味わいで幅広い役柄を演じる。また、『恋のスケッチ〜応答せよ1988〜』（2015）ではサヌリムの楽曲『青春』のカバー曲でOSTに参加したり、『サイコだけど大丈夫』（2020）ではギター片手に歌う姿を披露したりと、ドラマもサヌリムファンには見逃せない場となっている。大韓ロックについては、韓国遊学記のようでもある『大韓ロック探訪記（海を渡って、ギターを仕事にした男）』（DU BOOKS刊）が面白く詳しい。著者でプロ

ドラマには→
かかせない
名脇役
キム・チャンワン

実は…ロックミュージシャン!!

デューサー・ギタリストの長谷川陽平氏は、サヌリム再結成時のメンバーでもある。

サブウェイ
【さぶうぇい】

現代劇

アメリカ発の世界最大級のファストフードチェーン。細長いサブマリンサンドイッチで知られ、具材がいろいろ選べるのが魅力。韓国ドラマでは一時期、間接広告（→「PPL」参照）によく登場し、韓ドラファンの間では「PPLといえば、サブウェイ」と言われたものだった。時には「御曹司なのにサブウェイでおごり?」という無理やりな展開もあるが……。昨今は、サブウェイかと思ったら似たような別のサンドイッチチェーン店（!?）ということも多くなった。

サブカップル
【さぶかっぷる】

現代劇　時代劇

二番手（→「二番手」参照）のカップルのこと。たいていは、カップルのどちらかが、男性主人公やヒロインの友人かライバル。主人公らと三角関係や四角関係にはならず、別のカップルとして存在し、メインカップル以上に視聴者に愛されることも。筆者的には、『上流社会』（2015）『恋愛ワードを入力してください〜Search WWW〜』（2019）のサブカップルが好み。また、恋愛大好きな韓国ドラマは、三番手以降もよくカップルになり、それが箸休め的な存在としてドラマの魅力になっていることも多い。

サブタイトル問題
【さぶたいとるもんだい】

韓国版タイトル（原題）を日本版タイトルに変更する際に、やけに長いサブタイトルをつけてしまう問題のこと。混乱を招くサブタイトルもあり、コアな韓ドラファンからは批判・戸惑い・疑問の声が聞かれる。大きく分けて、①原題をタイトルにして新たにサブタイトルをつける場合、②タイトルを新たにつけて原題をサブタイトル化する場合、③タイトルもサブタイトルも新規のものをつける場合、の3パターンがある。傾向としては、ジャンルドラマにはつけず、イケメン俳優が出演し少しでも恋愛話が盛り込まれたドラマにはサブタイトルをつけるようだ。文字数を食う長すぎるサブタイトルは、韓流ライター泣かせでもある。

サブタイトルのつけ方はこうなっている！

① 原題をタイトルにして新たにサブタイトルをつける場合の例

┌ 韓国版タイトル：『自己発光オフィス』
└▶日本版タイトル：『自己発光オフィス
　　　　　　　　　～拝啓 運命の女神さま！～』(2017)

② タイトルを新たにつけて原題をサブタイトル化する場合の例

┌ 韓国版タイトル：『ロマンスが必要3』
└▶日本版タイトル：『抱きしめたい
　　　　　　　　　～ロマンスが必要～』(2014)

③ タイトルもサブタイトルも新規のものをつける場合の例

┌ 韓国版タイトル：『名不虚伝』
└▶日本版タイトル：『医心伝心
　　　　　　　　　～脈あり！恋あり？～』(2017)

サプライズ告白
【さぷらいずこくはく】

〔現代劇〕

韓国ドラマ定番の告白方法。花びらやロウソクを点々と置いたり、風船やハートのオブジェを飾ったりした場所で、大袈裟に告白をする。目隠ししてその場に連れて行くのもよくある展開だ。車のトランクにハートの風船やらが詰まっているというパターンもある。派手な告白方法すぎて、個人的には観ていて興ざめしてしまうこともあるが、『椿の花咲く頃』(2019)の椿の道を作ってヒロインの誕生日を祝うバースデーサプライズシーンは、号泣でした……。

司憲府
【サホンブ】

〔時代劇〕

高麗時代から朝鮮王朝時代にあった官庁のひとつ。官僚の不正や違法行為を監視し取り締まった。現代の日本でいうと検察の特捜部のような機関。『トンイ』(2010)『オクニョ』(2016)など、さまざまなドラマに登場するが、司憲府が主な舞台となった『ヘチ 王座への道』(2019)では、冒頭に「不正を暴く司憲府やそこで働く役人を象徴して彼らをヘチと呼んだ」とテロップが流れる。"ヘチ"とは、邪悪なものを避けるとされる"カイチ"とも呼ばれる神獣のこと。現在も銅像が景福宮の前にある。

三清教育隊
【サムチョンきょういくたい】

現代劇

1980年に設立された不良強制部隊。「社会悪一掃」「純化教育」と称して暴力団や民主化運動家などを連行し、収容所に入所させ過酷な訓練を受けさせた。全斗煥政権の代表的な人権弾圧行為のひとつ。同時代を舞台にした『砂時計』(1995)『光と影』(2011)でも登場し、主人公らの人生を狂わせる。

沙也可 (1571?～1642)
【さやか】

時代劇

秀吉の朝鮮出兵（→「壬辰倭乱」参照）の際に、朝鮮に投降し日本軍と戦ったといわれる日本人武士。現在も大邱市郊外の友鹿里に子孫が住む。日本では、司馬遼太郎の『街道をゆく2 韓のくに紀行』(朝日新聞出版刊)で広く知られるように。和歌山の雑賀衆(鉄炮傭兵・地侍集団)説があり、紀州東照宮に碑もある。『軍師リュ・ソンリョン～懲毖録＜ジンビロク＞～』(2015)『医心伝心～脈あり！恋あり？～』(2017)など、ドラマにもちらりと登場し好奇心を掻き立てる。

『死六臣』(2007)
【サユクシン】

時代劇

韓国のテレビ局KBSが企画し、北朝鮮の朝鮮中央テレビが制作した、初の南北合作ドラマ(全24話)。"死六臣"とは、朝鮮王朝第7代王・世祖（→「首陽大君」）により王位を追われた第6代王・端宗の復位を図ろうとして処刑された6人の忠臣のこと。北朝鮮全域や内モンゴル自治区でロケし、出演俳優はすべて北朝鮮俳優。主役のパク・ソンウクは、北朝鮮最高のイケメン俳優なのだとか。俳優

のセリフの間合いや音楽の使い方が独特で、夜のシーンが真っ暗なのが逆にリアリティがある。

三角関係
【さんかくかんけい】

現代劇　時代劇

韓国ドラマが得意とする恋愛ドラマの定番設定。三角ロマンスともいう。恋のライバルが現れ、男女3人が三角関係を形成する。恋愛バトルに発展して男性主人公とヒロインの関係がこじれることが、ラブストーリーをさらに盛り上げる。原作に三角関係がない場合には、新たなキャラクターを作って無理やりにでも三角関係を作り出すことも。

三国時代劇
【さんごくじだいげき】

時代劇

高句麗（→「高句麗」参照）・百済（→「百済」参照）・新羅（→「新羅」参照）の3国がしのぎを削った、紀元前1世紀から7世紀あたりまでを舞台にした時代劇のこと。三国時代の資料としては『三国史記』『三国遺事』といった歴史書があるが、その後の高麗時代や朝鮮王朝時代に比べると確かな情報が少

三国時代の朝鮮半島

コグリョ 高句麗

ペクチェ 百済

シルラ 新羅

さ

ないためか、想像性豊かなドラマが多い。『善徳女王』(2009)では女王が幼少期をタクラマカン砂漠で過ごしたと描かれていたり、『太王四神記』(2007)では王と神話を結びつけたりしている。国家間の争いや戦のシーンも見応えがあり、スペクタクルな時代劇が好きな人にもたまらない。

三豊百貨店崩壊事故
【サンプンひゃっかてんほうかいじこ】
現代劇

1995年6月29日に起きた、江南(→「江南」参照)の高級百貨店の崩壊事故のこと。死者502名・負傷者937名・行方不明者6名という、朝鮮戦争以後、韓国で最も人的被害を出した事故。安全性を無視した手抜き工事など、戦後からの急速な経済発展による矛盾が招いた事故といわれ、この事故の前後には聖水大橋崩落事故など、大きな事故が相次いだ。『応答せよ1994』(2013)で事故のエピソードが登場するほか、三豊百貨店崩壊事故をモチーフにした『スキャンダル』(2013)『ただ愛する仲』(2017)では崩壊事故がリアルに再現され、事故によって人生を狂わされた人々の姿が描かれている。

3話まで
面白くない説
【さんわまでおもしろくないせつ】
現代劇 時代劇

2000年代後半ぐらいまで、韓国ドラマは序盤を乗り切るのに忍耐が必要だった。キャラクターや状況の説明ばかりで、退屈な作品が多かったのだ。ところが、それが3話を過ぎたあたりから急に好転。物語も登場人物も魂が宿ったように動き出し、視聴をやめられなくなる。過去の作品に対峙するときは、この点を考慮して観進めるのがおすすめ。最近は最初だけ力の入った失速ドラマ(→「失速ドラマ」参照)が増加。

「幸せになろう、
なんてことないさ」
【しあわせになろうなんてことないさ】
現代劇

『マイ・ディア・ミスター〜私のおじさん〜』(2018)で、主人公のドンフンが、心の傷を共有し合うようになる年下女性ジアンにささやくように言うセリフ。「幸せになろう」に「なんてことない」という言葉を添えたところに、センスを感じる。鼓舞するような言葉にも聞こえるが、自ら幸せを手放している自分たちへの戒め・慰めのようでもあり、2人のこれまでの苦悩や哀しみまでも透けて見える。ドンフンを演じたイ・ソンギュンもインタビューで、劇中で一番記憶に残っているセリフとして「なんてことない」を挙げている。

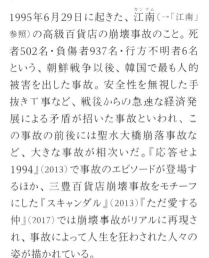

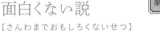

CCTV
【しーしーてぃーびー】
現代劇

監視カメラや防犯カメラのこと。韓ドラファンには、あまりに聞き慣れた言葉。韓国では実社会でもそこら中にあるようだが、韓国ドラマのサスペンスや刑事ドラマの捜査でも大活躍。『誰も知らない』(2020)では、道に設置されたCCTVではなく、道すがらの店舗のCCTVを一つひとつ確認して被害者の足取りを探るという、まさにCCTV大国ならではの捜査方法が披露された。CCTV＋車載カメラ(→「車載カメラ」)で、最強の追跡システムに。

さ

シーズンもの
【しーずんもの】

現代劇 時代劇

同じ内容・キャストでセカンドシーズン、サードシーズン……と続くドラマのこと。特にケーブルドラマ（→「ケーブルドラマ」参照）に多く、12年間でシーズン17まで続いた『ブッとび！ヨンエさん』（2007〜）のほか、シーズン5まである『神のクイズ』（2010〜）がある。地上波ドラマでは、『推理の女王』（2017〜）が初のシーズンものといわれる。また、最近は『キングダム』（2019〜）『Sweet Home－俺と世界の絶望－』（2020〜）などNetflixのオリジナルドラマシリーズも増加。『ボイス』（2016〜）もシーズン4に突入するなど、今後はシーズンもの戦国時代に入る可能性大。

シートベルト締め
【しーとべるとじめ】

現代劇

主人公とヒロインが出会って間もない頃に2人で車に乗ると、必ずといっていいほど盛り込まれる韓ドラあるあるシーンのひとつ。助手席でモタモタしているヒロインに、主人公が覆いかぶさるようにシートベルトをつけてあげるという胸キュン場面。顔が急接近

韓ドラあるある
シートベルト
締め

ドキッ

したことで、お互いに「ハッ」となって顔を赤らめるなどし、シートベルト締めが恋の始まるきっかけになることも多い。

JTBC
【じぇいてぃーびーしー】

韓国のケーブルテレビ局のひとつ。2011年に開局。前身は、全斗煥政権時の言論統廃合によって1980年に強制廃局されたTBC（東洋放送）。ドラマは、月火ドラマ、水木ドラマ、金土ドラマなどを放送。ケーブルドラマ局としてはtvN（→「tvN」参照）と人気を二分。『夫婦の世界』（2020）は、ケーブルドラマ史上最高視聴率（最高視聴率31.6%）を獲得した。『よくおごってくれる綺麗なお姉さん』（2018）『ミスティ〜愛の真実〜』（2018）『SKYキャッスル〜上流階級の妻たち〜』（2018）『まぶしくて －私たちの輝く時間－』（2019）『梨泰院クラス』（2020）など、tvNに比べると落ち着いた味わいのあるドラマが人気を博すことが多い印象。『シーシュポス：The Myth』（2021）は、JTBCの開局10周年特別企画ドラマとして制作された。

四季シリーズ
【しきしりーず】

現代劇

ユン・ソクホ監督（→「ユン・ソクホ」参照）が手掛けた『秋の童話〜オータム・イン・マイ・ハート〜』（2000）『冬のソナタ』（2002）『夏の香り』（2003）『春のワルツ』（2006）の4作品のこと。いずれも純粋な愛をテーマにしたメロドラマで、情緒的なシーンと音楽が印象的。日本では『冬のソナタ』が社会現象になるほど大ヒットしたが、ユン・ソクホ監督は自身の公式ガイドブックのインタビューで「『秋の童話』が一番出来が良く、『冬のソナタ』はそれには及ばなかった」と答えている。ソン・スンホンは、シリーズ2作品（『秋の童話』『夏の香り』）で主演。

刺客・護衛武士枠

【しきゃくごえいぶしわく】

100日の郎君様 刺客 キム・ジェヨン

黒づくめのイケメンでいいよね▶

雲が描いた月明り 護衛武士 クァク・ドヨン

クールな雰囲気の新人イケメン俳優やK-POP俳優が配される枠。ヒロインか主人公の手下となる刺客や護衛武士という役どころで、ヒロイン付きの場合はだいたいヒロインに想いを寄せている。最後のほうで死ぬことも多い。『九家の書〜千年に一度の恋〜』(2013)のソンジュン、『天命』(2013)のキム・ドンジュンなどがいる。この役で印象を残せればステップアップできるはずなのだが、ばっちりうまくいっている人をあまり見たことがない。だが、その後の作品でブレイクする人が非常に多い登竜門的枠なので、注目して見ておこう。

時空超えドラマ

【じくうごえどらま】

韓国ドラマの超人気ジャンル。大きく分けて、タイムスリップものとパラレルワールドものがある。タイムスリップものは、過去⇔現在もしくは現在⇔未来を行き来するドラマ。先駆けとなった作品は、ソ・ジソプ主演の『千年の愛』(2003)（百済からタイムスリップというレアもの!）。ちなみに名作『シグナル』(2016)は、厳密に言うとタイムスリップではなく、2つの時代をトランシーバーというアイテムでつないだ異色の時空超えドラマ。一方、パラレルワールドものは、並行して存在する世界を行き来するドラマ。こちらは作品数は少ないが、『ナイン 〜9回の時間旅行〜』(2013)は韓ドラきっての傑作で、最終回が圧巻。いずれも、時空を超えたことにより見える真実や、時空を超えた愛の切なさなどが、ドラマを盛り上げるポイントに。

厳選! 時空超えドラマ

タイムスリップもの

『千年の愛』(2003)
『屋根部屋のプリンス』(2012)
『シンイ−信義−』(2012)
『イニョン王妃の男』(2012)
『Dr. JIN』(2012)
『ポンダンポンダン 王様の恋』(2015)
『シグナル』(2016)
『麗＜レイ＞〜花萌ゆる8人の皇子』(2016)
『明日、キミと』(2017)
『サークル 〜繋がった二つの世界〜』(2017)
『医心伝心〜脈あり!恋あり?〜』(2017)
『愛の迷宮−トンネル−』(2017)
『ゴー・バック夫婦』(2017)
『ライフ・オン・マーズ』(2018)
『知ってるワイフ』(2018)
『シーシュポス：The Myth』(2021)

パラレルワールドもの

『ナイン 〜9回の時間旅行〜』(2013)
『W−君と僕の世界−』(2016)
『アルハンブラ宮殿の思い出』(2018)
『ザ・キング：永遠の君主』(2020)

客 -The Guest-

司祭
【しさい】

キリスト教における職位（位階）のひとつ。韓国ドラマや映画では悪魔祓いの司祭が登場することも多い。映画『プリースト 悪魔を葬る者』（2015）でカン・ドンウォンが演じたあたりからちょっと人気のキャラクターに。『プリースト〜君のために〜』（2018）ではヨン・ウジンが、『客-ザ・ゲスト-』（2018）ではキム・ジェウクが演じ、キム・ナムギル主演の『熱血司祭』（2019）は大ヒットした。司祭の黒装束は体の線が目立つからか、演じる俳優はみんな長身でスタイル抜群。映画『ディヴァイン・フューリー／使者』（2019）では、パク・ソジュンも司祭に扮している。

時代劇アクション
【じだいげきあくしょん】

剣術、弓術、馬術など、時代劇で披露するアクションのこと。俳優たちは、撮影前に数ヵ月にわたって訓練することもあるという。日本の時代劇と特に違うのは、剣術。韓流時代劇の剣士は刀を腰に差さないため、鞘に入れた刀を手で持ち歩き（刺客は、肩に背負っていることもある）、刀を使うときは鞘を勢いよく投げ捨てる。その鞘は、味方に当たったりしないのか、戦闘の後は放置して帰るのか、それともちょっと情けないけど

拾いに戻るのか、いつも気になっている。また、鞘に入った刀を片手に持ったまま馬で全力疾走するのもすごい技である。時代劇アクションをたっぷり楽しみたいなら、三国時代劇だ。なかでも『朱蒙〔チュモン〕』（2006）のソン・イルグクの上半身が微動だにしない馬術は、「これぞ古代の王！」といった風情で、韓流時代劇一かっこいい。

朱蒙〔チュモン〕

視聴者の声
【しちょうしゃのこえ】

かつて韓国ドラマでは、ストーリーに視聴者の声を反映してしまうことがよくあった。『美しき日々』（2001）『冬のソナタ』（2002）で死ぬはずだったヒロインや男性主人公を生き返らせた、という逸話は特に有名だ。世界でも稀に見るドラマ大国でありネット大国でもある韓国は、視聴者やネチズンの力が絶大。最近では、イジメ問題や歴史歪曲問題がネットで取り沙汰され、ドラマの放送に影響を与えたことも。とはいえ、作品の内容については、昔と違って安易に変更をすることはほぼなくなったそうで、視聴者の声をひとつの意見として取り入れ、質の高いドラマ作りに役立てているようだ。

視聴率
【しちょうりつ】

かつては地上波3局（KBS／MBC／SBS）だけで放送していた韓国ドラマ。超大作ドラマがしのぎを削った90年代から2000年代初頭にかけては、最高視聴率が60%以上になる作品もあった。だが、ケーブルドラマ（→「ケーブルドラマ」参照）が台頭し、ドラマ放送局が増えた最近は、高視聴率を獲得することで知られるKBSの週末ドラマでも40%前後。韓国ドラマの最高視聴率歴代1位は『初恋』（1997）（→「初恋」参照）の65.8%だが、これ以上の視聴率が出ることはもうないだろう。Netflixなどの動画配信サービスの発展により、同時視聴や後追い視聴が容易になったため、今後は視聴率の意味も変わっていきそうだ。

失顔症
【しつがんしょう】

〈現代劇〉〈時代劇〉

"相貌失認"の俗称で、脳障害により他人の表情や顔を認識できない症状のこと。かつては韓国ドラマ鉄板の病といえば白血病だったが、それだけでは物足りなくなったのか、近年では特殊な病がいろいろ登場。なかでも目につくのが、この失顔症だ。『匂

しっがんしょう
失顔症
人の顔を認識できない
障害。

＼久しぶり!!／

だれ??

いを見る少女』（2015）『初対面だけど愛してます』（2019）のほか、『僕が見つけたシンデレラ〜Beauty Inside〜』（2018）は、原作の映画版にはなかった設定だが、主人公を失顔症にすることでドラマ性を豊かにした。『100日の郎君様』（2018）では、時代劇にまで失顔症を登場させている。

さ

失速ドラマ
【しっそくどらま】

〈現代劇〉〈時代劇〉

最初だけバーンと大風呂敷を広げるが、どんどん失速していくドラマのこと。1話だけ凝っているパターン、3話まで丁寧に作っているパターンなどいろいろあるが、いずれにせよ昨今増加傾向にある。集中力が切れたせいなのか製作費の問題なのか、序盤の面白さがウソのように、テンポが悪くなったり、主人公が急にありきたりになったり、ストーリーの辻褄が合わなくなったりする。たまに後半から巻き返すドラマもあるので、いつ離脱するかは悩ましいところ。

シットコム
【しっとこむ】

〈現代劇〉

コメディドラマのひとつのジャンルで、シチュエーションコメディの略。笑い声が差し込まれるのが特徴で、1話完結が多い。特にアメリカで人気がある。韓国のシットコムは、大きく分けて、ホームドラマが主体のホームシットコムと青春ドラマが主体の青春シットコムがある。かつては新人俳優の登竜門ともいわれ、特に『ノンストップ』シリーズ（2000〜2005）、『ハイキック』シリーズ（2006〜2012）は、昨今の韓国ドラマ界を支える俳優たちの顔がずらり。最近は見かけなくなっていたが、韓国ナイズされた外国人留学生によって"韓国あるある"が露わになる新たな青春シットコム『ホント無理だから』（2021）が、Netflixオリジナル作品として登場。

実力派中堅女優
【じつりょくはちゅうけんじょゆう】

美しさよりも、個性や演技力で韓国ドラマを支える中堅女優のこと。30代を過ぎて注目されることが多く、母親役からキャリアウーマン役まで幅広く演じられるのが特徴。イ・ジョンウン、キム・ソニョン、ヨム・ヘラン、ペク・ジウォン、ソ・イスクなどがいる。彼女たちが出演しているだけで、ドラマがぐっと引き締まる。

児童養護施設　現代劇
【じどうようごしせつ】

事情があって、産みの親と暮らせない児童が入所する施設。韓国ドラマは、主人公が児童養護施設出身ということが非常に多い。施設できょうだいのように育った2人のいずれかが裕福な家に引き取られるとか、施設入所中に海外養子に出されたとかいうエピソードが、たびたび盛り込まれる。主演クラスの俳優は、一度は施設出身という役を演じたことがあるのではないか。いずれにせよ、親に捨てられたつらい想いが物語のポイントに。施設で財閥家の人々がボランティアをするシーンもよく登場。

死神　現代劇　時代劇
【しにがみ】

死んだ人間を現世からあの世に連れて行く超人的な存在。日本で"死神"といったら落語の演目で知られるぐらいだが、多くのドラマに登場している。韓国では、"チョスン使者"（"チョスン"とは韓国語で"あの世"という意味）という特異な死神が信じられている影響も大きい。時代劇風の帽子と黒装束に身を包んだチョスン使者は、閻魔様の使者として3人で現れるという。その光景をよく表わしているのは、『アラン使道伝−アランサトデン−』（2012）。『トッケビ〜君がくれた愛しい日々〜』（2016）のイ・ドンウク演じる死神も、実はチョスン使者だが、黒のハットとスーツという現代的な見た目になっている。

『シベリア先発隊』(2019)
【しべりあせんぱつたい】

ウラジオストク⇔モスクワ間をつなぐ世界最長の大陸横断列車であるシベリア鉄道の旅に、豪華俳優陣が挑んだ貴重な旅バラエティ番組。イ・ソンギュン、キム・ナムギル、イ・サンヨプ、コ・ギュピルなどが出演。これだけのメンツを集めて3等車の鉄道旅というのがスゴイ。俳優が出演するバラエティ番組はいろいろあるが、特に海外に行く旅

番組は興味深い。見知らぬ土地で俳優という職業や日常から解き放たれ、思わぬ顔を見ることができる。本作は、出演者が全員、現役俳優とあって、シベリア鉄道の車中で役者談義を交わすシーンもある。

社員旅行・修学旅行 現代劇
【しゃいんりょこうしゅうがくりょこう】

男性主人公とヒロインが急接近するきっかけを作る場。社員旅行や修学旅行が盛り込まれるタイミングは、まだお互いの気持ちを確認していないとき。2人で旅行に行く設定はムリがあるため、団体旅行で参加せざるを得ない状況に追い込む。だいたいどちらかが行くのを渋っているが、必ず参加することになるので安心して見ていよう。旅行先でスポーツしたりダンスしたりバーベキューしたりしているときも、お互いをチラチラ意識しているのだが、大きくコトが動き出すのは夜。『童顔美女』(2011)『女神降臨』(2021)のように、2人きりになる状況が巧みに作り出される。

社会派ドラマ 現代劇
【しゃかいはどらま】

社会の暗部や深層を描き出すドラマのこ

と。ラブストーリーがお家芸のような韓国ドラマだが、社会派ドラマも良作が多く、特に90年代から2000年代初頭は、『砂時計』(1995)など社会派の大作ドラマが全盛だった。近年の秀作は、『ジャイアント』(2010)『サメ〜愛の黙示録〜』(2013)『錐-明日への光-』(2015)『操作〜隠された真実』(2017)など。『ピノキオ』(2014)『ヒーラー〜最高の恋人〜』(2015年)など、ラブストーリーを絡めつつ社会の不条理や現代史の闇に迫る韓国ドラマならではの作品も。

車載カメラ 現代劇
【しゃさいかめら】

自動車に搭載した映像記録装置のこと。ドライブレコーダーともいうが、韓国ドラマの日本語訳では文字数の関係か、車載カメラとされていることが多い。刑事ドラマでは、監視カメラ(→「CCTV」参照)が設置されていないところ、もしくは死角になっているところで、この車載カメラが大活躍。犯人が思わぬ形で撮影されていることがあり、逮捕の決め手になったりする。重要なのはSDカードなどの記録媒体で、その争奪戦になることも多い。

借金
【しゃっきん】

韓国ドラマでは、登場人物の誰かがたいてい借金に苦しんでいる。借金取りに追われ、家や会社のそこら中のものを壊されるのもよく見るシーン。『男が愛する時』(2013)のソン・スンホンようなカッコいい借金取りもたまにはいるが、大半は派手ないで立ちの柄の悪い人々だ。債権者たちが家に大挙して押し寄せ金目の物を持っていってしまう、家のあらゆる物に差し押さえの赤札が貼られているといったシーンも韓ドラあるある!

ジャンルもの
【じゃんるもの】

犯罪、サスペンス、ミステリー、ファンタジーなど、韓国ドラマが主流にしてきたホームドラマや恋愛・青春ドラマ以外の作品のこと。かつてはどんな内容にもラブストーリーが入っているといわれた韓国ドラマだが、昨今はまったく"ラブ"が入っていないものも増えてきた。大きなきっかけになったのは、ケーブル局のtvNで放送された『シグナル』(2016)だといわれる。予想に反して大ヒットしたことから、地上波テレビ局もジャンルものに積極的に乗り出すように。一時は、ケーブルドラマのお家芸のようだったが、SBSの『誰も知

らない』(2020)など、現在は地上波ドラマでもクオリティの高い作品が生まれている。

19禁
【じゅうきゅうきん】

19歳(成人)以上視聴可能という意味。日本のR-18に相当する。"露出""暴力""性行為""言語"などにルールが設けられているという。韓国ドラマは15禁(15歳以上視聴可能)が多かったが、昨今は過激なシーンや刺激的な内容が求められているのか、19禁も増加。最初の数話だけ19禁という作品もあれば、ほぼすべて19禁という作品もあり、ジャンルも愛憎劇からスリラーまでさまざま。『悪い刑事〜THE FACT〜』(2018)『ミスティ〜愛の真実〜』(2018)『他人は地獄だ』(2019)『優雅な友達』(2020)などがある。なかでも『夫婦の世界』(2020)は、19禁でありながら大ヒットして話題に。

12話ドラマ
【じゅうにわどらま】

全12話で編成されたドラマのこと。昨今、増加している気配。韓国では一般的にミニシリーズと呼ばれる16〜20話のドラマより

厳選!12話ドラマ

『錐-明日への光-』(2015)
『プロデューサー』(2015)
『恋するパッケージツアー
　〜パリから始まる最高の恋〜』(2017)
『サークル〜繋がった二つの世界〜』(2017)
『ゴー・バック夫婦』(2017)
『ペガサスマーケット』(2019)
『まぶしくて-私たちの輝く時間-』(2019)
『インターンは元上司!?』(2020)
『賢い医師生活』(2020<シーズン1>)
『番外捜査』(2020)
『ゾンビ探偵』(2020)
『TIMES』(2021)
『ホント無理だから』(2021)

もさらに短く、全10話程度に慣れている日本人にはとっつきやすい。しかも、意外に韓国的要素が詰まったユニークなドラマが多く、12話ドラマは外れが少ない（日本で放送・DVD化する際に話数が変更されている場合もあるのでご注意を）。

儒生
【じゅせい】
時代劇

儒学を学ぶ者のこと。儒学生。小説『成均館儒生たちの日々』を原作とする『トキメキ☆成均館スキャンダル』(2010)以外のドラマでも、成均館の儒生たちはたびたび登場している。高麗・朝鮮王朝時代の政治や文化を担ったエリートだった彼ら。『鄭道伝＜チョン・ドジョン＞』(2014)では、儒生たちが高麗のために戦い、やがて袂を分かつようになる姿が描かれる。『新米史官ク・ヘリョン』(2019)も、儒生が政治理念のために命がけで抗議をする姿が印象的だ。

出演者・スタッフの集合写真
【しゅつえんしゃすたっふのしゅうごうしゃしん】
現代劇 時代劇

最終回の本編が終わったあとに、出演者とスタッフのワイワイした写真が、必ずといっていいほど映し出される。写真ではなく映像のこともあり、最終回の余韻に浸る間もなく、あっという間に現実に引き戻されてしまうことも。『30だけど17です』(2018)は、劇中で重要な意味を成す家の窓から男性主人公とヒロインが顔を出して手を振り、さらにはその建物の下でスタッフまで手を振っていて、一気に現実世界へ。

出国禁止
【しゅっこくきんし】
現代劇

日本のドラマではあまり見かけないが、韓国ドラマでは容疑者が特定できたら速攻で出国禁止の指令を出す。刑事が「出国禁止にしろ！」と叫ぶ光景や、財閥家の人が実行犯に「ほとぼりが冷めるまで、しばらく海外に行け」とささやくシーンを何度見たことか。状況を把握できない容疑者は空港で逮捕されるハメに。警察と密通しているなど要領のいい容疑者は、空港を避け密航を企てるが、結局、港で待ち構える警察に追い詰められることになる。

さ

出生の秘密
【しゅっせいのひみつ】
現代劇 時代劇

韓国ドラマのあるある設定のひとつ。「実は兄弟だった」「育ての親だった」「貧しい家庭で育ったが、財閥家（王）の子だった」という展開のドラマは、数限りなくある。主人公やヒロインの周囲に年の離れた意味ありげな人物が登場してきたら、親子関係を疑っていいが、あまり突っ込んで考えないほうが、驚きがあって楽しい。16〜20話程度のドラマは、後半までひた隠しにされる。それ以上の話数の場合は、出生の秘密だけでは間がもたないので、早めに明かされてしまうことも多い。

『シュリ』(1999)
【シュリ】

韓国に潜入した北朝鮮工作員と韓国の情報部員の悲恋を描いた韓国映画。監督はカン・ジェギュ。メインキャストは、ハン・ソッキュ、チェ・ミンシク、ソン・ガンホなど。壮絶なアクションシーンも話題となった。日本では1999年に東京国際映画祭で上映されたのち、2000年に一般公開し18億円の興行収入を上げた。本作が日本で成功したことが、のちの『冬のソナタ』(2002)などの韓流ブームにつながったといわれる。

純愛
【じゅんあい】

韓国ドラマに欠かせない要素であり、韓流ブームの原点。辞書には、「純粋でひたむきな愛情」とある。韓国ドラマの場合はさらに、『冬のソナタ』(2002)の"北斗七星"、『秋の童話〜オータム・イン・マイハート〜』(2000)の"木"のように、揺るがないものでなければならない。『雪の女王』(2006)など悲恋をまっすぐに扱った感動作はたくさんあるが、昨今は純愛だけのドラマはヒットせず、ほかの要素を混ぜた作品になってしまうのが少々寂しい。

情と縁
【じょうとえん】

韓国ドラマにおいて、なくてはならないもの。登場人物たちは、一度巡り会い、気持ちを通わせたら、例え相手が悪人だとわかっても簡単には排除しない。葛藤しながらも許し、時には手を差し伸べてしまう。『スキャンダル』(2013)『マイ・ディア・ミスター〜私のおじさん〜』(2018)など、憎むことと許すことを考えさせる、韓国らしい情と縁が詰まったドラマは数多い。一方で、刑事ドラマや法廷劇でも、法より情や縁が優先されすぎることがあり、それがストーリーを台無しにしている作品も過去にはあった。

少年・少女時代
【しょうねんしょうじょじだい】

古典的な現代劇や話数の多い時代劇では、主人公たちの少年・少女時代からドラマがスタートするのが定番。初恋や復讐の発端となる物語が展開されるわけだが、「どこで見つけてきたの?」と思うほど、子役俳優が成人役の俳優にそっくりなことが。また、その子役俳優があまりに存在感がありすぎて、成人役に切り替わったあとに少年・少女時代ロス状態に陥り、しばらく物語が頭に入ってこないのもよくある現象。『大王世宗』(2008)のイ・ヒョヌ、『トンイ』(2010)のキム・ユジョンなど、特に時代劇の少年・少女時代は、子役の韓服のかわいさも相まってすばらしすぎる作品が多い。

上半身露出シーン
【じょうはんしんろしゅつしーん】

物語的には特に必要とは思われないのだが、現代劇ではシャワールームやロッカールームで、時代劇では弓を射るときなどに、バッと上半身をはだけさせ、筋肉美を見せつけてくる。『サム、マイウェイ〜恋の一発逆転!〜』(2017)で格闘家を演じたパク・ソジュンは、撮影中も1日8時間の筋トレをし、中盤以降も筋肉を見せていたが、通常は撮影しながら筋肉を維持するのは大変なので、露出シーンは序盤のことが多いようだ。

イケメン×筋肉×シャワーシーン＝サービスショット!!

食堂
【しょくどう】

母子家庭の母親は、古びた街角や市場の

一角にある小さな食堂を経営していることが多い。母親が、お客さんに罵倒されたり、割れた皿を片づけたりしているところを、社会的に成功した息子が見てしまい、現実をつきつけられ悲しみに打ちひしがれる……というシーンをよく見る。明るく口うるさい母親のこともあるが、食堂はたいてい嘆きの場である。ただ、昨今は食堂もおしゃれになり、イメージが刷新されつつある。

庶子
【しょし】

朝鮮王朝時代では主に両班の妾の子を指す。時代劇では、家族や世間に認められない姿、父親を「ナウリー（旦那様）」と呼ぶ姿が印象的だ。庶子への差別は、朝鮮王朝第3代王・太宗が1415年に定めた"庶孽禁錮法"が始まり。"庶"は良民の妾、"孽"は奴婢の妾から生まれた子という意味。この法により、庶子は出世の道である文科挙の受験や要職につくことが制限された。現代劇でも庶子（婚外子）はキーワード。『VIP－迷路の始まり－』(2019)のような洗練されたドラマも、庶子のエピソードが入ると一気にかつての韓国ドラマっぽくなる。

女真族
【じょしんぞく】

中国東北部から朝鮮半島北部に居住していたツングース系民族。のちの満州族で、現在は中国の少数民族のひとつ。『大祚榮テジョヨン』(2006)などにも登場する靺鞨族の末裔といわれる。1115年から1234年まで金王朝を建国し、中国北部を支配。17世紀には清を建国した（→「清」参照）。高麗時代や朝鮮王朝時代の代表的な異民族で、『大王世宗』(2008)『不滅の恋人』(2018)などのドラマに登場。少々野蛮な雰囲気で描かれることが多い。

除隊後の復帰作
【じょたいごのふっきさく】

「除隊後の復帰作は失敗する」と、韓国ドラマ界ではささやかれる。そんな中、ソン・ジュンギはそのジンクスを打ち破り、復帰作の『太陽の末裔 Love Under The Sun』(2016)が大ヒットして株を上げた。また、俳優たちは兵役に就く年齢制限ぎりぎりの30歳前に入隊することが多い。除隊後の復帰作では、男らしく精悍になった人がいる一方、ちょっとおじさん化している人もいて、明暗が分かれるのも特徴だ。

初対面最悪
【しょたいめんさいあく】

最初の出会いでひと目ぼれというパターンもあるが、初対面最悪のほうが韓国ドラマでは断然盛り上がる。大半は、お互いを勘違いしているだけなのだが、ヒロインを生意気な女、男性主人公をいい好かないヤツと思っているところから物語が始まり、なぜか何度も遭遇→嫌いなはずなのに気になる→いい人なのかも→もしかして好きなのかも……と、次第に相手を理解し心が近づいていくところに醍醐味がある。『個人の趣向』(2010)『だから俺はアンチと結婚した』(2021)などが典型的。

新羅

【しらぎ／シルラ】 時代劇
【しらぎ／シルラ】

紀元前57年から935年まで朝鮮半島南東部にあった古代国家。高句麗、百済と凌ぎを削り三国時代を築いた。503年に"斯蘆国"から"新羅"に国名を改称。当初は3国の中では弱小国だったが、6世紀に入って急速に発展し、7世紀に3国間の争いが劇化すると、唐と軍事同盟を結び、660年に百済、668年に高句麗を滅亡。676年には唐軍を駆逐し、朝鮮半島初の統一国家である統一新羅を築いた。新羅がメインのドラマは少ないが、『善徳女王』(2009)『大王の夢』(2012)『花郎<ファラン>』(2016)など、煌びやかで見応えのある作品が多い。また、『鉄の王 キム・スロ』(2010)で斯蘆国の名で登場するなど、ほかの三国時代劇でも、その歴史を垣間見ることができる。

清

時代劇

【しん】

1644年から1912年まで中国とモンゴルにあった満州族による王朝。1616年にヌルハチが建国した後金が前身。19世紀前半から欧米列強の侵入により弱体化し、その後、日清戦争に敗北。1911年に辛亥革命が起き滅亡、中国最後の王朝となった。朝鮮王朝は、明に続き清とも君臣関係を結ぶことに。明から清の移行時期の王であった第16代王・仁祖(→「仁祖」参照)や、日清戦争の時期の王であった第26代王・高宗(→「高宗」参照)の時代を描いた時代劇で、清との関係がわかるエピソードが数多く登場する。

シン・ウチョル

【シン ウチョル】

演出家。女性好みのファンタジックな演出が魅力。SBSのプロデューサーを経て、当時は新人作家だったキム・ウンスク(→「キム・ウンスク」参照)と手掛けた『パリの恋人』(2004)『プラハの恋人』(2005)『恋人』(2006)の三部作が大ヒットし、一躍人気演出家に。キム・ウンスクとはゴールデンコンビと呼ばれ、『オンエアー』(2008)『シティーホール』(2009)『シークレット・ガーデン』(2010)『紳士の品格』(2012)まで計7作もタッグを組みヒットを飛ばした。その後も『九家の書～千年に一度の恋～』(2013)などが人気を集めたが、『僕を溶かしてくれ』(2019)は、tvN週末ドラマ史上初の最低視聴率を記録し少々低迷ぎみ？

超 個人的!!鶴橋の楽しみ方!!

鶴橋商店街 ※大阪の新大久保

＼ランチ／
①韓国料理を食べる。

②グッズショップで買い物。
用途がわからんカードセット

＼休憩がてら／
③喫茶店でカードで遊ぶ。
ほほう　これが1位かな

各自の好きな写真ランキングを決めるだけの遊び。これがめっちゃ盛り上がる。

④キンパやキムチ買って帰る。

新大久保

【しんおおくぼ】

東京新宿区にある、日本最大級のコリア

勝手に 新・韓流四天王!!

ヌナ泥棒
パク・ソジュン

星から来たスター
キム・スヒョン

セクシー天使
イ・ジョンソク

親に紹介したい彼氏
パク・ボゴム

ンタウンを有する町。その賑やかな様子は、ソウルの明洞のよう。かつては韓ドラファンがたくさん訪れたが、現在はK-POP人気に押され若者の聖地に。最近は、韓国グルメをそろえたK-TOWN原宿がオープンするなど、原宿の新大久保化が注目される。

心臓
【しんぞう】

現代劇

心臓の移植手術によって人の記憶や想いが転移する……のは、よくある設定。『夏の香り』(2003)『私の人生は春の日』(2014)などがある。“恋愛細胞”という恋愛感覚を表す言葉があったり、BTSが「DNAが君を求めてる」と歌っていたりと、身体全体で愛を感じるのが韓国なのかもしれない?

新韓流四天王
【しんはんりゅうしてんのう】

元祖韓流四天王(→「韓流四天王」参照)のメンバーは確定しているが、“新”のほうは不確定のようだ。2020年にNetflixで配信されたドラマがヒットしたことにより、パク・ソジュン、キム・スヒョン、パク・ボゴム、イ・ミンホの4人が挙げられることが多いが、そのほか、ヒョンビン、キム・ウビン、イ・ジョンソク、ソン・ジュンギなどの名が挙がることも(筆者としては、最近人気が出たわけでもないヒョンビンをここに挙げるのは違和感があるが……)。これだけいろいろな俳優の名が挙がるのは、元祖韓流四天王の頃に比べて、爆発的に人気がある大スターが不在ということなのかもしれない。

クサーであったりする。『ポッサム–運命を盗む』(2021) など、オープニングが水墨画アニメーションの時代劇も多い。

水中シーン
【すいちゅうしーん】

【現代劇】【時代劇】

恋愛ドラマでは、水の中に落ちた人物を助けるシーンがなぜかよく挿入される。ヒロインや主人公がプールや海などの水辺にいるときは要注意。落ちることが多々ある。以前は、単に主人公がバシャンと飛び込んでヒロインを助けるだけだったが、最近は登場人物の深層心理を表したような美しく意味深なシーンであることが多い。音のない2人きりの世界で、光の向こうから来た人物に救われる様が幻想的に描かれる。なかでも『雲が描いた月明り』(2016)『青い海の伝説』(2016) などが印象的。

韓ドラあるある

水中シーン

水墨画
【すいぼくが】

【現代劇】【時代劇】

権力者は、邸宅でよく水墨画を描いている。筆でサッと蘭や竹を描いていることが多いが、「梅・蘭・菊・竹」は気品・高潔を感じさせることから、東洋では "四君子" と称され尊ばれており、水墨画の主題にもなってきた。つまり、高尚な趣味のひとつなわけだが、韓国ドラマでは水墨画を描く人は悪だくみをする傾向が……。時代劇では謀反を企てる地位の高い人物、現代劇では "オルシン" と呼ばれる悪のカルテルのフィ

SKY
【すかい】

【現代劇】

ソウルの三大名門大学の通称。ソウル大学(S)・高麗大学(K)・延世大学(Y)の頭文字をとっている。政治家や大企業の要職はたいていSKY出身者。俳優は、SKYの中ではソウル大学出身が多い。有名校に入学させようと躍起になる親たちの狂気と子どもたちの抑圧を描き大ヒットした『SKYキャッスル〜上流階級の妻たち〜』(2018) では、富裕層の歪んだ教育熱を皮肉るように、登場人物らが住まうレジデンスを "SKYキャッスル" と名付けている。

スキンシップ
【すきんしっぷ】

【現代劇】

韓国ドラマでは、男性主人公がヒロインに対し、つき合う前からかなりのスキンシップで攻めてくる。よく見るのは、フラッと倒れそうになったヒロインの腰に手を回す(ヒロインが後ろ向きで歩き出したら要注目!)、食後にヒロインの口のまわりについた汚れを親指でとる、ケガした足をひざまずいて介抱する、髪についた花びらをとる……など。目に入ったゴミをとろうと顔を近づけて目にフーッと息をかけるシーンもよく見るが、『ソムナム』(2017) では男同士でしているところ

さ

韓ドラあるある
スキンシップ

を目撃され、関係を勘違いされるエピソードが。そう思われても仕方ないほど接近しすぎなスキンシップが本当に多い。

粛宗 (1661〜1720)
【スクチョン】 時代劇

朝鮮王朝第19代王。在位期間は1674〜1720年（45年10ヵ月）。在位中は党派争いが激化。朝鮮三大悪女として知られるチャン・ヒビン（→「チャン・ヒビン」参照）や、トンイとして知られる淑嬪崔氏との関係もあり、私生活の乱れも政治に影響した。ドラマで有名なのは、『トンイ』(2010)で威厳とお茶目さを併せ持つ王を演じたチ・ジニ。そのほか、『チャン・オクチョン』(2013)ではユ・アイン、『テバク〜運命の瞬間〜』(2016)ではチェ・ミンスが演じている。

スタジオドラゴン
【すたじおどらごん】

企画から流通まで行う韓国最大の制作スタジオ。親会社は韓国のエンタメ界を牽引するCJグループの子会社"CJ ENM"で、そのドラマ部門が独立し、2016年5月に設立された。親会社のCJ ENMは、ケーブルドラマ局のtvNやOCNの運営会社でもある。2019年にはNetflixと提携し、海外配

信も強固になった。『トッケビ〜君がくれた愛しい日々〜』(2016)『愛の不時着』(2019)『悪霊狩猟団：カウンターズ』(2020)など、「お、またスタジオドラゴン！」と思うほど、多くのヒット作を制作。最近は、『梨泰院クラス』(2020)はSHOWBOX、『夫婦の世界』(2020)はJTBCスタジオが手掛けるなど、ほかの制作会社の台頭も目立っている。

ステーキカット渡し
【すてーきかっとわたし】 現代劇

韓国イケメンのあるある行動のひとつ。ステーキは劇中のお金持ちが大好きな食べ物だが、優しい（もしくは下心のある）財閥御曹司は、女性のステーキを必ずカットしてくれる。具体的には、自分の前に置かれたステーキをカット→そのお皿と女性の前に置かれた未カットステーキのお皿をスマートに交換……という流れ。こうした行動をさりげなくできるのは、母親にいつもおかずをスプーン乗せしてもらっていること（→「おかずスプーン乗せ」参照）が影響しているという説もある。そのほか、缶ジュースのフタを開けて渡してくれるのも定番。キム・ソノは、『君のせいで何もできない！』(2018)では魚の骨をとって渡し、『スタートアップ：夢の扉』(2020)では麺をかき混ぜて渡すという、少々風変りな"渡し"シーンを担当していた。

韓ドラあるある
ステーキカット渡し

のもの。『不滅の恋人』(2018)でチュ・サンウク演じたチニャン大君も、首陽大君がモチーフにされている。

水刺間
【スラッカン】

時代劇

朝鮮王朝時代の宮中にあった、王の食事を用意する厨房。皇后や宮中行事の食事も担当した。『宮廷女官チャングムの誓い』(2003)でチャングムが働く場となり、その名が有名になったが、口に入れるものを扱うところだけあって、ドラマでは毒を盛る現場になることも多々ある。

スマホ
【すまほ】

現代劇

韓国ドラマの重要アイテムのひとつ。かつては主人公が意中のヒロインにプレゼントするのが定番だった。最近目につくのは、間接広告(→「PPL」参照)。登場人物全員が同じスマホを持っており、さりげなく新機能が紹介されるため、ドラマが最新スマホをチェックできるうってつけの場となっている。また、肝心な時につながらないのもお決まりの展開。本人がいなければかかってきた電話を勝手にとってしまう、恋人同士の長電話や起床時に頬乗せスマホをして話すのも、韓ドラあるあるシーン。

スレギ
【スレギ】

現代劇

韓国語で"ゴミ"の意味。『応答せよ1994』(2013)でチョンウが演じた主人公のあだ名。こんなゲスなあだ名を主人公につけてしまうことが逆説的にカッコよく、脚本家のセンスに脱帽である。この作品に出会うまでチンピラなどの脇役を務めることが多かったチョンウも、だらしないけれど繊細で頼りがいのあるスレギにばっちりハマっていた。個人的にイ・ウジョン脚本家＆シン・ウォンホ監督(→「イ・ウジョン脚本家＆シン・ウォンホ監督」参照)作品の中でも特に好きなキャラである。

首陽大君 (1417〜1468)
【スヤンテグン】

時代劇

朝鮮王朝第7代王・世祖。在位期間は1455〜1468年(13年3ヵ月)。名君・世宗(→「世宗」参照)の次男。朝鮮王朝最大のクーデター癸酉靖難(→「癸酉靖難」参照)により、多くの臣下を粛清し、幼い甥の第6代王・端宗から王位を奪った。その後は王権強化を目指し、数々の改革を成し遂げた。『インス大妃』(2011)のキム・ヨンホ、『王女の男』(2011)のキム・ヨンチョルなどは、大胆不敵だったと伝わる首陽大君のイメージそ

すれ違い
【すれちがい】

韓国ドラマのあるあるシーンのひとつ。思い出の場所に時を同じくして赴くも、想いは一致しているのに、その場ではすれ違う。出会えそうで出会えず、イラっとすることもあるが、会えない時間が愛を育てると思えば、納得できる。昨今は減ってきたように思うが、韓ドラ王道の設定がそこここで見られる『ドドソソララソ』(2020)でも取り入れられている。また、最終回のラストがすれ違いで終わることも。ハッピーエンドでもサッドエンドでもなく、どこか希望を感じさせ、個人的には好感を持っている終わらせ方。

座り込みデモ
【すわりこみでも】

実際にデモがよく行われる韓国。ドラマでも座り込みデモシーンは、日常の風景のように挿入される。『錐-明日への光-』(2015)などの社会派ドラマだけではなく、青春ものからラブコメディまであらゆるドラマで登場。みんなで同じ色のベストを着てハチマキを締め、腕を上げながら独特のシュプレヒコールを上げる。声を上げる勇気を持つ人々の情熱に感涙することも。時代劇でも官僚たちの土下座の座り込みは名物シーン。

整形
【せいけい】

整形大国といわれる韓国だけあって、整形をテーマにしたさまざまなタイプのドラマがある。日本ではそうそうない設定と思われる全身整形の作品も目立つ。

地獄を味わったヒロインや主人公が復讐のために全身整形して別人になって舞い戻ってくるという設定は、ドロドロ愛憎劇だけでなく、『美女の誕生』(2014)のようなラブコメ作品でも使われる。また、『仮面の秘密』(2018)のように、整形したうえに記憶喪失にもなってしまうハイブリッドなドラマも。『私のIDはカンナム美人』(2018)では、美容整形をテーマに女性の成長を描いた青春ドラマに仕上げ、好評を博した。ちなみに"カンナム美人"とは、"整形美人"のこと。

静止画像
【せいしがぞう】

韓国ドラマの本編のラストシーンは、静止画像が基本。主人公とライバルが驚いた表情でパッとこちらを振り向いた瞬間、主人公がヒロインを引き寄せキスした瞬間、崖に追い詰められ矢を放たれた瞬間などが、ジャーンという感じで静止画像(画面が二分割されて2人の顔がアップにされることも多し!)となり、その後、OSTが流れ終了……というのが定番。この静止画像の切れ味がよく、次回が観たくなるような仕掛けがあるドラマは、面白いことが多い。

静止画になってキラキラーってして終わる

さ

政治ドラマ
【せいじどらま】

韓国人は政治好きといわれるだけあって、さまざまなタイプの政治ドラマがあり、秀作も多い。『第5共和国』(2005)『補佐官』(2019)のように政治の世界を骨太に描いた作品のほか、胸が熱くなる政治エンタメ、韓国らしく恋愛が盛り込まれた政治ドラマまである。『シティホール』(2009)『ラスト・チャンス！～愛と勝利のアッセンブリー～』(2015)『レディプレジデント～大物』(2010)『サバイバー：60日間の大統領』(2019)など、素人が政治に参加することで見えてくる世界を描いた作品も面白い。

青春もの
【せいしゅんもの】

韓国では青少年のためのドラマという意味で「青少年ドラマ」というらしいが、青少年しか見ないのはもったいない。大人（純粋な心を持ち続けている人ならば！）も感動できる良作が多く、なめてかかると号泣させられる。しかも内容も幅広い。新たな推し俳優の発掘もできる。項目名を"学園もの"にしようか迷ったが、学校をメイン舞台にしていない作品でも名作はあるので、あえて"青春もの"とした。昨今の傑作は、何といっても

恋の
ゴールドメダル

ナムジュヒョクの彼氏感がたまらん...

『十八の瞬間』(2019)と『恋のステップ～キミと見つめた青い海～』(2019)である。

厳選！青春もの

『ドリームハイ』(2011)
『WHAT'S UP（ワッツ・アップ）』(2011)
『応答せよ1994』(2013)
『恋のドキドキ♡シェアハウス～青春時代～』(2016)
『恋はチーズイン・ザ・トラップ』(2016)
『君に猛ダッシュ～恋のゆくえは？～』(2017)
『私のIDはカンナム美人』(2018)
『A-TEEN』(2018)
『偶然見つけたハル』(2019)
『恋するアプリ Love Alarm』(2019・2021)
『十八の瞬間』(2019)
『恋のステップ』(2019)
『人間レッスン』(2020)
『TWENTY×TWENTY～ハタチの恋～』(2020)
『ラケット少年団』(2021)

政略結婚
【せいりゃくけっこん】

時代劇なら理解できる設定だが、韓国ドラマでは現代、しかも舞台が2010年代以降の作品でも政略結婚が全盛。財閥御曹司や財閥令嬢は、だいたい一族の利益のために政略結婚をさせられそうになる。また、政略結婚にこだわるあまり『仮面』(2015)のように替え玉結婚となったり、愛のない冷め切った夫婦になると思いきや、『バベル～愛と復讐の螺旋～』(2019)のようにどちらかが本当に愛してしまったりすることが、物語に波乱を招くことも。

世界最貧国
【せかいさいひんこく】

今では考えられないが、1960年代、韓国は世界最貧国のひとつだった。朝鮮戦争（→「朝鮮戦争」参照）によって国内の経済が疲弊し、貧困が当たり前だったという。計

画経済を進めていた北朝鮮のほうが、国内総生産が上だった。『エデンの東』(2008)『約束のない恋』(2013)など、60年代が舞台のドラマは、激動の時代の中を生きる人々の姿が胸に迫る感動作が多い。『その女の海』(2017)などKBS「TV小説」シリーズでも同時代をよく扱っている。

世子【セジャ】

時代劇

王世子の略称で、朝鮮王朝の王位継承者のこと。呼称は、邸下。ちなみに世孫とは、世子の後に王位を継ぐ者のこと。世弟とは、王に世継ぎがいない場合に王位を継ぐ弟のことだ。世子は、主人公となることが多く、権力闘争に巻き込まれたり、敵対する党派に命を狙われないよう能力を隠していたり、身分の違う女性と切ない恋を繰り広げたりするのが、よくあるパターン。主人公の場合はもちろん、脇役でも、骨太の時代劇でも、世子枠は若手イケメン俳優が配されるのが基本だ。なかでも『王の顔』(2014)のソ・イングク、『雲が描いた月明り』(2016)のパク・ボゴムが、凛々しさ、美しさで一歩抜きんでている。

世宗 (1397〜1450)【セジョン】

時代劇

朝鮮王朝第4代王。在位期間は1418〜1450年(31年6ヵ月)。朝鮮王朝一の聖君として名高い。第3代王・太宗(→「イ・バンウォ

ン」参照)の三男。朝鮮王朝は長子相続が原則だったが、長男の譲寧大君の奇行により後継者に任命された。学問研究機関を充実させ、ハングルを創製するなど、朝鮮王朝の黄金期を築いた。キム・サンギョンは、『大王世宗』(2008)『チャン・ヨンシル〜朝鮮伝説の科学者〜』(2016)の2度にわたり演じた"世宗"俳優。『根の深い木−世宗大王の誓い−』(2011)ではハン・ソッキュ、『ポンダンポンダン 王様の恋』(2015)ではユン・ドゥジュンが演じている。

狭いところシーン【せまいところしーん】

現代劇 時代劇

カップルで逃げているときや、部屋に忍び込んでいるときなどに、狭いところに隠れることによって思いがけず生まれる胸キュンシーンのこと。路地、クローゼットの中、デスクの下、物置の中など、いろいろパターンはあるが、窮屈な空間でお互いの顔が接近していることに気づき、思わず見つめ合う。男性主人公がヒロインの腕をぐっと引き寄せて狭いところに入るのもキュンとくるポイントだ。まだ2人の気持ちが確認できていないときに差し込まれるシーンで、これをきっかけに想いが高まることも。『ラケット少年団』(2021)では、中学生の淡い恋でも狭いところシーンが効果的に使われた。

韓ドラあるある

狭いところシーン

相関図
【そうかんず】

韓国ドラマを紹介するムックや雑誌には必ず掲載されている。これまで韓流ライターとして何百もの相関図を書いてきたが、内容がわかりづらいなと思ったら、自分で相関図を書いてみるのもおすすめ。「相関図を書かなければ理解できない不親切なドラマってどうなの？」とも思うが、相関図を作ると、人間関係がクリアになり、ドラマをさらに奥深く楽しめるように。

時代劇ややこしい!!
やじるし・登場人物多すぎる問題

ソウルオリンピック
【そうるおりんぴっく】

1988年9月17日から10月2日まで16日間にわたりソウルで開催されたオリンピック。東京に続きアジアで2度目の夏季オリンピックで、経済復興の象徴として全斗煥（→「全斗煥」参照）が力を入れた国家プロジェクト。昨今は、レトロアイテムのひとつのようにドラマの中で描かれる。オリンピックのエピソードから始まる『恋のスケッチ〜応答せよ1988〜』(2015)のほか、『ライフ・オン・マーズ』(2018)『町の弁護士 チョ・ドゥルホー罪と罰－』(2019)でも、ソウルオリンピックの年が重要な舞台に。

ソウルドラマアワード
【そうるどらまあわーど】

2006年から開催されている世界のドラマの祭典。主催は、ソウルドラマアワード組織委員会と韓国放送協会。全世界が対象で、作品賞などには、ブラジル、イスラエル、ドイツなど、さまざまな国からの出品作が並ぶが、韓流の活性化も目的としているため韓流部門も設けられている。2020年は、41ヵ国から212作品が出品。ミニシリーズ優秀賞を『梨泰院クラス』(2020)、韓流ドラマ部門の最優秀賞作品賞を『椿の花咲く頃』(2019)が受賞している。

ソシオパス
【そしおぱす】

サイコパスと同じく"反社会性パーソナリティ障害"とも呼ばれる精神障害の一種。サイコパスが先天性であるのに対し、ソシオパスは幼い頃のトラウマなど後天的なことが原因だといわれる。共感力や罪悪感の欠如、自己中心的な行動が見られるという。韓国ドラマでは、サイコパスに比べると出番は少ないが、わけのわからない人物のことを「あの人、ソシオパスだから」と噂する場面をよく見る。最近では、『梨泰院クラス』(2020)のヒロインが、"IQ162の天才少女でソシオパス"という設定だった。

ソジュ
【ソジュ】

韓国焼酎のこと。高麗時代にモンゴルから伝わり、もともとは宮中で飲まれていたという。それが近代化の中で、次第に庶民のお酒に。日本では米や芋の焼酎が人気だ

さ

が、ソジュの原料はタピオカなど複数の穀物を混合したもので、水で薄めて濃度を薄くする希釈式が主流であるのが特徴。かつてはアルコール度数が35度ほどあったが、現在は17度ほどまで下がっている。ソジュは、ガラスのお猪口に注ぎ、クイっと一気に飲み干す。ドラマでは、1人か2人でしんみりと飲むことも多い。韓国ではソジュを甘く感じるようになったら人生がわかってきたといわれ、『梨泰院クラス』(2020)でも学校を退学になった主人公がソジュを"甘い"と表現するシーンがある。

ソ・ヒョンギョン (1965~)
【ソ ヒョンギョン】

脚本家。1999年にデビューし、『真実』(2000)が大ヒット。その後はしばらく停滞するも、2009年からは手掛ける作品ほぼすべて高視聴率を獲得。『華麗なる遺産』(2009)『いとしのソヨン』(2012)『黄金の私の人生』(2017)など、ありえない設定が少々含まれたホームドラマ風ラブストーリーが面白く、『私の期限は49日』(2011)『2度目の二十歳』(2015)など設定に凝った作品も感動作に仕上げる。女性キャラクターを活かすのがうまいといわれるが、『TWO WEEKS』(2013)ではイ・ジュンギ演じる男性キャラクターも躍動!

成均館
【ソンギュングァン】
時代劇

高麗末期と朝鮮王朝時代の国立の最高教育機関。諸説あるが、現在の成均館大学の前身といわれ、大学のロゴにも創立年が"1398"と記されている。キャンパスの入り口には、現在も儒生が学んだ明倫堂が残る。成均館では、科挙(小科)に受かると、寄宿生活を送りながら儒学を学んだ。青春時代劇の草分け的存在でもある『トキメキ☆成均館スキャンダル』(2010)は、まさにそんな成均館が舞台。ちなみに、劇中で成均館の儒生だったソン・ジュンギは、リアルでも成均館大学出身。

ソン・ジェジョン (1973~)
【ソン ジェジョン】

脚本家。『思いっきりハイキック!』(2006)などのシットコム作品からスタートし、『コーヒーハウス』(2010)から本格的にドラマ作家に。『イニョン王妃の男』(2012)『W-君と僕の世界-』(2016)など、別世界とのつながりを主題にした作品が得意で、特に『ナイン ~9回の時間旅行~』(2013)は韓国ドラマの格を上げたともいわれる傑作。『アルハンブラ宮殿の思い出』(2018)では、何とARゲームが題材に。ドラマ脚本家だが、ドラマよりも映画や本に親しみがあるとのこと。今後もこれまでの韓国ドラマにない斬新な着想力で楽しませてくれそうだ。

ソン・ジナ (1959~)
【ソン ジナ】

脚本家。90年代最高の作家と称される。特に故・キム・ジョンハク監督とタッグを組んだ『黎明の瞳』(1991)『砂時計』(1995)『大望』(2002)『太王四神記』(2007)『シンイ-信義-』(2012)など7作は、いずれも見応えたっぷり。骨太な内容に切ないラブストーリーを巧みに取り入れるのが特徴で、昨今も『ヒーラー~最高の恋人~』(2014)『王は愛する』(2017)で、その手腕を見せている。息子は、『人間レッスン』(2020)の新鋭脚本家チン・ハンセ。作家の遺伝子は確実に受け継がれているようだ。

宣祖 (1552〜1608)
【ソンジョ】

〔時代劇〕

朝鮮王朝第14代王。在位期間は1567〜1608年（40年7ヵ月）。第11代王・中宗の孫で、庶子（→「庶子」参照）から王位に就いた初めての王。儒教に傾倒し儒者を重用したが、それが官僚間の対立を生んだ。1592年には秀吉から侵攻（→「壬辰倭乱」参照）を受け、一時は都である漢城を追われたことも。ドラマでは、『火の女神ジョンイ』（2013）でチョン・ボソク、『王の顔』（2014）でイ・ソンジェ、『軍師リュ・ソンリョン〜懲毖録＜ジンビロク＞〜』（2015）でキム・テウといった実力派俳優が名演を披露している。

善徳女王 (?〜647)
【ソンドクじょおう】

〔時代劇〕

新羅第27代王。在位期間は632〜647年。朝鮮半島初の女王。歴史書では、『三国史記』で長女、『三国遺事』と『花郎世記』で次女とされる。女王の廃位を求めたピダムの乱が起き、その最中に死去した。『善徳女王』（2009）では、子役時代をナム・ジヒョン、成人役をイ・ヨウォンが好演。同作は女性権力者ミシルとの権力争いやピダムとの恋愛模様など、フィクション部分も練りに練られている。『大王の夢』（2012）では、ホン・ユニとパク・チュミ（交通事故のため途中降板）が善徳女王を演じている。

ソンビ
【ソンビ】

〔時代劇〕

高麗時代・朝鮮王朝時代の儒教的価値観を貫く学識豊かな人のこと（「"ゾ"ンビ」ではなく「"ソ"ンビ」！）。たいてい官位についておらず、権力に屈しない清廉高潔な存在として人々に尊敬されていた。漢字では"士"と書き、『夜を歩く士＜ソンビ＞』（2015）では作品タイトルになっている。朝鮮末期の東学党の乱（甲午農民戦争）が描かれる『緑豆の花』（2019）では、チェ・ウォニョン演じる両班の男の生き様が印象的。価値感が目まぐるしく変わる時代の中でソンビの誇りを見失っていくが、その姿がソンビの時代の終わりを告げているようにも見え、切なく心を捉える。

ゾンビ
【ぞんび】

〔現代劇〕〔時代劇〕

もともとは西インド諸島のブードゥー教の呪術師が死体を蘇らせ、労働力として使っていたという逸話が始まり。それがアメリカ映画で取り上げられ、人間を喰らい、噛みつかれたら感染するというイメージを作った。"Kゾンビ"とも呼ばれる昨今の韓国のゾンビブームの火付け役は、映画『新感染 ファイナル・エクスプレス』（2016）。ドラマでは、朝鮮王朝×ゾンビという異色の組み合わせの『キングダム』シリーズ（2019〜）が、高い作品性で世界の視聴者の心をつかんだ。死んだ人間が意思を持たずに蘇るという意味では『Sweet Home −俺と世界の絶望−』（2020〜）の怪物もゾンビ枠だが、本作もこれまでにないクオリティ。過激なシーンも盛り込めるNetflixオリジナルの韓国ドラマの隆盛により、今後も"Kゾンビ"は増殖しそうだ。

韓国ドラマで 韓国ローカル旅

ドラマにはソウル以外の地域や小さな島も登場！
景色や食、人々の交流が魅力的に描かれています。

抱川（ポチョン）

『キム秘書はいったい、なぜ？』

社外合宿で2人の心が近づくシーンは、漢灘江（ハンタンガン）の"空の橋"という絶景スポットで撮影。

光州（クァンジュ）

『五月の青春』

舞台となった光州には、今も光州事件にまつわるスポットが数多く残る。

木浦（モクポ）

『インターンは元上司!?』

本編はソウルで展開するが、物語中盤、商品開発旅行で木浦を訪れて魚介系ラーメンを食べ歩きし、グルメツアーの様相を呈す。沖に出てタコを釣ってラーメンを作ったりするシーンがあるのも、旅心を誘う!?

曾島・花島（チュンド・ファド）

『ありがとうございます』

島の寒村風景が感傷的な気分を増大。干潟でテナガダコを獲るシーンも見もの。

海南（ヘナム）

『ラケット少年団』

素朴な田舎町ののほほんとした景色や海辺の絶景に癒される。光州や釜山の風景も登場。

莞島（ワンド）

『チョコレート：忘れかけてた幸せの味』

九階燈ビーチはロマンチックだが、旅情を感じるのは魚市場や港の賑やかな光景。

東草（ソクチョ）

『秋の童話 ～オータム・イン・マイ・ハート～』

ドラマの象徴的なシーンでもある、アバイ村の渡し船（ケッペ）は情緒たっぷり。

南怡島（ナミソム）

『マザー～無償の愛～』

疑似親子が逃避行の末に辿り着く自然あふれる観光島。"冬ソナ"でも有名。

ソウル ★

釜山（プサン）★

南海（ナメ）

『女神降臨』

旅先でヒロインが乗った雪里スカイウォークのブランコは、南海の新名所。

牛島（ウド）

『私の人生の春の日』

済州島沖合のどかな小島。牛島から歩いて渡れる極小の島・飛揚島も登場。

済州島（チェジュド）

『空港に行く道』

主人公の工房から眺める世界遺産・城山日出峰の遠景が印象深く心を捉える。

江陵（カンヌン）

『彼女はキレイだった』

出張で真っ白なビーチと青い海が美しい江陵ビーチへ。砂浜を犬と駆け回りたい！

大邱（テグ）

『キミに猛ダッシュ ～恋のゆくえは？～』

舞台は、1979年の大邱。野山に広がる古墳群が、ラストシーンの舞台に。

慶州（キョンジュ）

『本当に良い時代』

静かな古都の雰囲気にたっぷり触れられる。街中に点々とある古墳も登場。

九龍浦（クリョンポ）

『椿の花咲く頃』

ノスタルジックな日本人街もいいけど、階段からの眺望や港町の風情もグッとくる。

巨済島（コジェド）

『恋のステップ ～キミと見つめた青い海～』

点在する島々を望む海沿いでヒロインと主人公がダンスを踊る場面は名シーン。

統営（トンヨン）

『検事ラプソディ ～僕と彼女の愛すべき日々～』

架空の地方都市を舞台にしているが、撮影地のほとんどは港町・統営。さまざまなスポットが登場するが、注目したいのはお気楽な検事たちのランチ。あなご汁や牡蠣料理など、ご当地グルメが幾度も登場するのだ。

ダークヒーロー
【だーくひーろー】

現代劇

単なる正義の味方ではなく、悪役的な魅力も兼ね備えたヒーローのこと。韓国ドラマでは、利己的に見えながら、結局は庶民のために巨悪と闘ってしまう人物であることが多い。以前からイルジメ（→「一梅枝」参照）やホン・ギルドン（→「洪吉童」参照）といった義賊が活躍してきた韓国ドラマにぴったりなキャラで、最近人気が急上昇。『熱血司祭』（2019）『ヴィンチェンツォ』（2021）『模範タクシー』（2021）など、続々とダークヒーローが主役の作品が作られている。『キム課長とソ理事 〜Bravo! Your Life〜』（2017）『ドクタープリズナー』（2019）『ストーブリーグ』（2020）に相次いで主演したナムグン・ミンは、韓ドラ随一のダークヒーロー俳優かも？

ヴィンチェンツォ

大学の演劇学科
【だいがくのえんげきがっか】

韓国俳優は、大学の演劇学科や映画学科の卒業生が驚くほど多い。高学歴であることが、彼らの演技力を支えているのだろうか。大学でどんな演技の勉強をしてい

るのかが気になるところ。特にソウル芸術大学は、ファン・ジョンミン、チョン・ドコン、パク・ソジュン、チョ・ジョンソクなど、多くのトップ俳優を輩出している。そのほか中央大学も卒業生が多いが、昨今の要注目大学は、国立大学唯一の芸術家養成学校である韓国芸術総合学校。ヤン・セジョン、パク・ジョンミン、イ・ジェフンなど、卒業生は旬の演技派ばかり。キム・ゴウン、パク・ソダム、イ・ユヨンという3人の若手実力派女優が入学した年は、"伝説の2010年度生"と呼ばれているとか。

大韓帝国
【だいかんていこく】

時代劇

1897年から朝鮮王朝が用いた国号。清からの冊封体制離脱に当たり、自主独立国であることを内外に示すために国号を改称した。初代皇帝は高宗（コジョン）（→「高宗」参照）。1910年、日本に併合され滅亡した。同時代を描いたドラマでは必ず登場するが、『皇后の品格』（2018）『ザ・キング：永遠の君主』（2020）など、大韓帝国がもしも存続していたら……という設定のドラマもある。

大韓民国臨時政府
【だいかんみんこくりんじせいふ】

時代劇

朝鮮半島が日本に統治されていた1919年に、朝鮮人独立運動家たちが上海で組織した亡命政府。27年間続き、史上最も長い亡命政府といわれる。ちなみに光復軍は、臨時政府が創設した軍組織。韓国漫画らしい絵のタッチも魅力の『創作漫画 マンガで見る大韓民国臨時政府』（インパクト出版会）は、理解の助けになる。臨時政府の名は、同時代を舞台にしたドラマにたびたび登場。『イモン〜禁断の愛〜』（2019）は、三・一運動および大韓民国臨時政府樹立100周年記念ドラマとして制作された。

第五共和国
【だいごきょうわこく】

現代劇

1981年3月から1988年2月までの韓国の国家体制。大統領は、全斗煥(→「全斗煥」参照)。同名を冠した『第5共和国』(2005)という政治ドラマもある。事実に想像力を加味したファクション(fact＋fiction)というジャンルの作品で、実際の映像やナレーションを交えた一作。全斗煥役は、イ・ドクファ。映画『タクシー運転手 約束は海を越えて』(2017)『KCIA 南山の部長たち』(2020)でもモチーフになった朴正熙大統領暗殺事件や光州事件などが時系列で描かれ、韓国の現代史の理解が深まる。エンタメ性は薄いが、実際の歴史の一場面を覗き見しているような臨場感がある。日本でもコアなファンを持ち、安倍晋三元首相も視聴したといわれる。

大統領
【だいとうりょう】

現代劇

韓国は、大統領制(任期は5年)。初代大統領は李承晩で、現在の文在寅大統領は第19代目。韓国ドラマでは主人公やヒロインの父が大統領や大統領候補であること

が結構多い。『プレジデント』(2010)『レディプレジデント～大物』(2010)といったまさに大統領ドラマというべき作品のほか、『めっちゃ大好き!』(2006)『スリーデイズ～愛と正義～』(2014)のような大統領の周囲の人物を描いた作品も。青瓦台(大統領官邸)を舞台にしたドラマは、普段知ることのできない大統領官邸内の様子を垣間見ることができて興味深い。

代理
【だいり】

現代劇

韓国の会社においての役職名。『ミセン-未生-』(2014)や『知ってるワイフ』(2018)でも、代理の肩書きを持つ社員がいっぱいいたが、"部長代理"などではなく、単に"代理"と呼ばれているため、いったい何の代理なのか謎に感じている人も多いだろう。新入社員と課長の間ぐらいの役職で、昇進試験は特になく、入社後数年経つとなれる役職なのだとか。なかには数週間で代理になるケースもあるそうで、肩書きにこだわる韓国ならではの役職ともいえる。

卓上ネームプレート
【たくじょうねーむぷれーと】

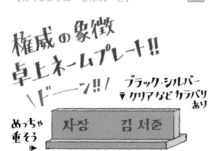

会社のデスクの上にある、本人の名前と役職が書かれたネームプレートのこと。『ペントハウス』（2020〜）では理事長になったお祝いに純金の卓上ネームプレートがプレゼントされたが、素材はだいたいキラキラしたもので、昇進して役員クラスになるとうれしそうに撫で回すのが基本。『ザ・バンカー』(2019)では、しがない銀行員が気を引き締めるために自身の卓上ネームプレートの位置を整えるシーンが。もしかすると卓上ネームプレートには"仕事に対するプライド"という意味も込められているのかもしれない。一方で退職時は乱雑に扱われるが、『ヴィンチェンツォ』(2021)では、卓上ネームプレートを会社のビルに投げ込み、退職させられた怒りを表すシーンがあった。

多重人格
【たじゅうじんかく】

解離性同一症のこと。幼少期のトラウマなどにより、1人の人間の中に性別、性格、記憶などが異なる複数の人格が現れる神経症。多重人格を扱ったドラマといえば、何といっても『キルミー・ヒールミー』(2015)。主演のチソンは、最後には全員が愛おしくなってしまうほど、7つの人格を見事に演じ分けた。物語序盤は少々ごった煮感があるが、後半はすべての伏線をきっちり回収し、カタルシスを感じさせる。同時期にヒョンビン主演の多重人格ドラマ『ジキルとハイドに恋した私〜Hyde, Jekyll, Me〜』(2015)も放送されたが、視聴率は『キルミー・ヒールミー』に軍配が上がった。

タバコ
【たばこ】

韓国ドラマでは、タバコの喫煙シーンはNGとされている。かつては喫煙大国だった韓国だが、未成年への影響を考慮し、テレビ局は2002年あたりから喫煙シーンを自主規制する流れに。とはいえ、タバコは重要な小道具のひとつ。当初はドラマの喫煙シーンにモザイクをかけたりしていたが、昨今は、タバコを取り出すが結局吸わないシーン、火はつけずにただくわえているシーン、背中から撮って人物から煙だけが立ち

のぼっているシーンといった、巧妙な吸ってる雰囲気見せシーンを入れている。"韓国ドラマにタバコを吸っているシーンは絶対にない"と頭に植えつけられてしまったが、韓国のテレビ局の自主規制の枠組みを離れた動画配信サービスのオリジナルドラマでは、喫煙シーンが復活している。

茶母
【タモ】

時代劇

朝鮮王朝時代に、官庁に所属し来客者のお茶汲みを担当していた女性の官婢のこと。捕盗庁(→「捕盗庁」参照)の茶母は、女性犯罪の捜査なども担っていたといわれる。原題が『茶母』である『チェオクの剣』(2003)は、そんな捕盗庁の茶母に初めてスポットを当てた作品で、ハ・ジウォンがヒロインを好演。また、『オクニョ 運命の女』(2016)も、ヒロインが母の死の真相を調べるために捕盗庁の茶母を目指すという設定だった。そのほか、『イ・サン』(2007)では図画署の茶

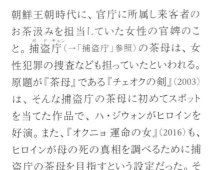

タモ
茶母
お茶に関する仕事をする賎民。女性刑事のような役割も担った。

母、『ヘチ 王座への道』(2019)では司憲府(サホンブ)の茶母がヒロイン。

「誰かおらぬか！」
【だれかおらぬか】

時代劇

時代劇で王様や両班など高い位の人がよく叫ぶセリフ。在室中に何か大変なことが起こったとき、「誰かおらぬか！」と叫ぶと、夜中でもすぐに「はい」と声が聞こえて扉が開き誰かが部屋に来てくれる、今では考えられないシステム。あまりに何度もあるシーンなので、早々に覚えてしまう韓国語フレーズのひとつでもある。韓流時代劇では、部屋の扉が自動的にさっと開く人力自動ドアも定番(いつも扉の前に誰かいるの？)。

た

檀君建国神話
【だんくんけんこくしんわ】

時代劇

紀元前2333年に神と熊の化身である女性との間に生まれた檀君が、"朝鮮"という名の国を開いたという神話。高句麗の始祖・朱蒙(チュモン)(→「朱蒙」参照)は、檀君の子孫といわれている。朱蒙の子孫である広開土大王を主人公にした『太王四神記』(2007)の序盤では、檀君建国神話が描かれ、神様っぽい風貌の白髪のペ・ヨンジュンが拝める。檀君は神話上の人物とされるが、1993年には北朝鮮で身長3m(！)の檀君の遺骨が収められた墓と主張するものが発見された。翌年、ピラミッド型のどでかい檀君陵が建造され、現在は北朝鮮の観光名所になっている。

男装女子
【だんそうじょし】

ヒロインが男装女子という設定は驚くほど多い。現代劇も時代劇も、さらしを巻いて胸の膨らみを隠すのが定番。BL的な接近シーンも見どころだが、相手役の主人公が混乱→限界→崩壊という道を辿り、最終的に「お前が男でも宇宙人でもかまわない、最後まで行こう」(by『コーヒープリンス1号店』<2007>)となるところに、男装女子ドラマの面白味がある。女性の行動が制限されていた時代が舞台の時代劇は、特に男装女子ドラマの名作が多い。名子役出身の女優が演じる傾向が強いのも特徴。どう見ても女子だろうという場合が多い中で、

『風の絵師』(2008)のムン・グニョンの男装女子は男前(→「ムン・グニョン×ムン・チェウォン」参照)。

済州島
【チェジュド/さいしゅうとう】

朝鮮半島の南西にある火山島。15世紀まで耽羅という独立国だった。朝鮮王朝に併合後も独自の文化を保ったが、江華島と並ぶ流刑地でもあった。1948年の済州島四・三事件では、軍や警察により約6万人もの住民が虐殺された悲しい歴史を持つ。現在は、観光地として人気。『愛の不時着』(2019)の非武装地帯シーンが撮影されるなど、ロケ地としても大活躍だが、劇中の重要な舞台として登場することも多い。

第一次韓流ブームの名作『オールイン 運命の愛』(2003)が有名だが、『結婚の女神』(2013)『空港に行く道』(2016)『都会の男女の恋愛法』(2020)などの済州島使いも印象的。『タムナ〜Love the Island〜』(2009)『キム・マンドク〜美しき伝説の商人』(2010)など、時代劇でも舞台に。

済衆院
【チェジュンウォン】

1885年にアメリカ人宣教師によって設立された韓国初の西洋式病院の名称。同名をタイトルにしたドラマ『済衆院/チェジュンウォン』(2010)では、激動の時代を背景に朝鮮王朝時代の最下層であった白丁(→「白丁」参照)の男が外科医となり活躍していく様が、ドラマチックに描かれている。脚本家のイ・ギウォンが、構想段階から小説と脚本のどちらも書くことを念頭にまとめたという珍しい作品。主人公のジョンは実在の人物で、その妹の物語も短編ドラマ『白丁の娘』(2000)で描かれている。

チェッコリ
【チェッコリ】

東京の本の町・神保町にある、出版社クオンが経営する韓国書籍専門のブックカフェ。韓国語の原書本や日本で出版される韓国関連の本を置く。ドラマや映画の原作小説・原作漫画も置いてあり、韓ドラファンにもたまらないラインナップだが、ほかにも韓国の多彩な文化に触れられる書籍がずらりと並び、訪れると世界が広がる。韓国ドラマ関連のイベントも開催している。

地下駐車場
【ちかちゅうしゃじょう】

マンションやホテルなどの地下駐車場は、

韓国ドラマにはなくてはならないシチュエーションのひとつ。暴行に遭ったり、連れ去られたり、見てはいけない場面を目撃したり、地下駐車場アクションともいうべきサスペンスフルなシーンが繰り広げられる。「地下駐車場に先に行ってろ」などというセリフがあるドラマは、とても視聴者想い。「これから何か起こるから、目を離さずに」というメッセージを送ってくれている。

「地上最後のパラダイス バリ島へようこそ！」

【ちじょうさいごのぱらだいす ばりとうへようこそ】

<現代劇>

名作『バリでの出来事』(2004)のラストシーンのセリフ。"バリラバー"という熱狂的なファンを生んだ本作は、衝撃的なラストが大きな話題を呼んだが、実は本当のラストシーンはそのあと。「地上最後のパラダイス バリ島へようこそ！」と、ヒロインが元気よく叫ぶ1話目のシーンが再現されて終わるのだ。社会に翻弄される若者たちを描いた本作。きちんとした幸せの形を知っていたなら、彼らは違う道を選ぶことができたのではないか……。そんなことを視聴者に投げかけるようなラストになっている。

地上波テレビ局の演技大賞
【ちじょうはてれびきょくのえんぎたいしょう】

韓国の地上波テレビ3局（KBS／MBC／SBS）それぞれが毎年年末に授賞式を行っている「KBS演技大賞」「MBC演技大賞」「SBS演技大賞」のこと。その年に輝いた作品や俳優に、さまざまな賞が用意されている。出来レースがささやかれることもあるが、それぞれの局のドラマの傾向、人気作や注目作がわかり、次に視聴するドラマを決めるときの指標にもなる。また、授賞式は、俳優たちの華麗なファッションや、ふとしたときに見せる素顔に触れられるのも魅力。受賞した俳優がスピーチで、これでもかというほどお世話になった人の名を挙げる恒例の名物シーンも見もの。

血抜き
【ちぬき】

<現代劇>

消化不良や胃もたれを解消する韓国の民間療法のひとつ。親指に針を刺して、黒い血を出し切ることで毒素を抜き、ゲップが出たら気分が改善されているらしい。ドラマでもお馴染みだが、ユニークなのはカップルの胸キュンシーンにも使われること。手を添えたり、顔を近づけたりするからだろうか。青あざに生卵をコロコロさせる民間療法もドラマにちょくちょく登場する。

チムジルバン
【チムジルバン】

現代劇

日本のスーパー銭湯のような韓国の温浴施設のこと。さまざまな種類の低温サウナのほか、大浴場、食堂、仮眠室などが備えられ、24時間営業のため宿泊施設として使用する人もいる。ドラマでも家出したヒロインが夜を明かす場所としてお馴染み。劇中では、庶民の味方のチムジルバンで財閥御曹司がオロオロするシーンや、ゴロリと寝転がれる男女共用スペースでヒロインの横にほかの男性が寝ないよう見張る男性主人公の姿もよく見る。そのほかにも、羊巻き（羊の頭のようにタオルを頭に巻く方法）、茶色に煮たゆで卵やシッケ（米と麦芽からできた発酵飲料）など、ドラマを通してチムジルバン独特の文化がわかり、韓ドラ好きなら一度は実際に行ってみたくなる。

チムジルバン
と言えばこれ!!

憧れの羊頭▶ ヤンモリ
ゆで卵▶
家出すると
ここに泊まる▶
みんなこの格好
＆スッピン▶
シッケ▶

チメク
【チメク】

フライドチキンとメクチュ（韓国語で"ビール"の意味）のセットのこと。韓国が準決勝まで進んだ2002年日韓ワールドカップのときに、サッカーを見ながらチメクを楽しむ人々が増大。全国的に広まったのだという。『応答せよ1994』（2013）の最終回終盤でも、日韓ワールドカップの韓国×イタリア戦を応援するメンバーの前にフライドチキンがあった。また、『星から来たあなた』（2013）では、ヒロインの「雪が降る日はチメク」というセリフが流行し、中国でもチメクブームに。昨今は、主人公の実家の家業がフライドチキン屋という設定がとても多い。

チキン＋メクチュ（ビール）＝チメク
かかってる粉がうまい!!
粉買いたいやつ
CHICKEN

チャジャン麺
【チャジャンミョン】

現代劇

韓国中華の代表的な料理。安くて美味しい庶民の味方。ジャジャン麺と表記されることも。真っ黒なチャジャンソースを麺に混ぜて食べる。ドラマでは、刑事が署内で食べたり、引っ越しの日に食べたりする料理の定番メニュー。記憶を失ったお金持ちのヒロインがその美味しさに目覚める『ファンタスティック・カップル』（2006）では、重要なロマンチックアイテムとなり、終盤には感涙シーンを創出。また、『コーヒープリンス1号店』（2007）は、ヒロインが口の周りを真っ黒にして大量のチャジャン麺を食べるシーンが

刑事さんの出前の定番!!

強烈だった。そういえば以前は、「チャジャン麺を一緒に食べたカップルは別れる」と盛んに言われたが、最近はあまり聞かないのはなぜ？ 発祥地といわれる仁川には、「チャジャンミョン博物館」もある。筆者も大好きな韓ドラ飯だが、意外にインスタントも美味。最近は、インスタントラーメンやフライドチキンに押され気味。

長今
【チャングム】

時代劇

生没年は不詳。朝鮮王朝第11代王・中宗（チュンジョン）の時代の医女。当時は婦人病を治療するのが医女の主な役割だったが、長今は王の主治医となり、中宗に絶大な信頼を得ていたという。そんな朝鮮王朝時代のガールクラッシュ的な長今にスポットを当てたのが『宮廷女官チャングムの誓い』(2003)。歴史書『朝鮮王朝実録』に幾度か登場するが、その人物像は謎に包まれる長今。女官の見習いになったり水刺間で働いたりしたのはフィクションだが、朝鮮王朝のさまざまな史実を組み合わせ、ドラマチックな作品に仕上げた脚本家キム・ヨンヒョンと監督イ・ビョンフンの手腕はさすが！

チャン・テユ (1972～)
【チャンテユ】

演出家。最もヒットしたのは中国でも大人気を博した『星から来たあなた』(2013)。『風の絵師』(2008)『根の深い木-世宗大王の誓い-』(2011)など、独特の風情を感じるヒット時代劇も手掛ける。ソウル大学工業デザイン学科卒で、もともとCMディレクターを目指していただけあり、いずれの作品も心象風景のような映像美も見どころ。そのほか『銭の戦争』(2007)『ハイエナ-弁護士たちの生存ゲーム-』(2020)が代表作。主人公の魅力を引き出す手腕に優れるのか、ムン・グニョン、パク・シニャンなど、ほとんどの作品の主演俳優が演技大賞の大賞を受賞している。

チャン・ヒビン (1659～1701)
【チャン ヒビン】

時代劇

朝鮮王朝第19代王・粛宗（スクチョン）（→「粛宗」参照）の側室および正室。賤民出身だが、美貌と知略で宮女からのし上がった。仁顕王后を呪い殺した嫌疑で死刑に。朝鮮王朝で最も有名な悪女だけに、彼女の名を冠したドラマは、1971年、1981年、1995年、2002年、2013年と5度も制作。日本では2002年版のキム・ヘスが有名だが、1971年版では映画『ミナリ』(2020)で韓国俳優として初めてアカデミー賞の助演女優賞を受賞したユン・ヨジョンが演じ一躍テレビスターに。キム・テヒが演じた2013年版の『チャン・オクチョン 愛に生きる』(2013)では、一転、悲劇のヒロインとして描かれている。ちなみにライバルは淑嬪崔氏（スクピンチェシ）（→「トンイ」参照）。多くの作品に登場するので、描かれ方を見比べるのも面白い。

チャン・ヨンシル (1383〜1450)

【チャンヨンシル】

時代劇

朝鮮王朝最高の科学者。中国から帰化した父と妓生の間に生まれた。第4代王・世宗（→「世宗」参照）に見いだされ、日時計や水時計を製作するなど科学の発展に寄与した。チャン・ヨンシルの活躍を描く『チャン・ヨンシル〜朝鮮伝説の科学者〜』(2016)では、古代王のイメージがあるソン・イルグクが世紀の天才科学者を好演。『スタートアップ：夢の扉』(2020)ではスマートスピーカーの名を"チャン・ヨンシル"としているが、なかなかのグッドネーミング！

中国ドラマ

【ちゅうごくどらま】

中国4000年の歴史というだけあり、ネタが豊富な時代劇が人気。意外にファンタジー時代劇も多い。話数が多く非常にお金がかかっているのが特徴。2019年あたりから日本での放送・配信が増加。煌びやかな宮殿や衣装が注目されるが、あれだけ多い人口から選抜されているので出演者の美男美女もすごいクオリティ。俳優の演技

力も秀でドラマ的にも見応えがある。また、青春ドラマも日本ではあまり目にすることができない今の中国の若者事情がわかって面白い。昨今は『麗＜レイ＞〜花萌ゆる8人の皇子たち〜』(2016)『美しかった私たちへ』(2020)『昼と夜』(2020)など、中国ドラマをリメイクした韓国ドラマも人気。

推奴

【チュノ】

時代劇

朝鮮王朝時代に、逃亡した奴婢を捕まえ、元の持ち主に返す仕事をしていた者のこと。ドラマでは、『チュノ〜推奴〜』(2010)が有名。チャン・ヒョクら主演俳優が筋肉披露合戦となり、立派なチョコレート腹筋に注目が集まったが、斬新なフュージョン時代劇でもあり、ほかにも見どころ盛りだくさん。映像やストーリーだけでなく、OSTも素晴らしく、何度も聴き返したくなる。

朱蒙 (紀元前58〜紀元前19)

【チュモン】

時代劇

高句麗の建国者で、初代王・東明聖王。在位期間は紀元前37〜紀元前19年。神話では、水神の河伯の娘ユファと天帝の子ヘモスが通じてできた子で、卵から生まれたことになっている。ユファを引き受けた

扶余王に何度も殺されそうになり、扶余から脱出し高句麗を建国した。『朱蒙〔チュモン〕』では、ソン・イルグクが熱演。若い頃は木偶の坊のようだった男が立派な王へと成長していく立身出世物語が受け、日本では男性ファンも多い作品。

中宗 (1488～1544)
【チュンジョン】

時代劇

朝鮮王朝第11代王。在位期間は1506～1544年（38年2ヵ月）。クーデター（中宗反正）により異母兄である第10代王・燕山君を廃位し、18歳で即位した。だが、政局の混乱を抑えることができず、朝鮮王朝史上最も優柔不断な王といわれることも。中宗といえば、『宮廷女官チャングムの誓い』（2003）。時代劇の常連俳優イム・ホが好演した。また、中宗と端敬王后の悲恋をモチーフにした『七日の王妃』（2017）では、ヨン・ウジンが演じている。

忠武路俳優
【チュンムロはいゆう】

忠武路は、ソウル中心部を東西に走る通りの名。70～80年代、多くの映画館や映画制作会社ができ、映画関係者が集まる飲食店や旅館が建ち並んでいたことから、韓国映画界の代名詞に。"忠武"という名は、朝鮮王朝時代の武将イ・スンシンの将軍名に由来する。"忠武路俳優"は、映画界の演技派という意味で使われることが多く、かつてはアン・ソンギ、現在

はソン・ガンホがその代表格。初出演映画でカリスマ的な演技を見せると、「忠武路期待の若手」「忠武路の怪物新人」などと紹介されたりする。

ちょい役
【ちょいやく】

現代劇 時代劇

出番がほんのわずかな役のこと。端役と同等の意味。韓ドラ沼に入り込むと、だんだん脇役が気になってくるが、さらに深みに入ったところに待ち受けているのが、この"ちょい役"。とにかく作品数が多い韓国ドラマには、ちょい役専門俳優と呼びたくなるような人々がおり、ドラマによく登場する医師役や記者役などのちょい役を、何人かの俳優で分け合っているようにも見える。そのうち、見慣れたちょい役俳優が出演していると何だかホッとしたり、「この俳優は、前作では何のちょい役をやっていたか？」などと、ちょっとした1人クイズまで楽しめるようになったりする。

朝食
【ちょうしょく】
現代劇

朝食を作ることは、韓国イケメンの嗜み。『冬のソナタ』(2002)以来、決まっている所作だ。2人で過ごした次の朝、目覚めたときに女性の横に男性がいなかったら、朝食は用意されていると思っていい。一緒に食べられない場合は、メッセージカードを添えて作り置きしてくれている。

朝鮮王朝時代劇
【ちょうせんおうちょうじだいげき】
時代劇

朝鮮王朝時代を舞台にした時代劇のこと。朝鮮王朝は、14世紀から20世紀初めまで存在した王朝。武将のイ・ソンゲが高麗を倒し、1392年に建国した。資料が豊富に残る朝鮮王朝は、ほかの時代に比べて圧倒的に作品数が多い。その激動の建国期がよくわかるドラマといえば『龍の涙』(1996)だが、全159話あり気合いが必要。全50話の『鄭道伝＜チョン・ドジョン＞』(2014)なら、もう少し気軽に観られる。朝鮮王朝初期と壬辰倭乱（イムジンウェラン）（→「壬辰倭乱」参照）の時期以外は、宮廷劇が多く、王座への険しい道のり、身分の差のある恋、喧々囂々（けんけんごうごう）の党派争いなどが見もの。『客主』(2015)など、商人を主人公にした時代劇もあり幅広い。

朝鮮王朝実録
【ちょうせんおうちょうじつろく】
時代劇

朝鮮王朝519年の歴史を記録した正史。1967巻948冊あり、朝鮮王朝初代王・太祖から第27代王・純宗（スンジョン）まで、王ごとに編纂されている。王でさえ内容にタッチできなかったとされる一方、時の権力者の介入を疑わせる偏った内容もあると指摘されているが、天候からちょっとした王の言葉まで、事細かに記されている貴重な歴史書。朝鮮王朝を舞台にした本格時代劇の大半は、この実録を参考にしている。『朝鮮王朝実録【改訂版】』(キネマ旬報社刊)は、膨大な朝鮮王朝実録を1冊に簡潔にまとめたもので、韓流時代劇マニアは必携の書。

『朝鮮紀行〜英国婦人の見た李朝末期』
【ちょうせんきこう えいこくふじんがみたりちょうまっき】

英国人女性旅行家イザベラ・バードの紀行。講談社刊。1894年から3年余りの間に4度にわたり朝鮮各地を旅した記録だ。時は、朝鮮王朝末期から大韓帝国の時代。朝鮮半島に列強が入り乱れる混乱期を、政治的な思惑のない英国人女性が率直に綴っているのが興味深い。特に、第26代王・高宗の王妃である閔妃（ミンビ）（→「閔妃」参照）の描写や、当時の朝鮮半島の女性の地位や婚礼の風習、シャーマニズムの話が目を引く。『済衆院／チェジュンウォン』(2010)『ミスター・サンシャイン』(2018)『緑豆の花』(2019)などで、この時代の実像を知りたくなった人におすすめの一作。

朝鮮三大悪女
【ちょうせんさんだいあくじょ】
時代劇

チャン・ノクス(?〜1506)、チョン・ナンジョン

（?～1565）、チャン・ヒビン（→「チャン・ヒビン」参照）のこと。いずれも美貌と知略で権力者に取り入り、激動の人生を歩んだ。チャン・ノクスは、暴君として知られる第10代王・燕山君（ヨンサングン）の側室で、王の悪事を助長。『王妃チャン・ノクス －宮廷の陰謀－』（1995）では、パク・チヨンが熱演。チョン・ナンジョンは、第11代王・中宗の第三王妃・文定王后の参謀となり、国政を動かし女人天下という一時代を築いた。『女人天下』（2002）ではカン・スヨン、『オクニョ 運命の女（ひと）』（2016）ではパク・チュミが印象的に演じた。

朝鮮戦争
[ちょうせんせんそう]

現代劇

1950年から1953年に韓国と北朝鮮の間で起きた朝鮮半島の主権を巡る戦争。韓国軍、北朝鮮軍のほか、朝鮮族も含んだ中国人民志願軍も参加し、同じ民族が三つ巴になって闘うことに。資料により異なるが、南北で死者126万～400万人、離散家族1000万人という膨大な犠牲者を出した。現在もなお休戦中。過酷な戦場を通して朝鮮戦争の複雑さを垣間見せる『戦友～レジェンド・オブ・パトリオット～』（2010）は心震える名作。朝鮮戦争60周年だった同時期には『ロードナンバーワン』（2010）も制作された。中国側から見た戦場を描く中国ドラマ『38度線』（2015）を観れば、さらに理解が深まる。大河ドラマ『ソウル1945』（2006）は、朝鮮戦争へと向かう物語が心を捉える。KBSの「TV小説」シリーズも朝鮮戦争前後から始まるドラマが多く、『輝いてスングム』（2014）では離散家族が描かれる。

朝鮮族
[ちょうせんぞく]

現代劇

中国の国籍を有する少数民族のひとつで、朝鮮半島にルーツを持つ人々。主に吉林

省の延辺朝鮮族自治州など中国東北部（旧・満州）に居住する。韓国への移住者が多く、ドラマや映画の登場人物としてもお馴染み。以前は純朴な人物として描かれたが、昨今は斧で人を殺したり、密売人をしていたりする、残酷な犯罪者であることも多い。あまりに偏見がある描写だと、映画『ミッドナイト・ランナー』（2017）が訴えられたことも。『愛と笑いの大林洞（テリムドン）－ビッグ・フォレスト－』（2018）は朝鮮族が多く住むソウルの大林洞が舞台のコミックドラマで、その社会が垣間見られて興味深い。

眺望バツグン
[ちょうぼうばつぐん]

現代劇

韓国ドラマと"眺望"は切っても切り離せない。貧しい主人公の家は、たいてい眺望バツグンである。ソウルなどの格安賃貸物件は、高所にあるからだ。個人的に眺望に思い入れがあるため、家から望む見晴らし最高シーンを見るたびに、「貧しくたっていいじゃない！」と、つい思ってしまう。『黒騎士～永遠の約束～』（2017）など、海外ロケシーンでも、よくぞ見つけてきたなと思うほどの美しい眺望を盛り込んでくる。『その男の記憶法』（2020）のカフェ、『ドドソソララソ』（2020）の美容室など、要所要所で絶景を差し込むパターンも。お墓も眺めがいい。

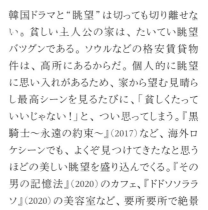

チョーナー
【チョーナー】

時代劇

朝鮮王朝時代における王様の呼称。殿下という意味。「ペーハー（陛下）」と呼ばれていた時代もあったが、元に服従した高麗王朝第25代王・忠烈王の頃から、中国大陸の皇帝に配慮し、「チョーナー（殿下）」と格を下げて呼ぶように。ちなみに、"○祖""○宗"など、よく聞く王の呼び名は廟号（王の死後、その霊を廟に祀るためにつけられる称号）で、生前に使われた呼称ではなかった。

チョー・ヨンピル（1950〜）
【チョー ヨンピル】

"歌王"と呼ばれるK-POP界の最重要人物。愛称は"永遠のオッパ"。日本では1982年に発売した『釜山港へ帰れ』が大ヒットし紅白にも出場。ペ・ヨンジュンが現れるまで、日本で"ヨン様"といえばチョー・ヨンピルだった。演歌歌手のイメージが強いが、もともとは米軍基地で活動していた

バンドマン。朴正熙（→「朴正熙」参照）政権の芸能界撲滅キャンペーン実施中にマリファナ容疑で捕まり、謹慎中にパンソリに目覚めた。1979年の陽気な大ヒット曲「おかっぱ頭」が映画『タクシー運転手 約束は海を越えて』（2017）の挿入歌になったが、同曲は『初恋』（1996）の登場人物たちもお気に入り。『恋のスケッチ〜応答せよ1988〜』（2015）『ゴー・バック夫婦』（2017）でも楽曲やカバー曲が印象的に使われている。

哲宗（1831〜1863）
【チョルジョン】

時代劇

朝鮮王朝第25代王。在位期間は1849〜1863年（14年6ヵ月）。元没落王族。前王の第24代王・憲宗が跡継ぎを遺さず、後継者が決まらなかったため、江華島で農業を営んでいたところを突然連れ戻され新王となった。歴代王の中でも地味な存在だったが、フュージョン・コメディ時代劇という新ジャンルを切り開いた『哲仁王后』（2020）でキム・ジョンヒョンが好演。ドラマ的にも大成功＆ヒットし、一躍注目の王に。

鄭道伝（1337〜1398）
【チョン ドジョン】

時代劇

性理学者。地方の一介の武将であったイ・

ソンゲを王へと導いた朝鮮王朝建国の功臣。憲法を作り、漢陽（→「漢陽」参照）の都市設計をするなど、朝鮮王朝の基礎を築くが、対立したイ・バンウォン（後の第3代王・太宗＜→「イ・バンウォン」参照＞）により逆賊とされ、殺害された。イ・ソンゲの参謀として脇役で描かれる存在だったが、『鄭道伝＜チョン・ドジョン＞』（2014）で初めて主人公となり、名優チョ・ジェヒョンが熱演した。『六龍が飛ぶ』（2015）では、キム・ミョンミンが一癖も二癖もある人物として演じている。

全斗煥（1931〜）
【チョンドファン】

現代劇

韓国の第11・12代大統領。在任期間は1980〜1988。元軍人。1979年の朴正熙大統領暗殺事件後、世界最長ともいわれるクーデター、光州事件（→「光州事件」参照）などを経て権力を掌握。朴正熙政権に次ぐ軍事独裁政権となった。三清教育隊、緑化事業、言論統廃合といった民主化弾圧に力を入れる一方、3S政策（Sports、Sex、Screen＜映画＞の振興）やソウルオリンピックなどの国家主導行事で国民の目を政治から遠ざけた。『第5共和国』（2005）で詳しく政権の裏舞台が描かれるほか、『砂時計』（1995）『光と影』（2011）『ジャイアント』（2010）などの80年代を舞台にしたドラマでも独裁政権の影響を感じ取れる。

机の上
ぶち撒けシーン
【つくえのうえぶちまけしーん】

現代劇 時代劇

机の上に置いてある物をいっさいがっさい手でぶち撒ける、韓国ドラマの名物シーン。登場人物が怒ったときにやる行動のひとつ。劇中の腹が立った人の部屋は、もうメチャクチャだ。韓国ドラマを見慣れてくると、「これはやるぞ」というタイミングがわかって

くる。仕事用デスクのことが多いが、『皇后の品格』（2018）では、シン・ウンギョンが祭祀用の食材がいろいろ置かれた机をぶち撒けるシーンが。コップの水かけ（→「コップの水かけ」参照）は主に女性がやるが、こちらは男女関係なくやる。

た

対馬
【つしま】

時代劇

長崎県に属する日本の島。日本の福岡と韓国の釜山の間にあり、日本で最も韓国に近い。対馬は山地が多くやせた土地であったため、古くから朝鮮半島との交易で生計を立てていた。倭寇の拠点だったともいわれ、ドラマでは朝鮮王朝第4代王・世宗の治世の対馬征伐が描かれた『大王世宗』（2008）に対馬島が登場。また、秀吉の朝鮮出兵（→「壬辰倭乱」参照）の際は交渉役として最前線に立ったため、『軍師リュ・ソンリョン 〜懲毖録＜ジンビロク＞〜』（2015）などでも対馬の宗氏が活躍する姿が描かれる。対馬と朝鮮半島の関係が簡潔にまとめられた『対馬からみた日朝関係』（山川出版社刊）を読むと、対馬を舞台にした時代劇も作ってほしくなる（地味?）。

ツンデレ
【つんでれ】

現代劇 時代劇

韓ドラ不動のキャラ設定のひとつ。ツンデレの意味は諸説あるが、韓国ドラマの場合は、ツンとした感じだったのに、ヒロインを好きになってだんだんデレデレしていくタイプのことを指すようだ。神経質、気難しい、無愛想がマストで、御曹司や世子であることが多い（オレ様キャラとの違いについては→「オレ様キャラ」参照）。『宮-Love in Palace-』(2006)のチュ・ジフンが演じたシン君が元祖といえる。そのほか、『シークレット・ガーデン』(2010)『恋はチーズ・イン・ザ・トラップ』(2016)などの主人公が典型的。韓国では、映画『猟奇的な彼女』(2001)のヒロインのような女性ツンデレも人気で、ドラマでも『ホテルデルーナ〜月明かりの恋人〜』(2019)『サイコだけど大丈夫』(2020)などがヒット。

最高峰デレ

俺以外の男を好きなんて言うな。

ツン

お前は俺が好きなんだよ。俺以外は好きになれない。

イタズラなKiss
ペク・スンジョ
キム・ヒョンジュン・・・・・・・・・・・・

デレ

tvN
【てぃーうぃーえぬ】

韓国のケーブルテレビ局のひとつ。2006年に開局。ドラマは、月火ドラマ、水木ドラマ、週末ドラマなどを放送。韓ドラファンなら誰もが知る、ケーブルドラマ界の雄。クオリティーの高いヒット作を連発し、ケーブルドラマの視聴率ランキング1〜3位を独占することも多い。開局10周年記念として制作された『シグナル』(2016)をはじめ、『応答せよ』シリーズ（→「『応答せよ』シリーズ」参照）などのイ・ウジョン脚本家＆シン・ウォンホ監督のゴールデンコンビ作品、あの『トッケビ〜君がくれた愛しい日々〜』(2016)『愛の不時着』(2019)『サイコだけど大丈夫』(2020)『ヴィンチェンツォ』(2021)も、tvNのヒット作。

泥酔
【でいすい】

現代劇

「ワンドラマ、ワン泥酔」と断言してもいいほど、韓国ドラマに必須のもの。男女ともに泥酔すると、とにかくよく吐く。筆者的には吐くシーンを観ると「ああ、これぞ韓国ドラマだ」「お酒は酔うために飲むものなんだな」と実感させられる。泥酔からのおんぶもよく見るが、背中で吐いてしまうこともしばしば。飲みすぎな女性に対し、お酒を注ぐ手を掴んで止める、コップを奪って代わりに飲む、帰途にひざまずいて介抱……などが、泥酔場面の韓国イケメン嗜みレパートリー。

韓ドラあるある
泥酔

大監
【テガム】

朝鮮王朝の正二品以上の高官の敬称。朝鮮王朝には官職に18の品階があった。正二品以上とは、その上位3品階目までということ。つまり、時代劇で「○○大監」と呼ばれている人がいたら、相当に偉い人なのである。"令監"は、その下のクラス（従二品と正三品＜上位4・5品階目まで＞）の官吏の敬称。それより下のクラス（従三品以下）は、"ナウリー"と呼ばれていた。

テガリパックア
【テガリパックア】

テガリパックア
頭と足だけで体重を
ささえる軍隊の
訓練。

四つん這いになってから手を後ろで組み、頭と足だけで体重を支える韓国軍隊のしごきのひとつ。名称だけ聞くと「？」だが、韓ドラファンならイラストを見れば「見たことある！」と思うはず。軍隊が登場するドラマでよく見るが、『コーヒープリンス1号店』(2007)など一般のドラマでもたまに見る。筆者も試してみたかったが、首が弱いので割愛。頭がものすごく痛いらしい。漫画『フォーナイン〜僕とカノジョの637日〜』(小学館刊)に詳しく紹介されている。

大君
【テグン】

朝鮮王朝の王と王妃の間に生まれた王子

に与えられた称号。原題が『大君（テグン）、愛を描く』である『不滅の恋人』(2018)は、ヒロインを巡って対立する2人の大君の姿が描かれる。実在した首陽大君（→「首陽大君」参照）と、その弟である安平大君がモデル。ちなみに、"君"は、王族もしくは王と側室の間に生まれた王子に与えられた称号。例えば『太陽を抱く月』(2012)の主人公の兄は、王の息子であるが、側室との間の子のため"陽明君"となっている。

た

デスクの一番下のカギ付きの引き出し
【てすくのいちばんしたのかぎつきのひきだし】

書斎のデスクの一番下のカギ付きの引き出しの中には、だいたい事件の手がかりとなるような重要なモノが隠されている。やましいことがある人が暗めの部屋で、秘密の情報が書かれた書類やUSBを引き出しにサッと入れ、カチャッとカギを閉め安堵するシーンを何度見たことか。「そこに入れても、カギを壊して持っていく人がいるよ」と、いつも教えたくなる。心の奥に秘められたものが入っていることもあり、『パリの恋人』(2004)では、ヒロインの温かい言葉が記された数々の付箋が主人公の引き出しの中に隠されていた（この場合はカギ付きでなかったのがポイント？　つまり、主人公の心は開かれている！）

物語のカギとなる重要なものが入っていたり…

手に汗ドラマ
【てにあせどらま】

現代劇　時代劇

ジャンル問わず、ハラハラドキドキヒヤヒヤ（＋感涙）させる展開が続き、思わず手に汗握ってしまうドラマのこと。劇中、ずっと緊張感を保ち続けているのが特徴。アメリカドラマ『24 -TWENTY FOUR-』(2001〜)もその類だが、映画ならばいざ知らず、放送時間の長いドラマでそれを成し遂げるとは、奇跡としか思えない。下記に挙げた作品は、ノンストップで観たくなる手に汗ドラマ。何もかも忘れてドラマにのめり込みたいときにおすすめ。

厳選！
手に汗ドラマ

『善徳女王』(2009)
『九尾狐伝〜愛と哀しみの母〜』(2010)
『戦友〜レジェンド・オブ・パトリオット〜』(2010)
『カクシタル』(2012)
『ザ・ウィルス』(2013)
『パンチ〜余命6ヶ月の奇跡〜』(2014)
『神様がくれた14日間』(2014)
『サバイバー: 60日間の大統領』(2019)
『Sweet Home－俺と世界の絶望－』(2020〜)

大妃
【テビ】

時代劇

王大妃の略称で、朝鮮王朝の国王の母もしくは先王の妃のこと。ちなみに大王大妃は、先々王の妃のこと。大妃や大王大妃は、幼い王や病弱な王の代わりに政務を執ることも。官僚が集まる朝会で簾を垂らした後ろから王をサポートしたため、垂簾聴政（すいれんちょう）と呼ばれた。時代劇では、裏で政治を操る野望に満ちた人物として描かれることも多い。高齢と思いきや、先王の後妻であったりすると王と年齢が変わらず、長い間、権力に執着し、党派争いなどに躍起になる。なかでも『王と妃』(1998)『インス大妃』(2011)と、インス大妃役を2度にわたり演じたチェ・シラは、カリスマ的な迫力が！

テリウス
【テリウス】

現代劇

韓国でも人気の日本の少女漫画『キャンディ♡キャンディ』(→「キャンディ・タイプ」参照)の登場人物である、テリュース・G・グランチェスターのこと。通称テリィ。作中で主人公キャンディの実質的な恋人だった。韓国では、髪の長いイケメンを、テリィにちなんで"テリウス"と呼ぶのだそう。かつては俳優兼歌手のシン・ソンウも、テリウスと呼ばれていた。『私の恋したテリウス〜A Love Mission〜』(2018)のタイトルも、その名から取られたようだが、主演のソ・ジソプは長髪ではない。

テレビ局
【てれびきょく】

現代劇

テレビ局を舞台にした作品は数多くある。勝手知ったるテレビ局だからか、さすがにリアルでユニークな視点の良作ぞろい。報道チームの死闘を描いた『アルゴン〜隠された真実〜』(2017)や、『1泊2日』などの実際のバラエティ番組も登場する『プロデューサー』(2015)も面白いが、韓ドラファンに興味深いのは、やはりドラマの制作現場を描いた作品。なかでも『彼らが生きる世界』(2008)『ドラマの帝王』(2012)『恋愛体質〜

ピノキオ

変身シーン最高 パラボジ グッジョブ!!

30歳になれば大丈夫』(2019)は、ドラマ好きなら見逃せない。ホームドラマだが『棚ぼたのあなた』(2012)もドラマプロデューサーのツラさが垣間見られる一作。

『田園日記』(1980)
【でんえんにっき】
現代劇

地上波テレビ局MBCで、1980年から2002年まで22年2ヵ月にわたり放送された韓国最長寿ドラマ。その放送回数、何と1088回。ずっと同じ俳優陣で切れ目なく放送されていたのがスゴイ(ちなみに、日本の『渡る世間は鬼ばかり』の通算放送回数は、511回。1990年から2019年まで続いたが断続的)。本作はネットでちらりと視聴しただけだが、昨今のホームドラマよりも素朴に温かく庶民の日常が描かれているのが目を引く。姑役をキム・ヘジャが演じ、“国民の母”と呼ばれるように。そのほか長男の嫁役をコ・ドゥシムが演じている。

天気雨
【てんきあめ】
現代劇　時代劇

韓国ドラマには、「こんなに晴れてるのに雨!?」というシーンがたくさん。昨今の隅々までこだわった作品でも天気雨が基本のため、相変わらずの大らかな演出に温かな心持ちになるが、一方で「もしかしたら、わざとなのかも?」という疑念も。韓国ドラマは、木や雪など自然の風景に意味を持たせることが多く、『日照り雨』(2008)というロマンチックな短編ドラマもあるからだ。未だに謎な天気雨。『ボーンアゲイン〜運命のトライアングル〜』(2020)では、新手の天気雪のシーンもあったが、はたしてその真意とは……?

天主教
【てんしゅきょう】
現代劇　時代劇

韓国におけるキリスト教のカトリックのこと

（プロテスタントは、改新教）。宣教師によってではなく、1784年に朝鮮の知識層が北京で洗礼を受けたのが伝来の始まりというのが特徴。『イ・サン』(2007)『チョン・ヤギョン 李氏朝鮮王朝の事件簿』(2009)『Dr.JIN』(2012)などには、天主教弾圧などのエピソードが盛り込まれる。ちなみにチョン・ヤギョンは著名な儒学者で、俳優チョン・ヘインの先祖。現在では総人口の約3割がキリスト教信者という韓国。現代劇では教会(→「教会」参照)もよく登場する。

トイレ
【といれ】
現代劇

韓国ドラマにおいてトイレは、3つのことを成す場所として機能する。まず1つ目は、秘密が漏れる場所。オフィスドラマでは、トイレの個室に入っているときに同僚たちの噂話を聞いて秘密を知ってしまうパターンをよく見る。2つ目は、因縁をつけられる場所。クラブなどのお店のトイレで、ばったりライバルに遭遇し、言いがかりをつけられることが多い。3つ目は、逃亡する場所。逮捕された容疑者が刑事に「トイレに行きたい」と言ってきたら要注目。トイレの小さな窓から逃亡する可能性大だ。韓国ドラマは、自由に出入りでき、ちょっと気を抜きやすいというトイレの特性を、十二分に活かしている。

た

唐
【とう】

618年から907年まで中国に存在した王朝。隋を倒して建国。首都は長安。第3代皇帝・高宗のときに新羅と軍事同盟を結び、高句麗と百済を滅ぼした。『海神-HESHIN-』(2004)『大祚榮 テジョヨン』(2006)『階伯〔ケベク〕』(2011)『剣と花』(2013)など、三国時代後期から統一新羅時代を舞台にしたドラマに登場している。

動画配信サービス
【どうがはいしんさーびす】

インターネットを経由して、パソコン、スマホ、タブレット、テレビなどで動画を視聴できるサービス。OTT(Over the Top)、VOD(Video on Demand)と呼ばれることも。定額型見放題が基本。かつては韓国ドラマ視聴といえば、テレビとDVDが主流だったが、現在は動画配信サービスが重要な視聴手段に。dTV、U-NEXT、Amazon Prime Video、FOD PREMIUM、YouTubeなどいろいろあるが、特に2020年に第四次韓流ブームを牽引したNetflix(→「Netflix」参照)が人気。ただ旧作が少ないので、マニア的に観るならもうひとつぐらい契約しておくと心強い。また、Netflixだけでなく、Apple TVもイ・ミンホ主演『パチンコ』をオリジナルドラマとして配信するなど、今後は配信会社オリジナル韓国ドラマも見逃せない。

同居
【どうきょ】

日本では『逃げるは恥だが役に立つ』(2016)で注目された、恋愛感情が芽生えていない状態での男女の同居だが、韓国ドラマではもう数限りなく使われてきた設定。さまざまなパターンがあるが、契約結婚から

同居生活突入パターン(→「契約結婚」参照)以外で一番多いのは、転がり込みパターン。男性主人公がヒロイン宅に、ヒロインが男性主人公宅に、いずれの状況もアリ。単に行く当てがないというものから、時空を超えてきて、記憶喪失になって、何かに追われて……といった特殊な理由がつけられたものまである。あまりに多いので、筆者の勝手な好みで下記にいくつか挙げた。

厳選！
同居ドラマ

『屋根部屋のネコ』(2003)
『ファンタスティック・カップル』(2006)
『宮-Love in Palace-』(2006)
『個人の趣向』(2010)
『屋根部屋のプリンス』(2012)
『君の声が聞こえる』(2013)
『キルミー・ヒールミー』(2015)
『青い海の伝説』(2016)
『ショッピング王ルイ』(2016)
『ハベクの新婦』(2017)
『この恋は初めてだから～Because This is My First Life』(2017)
『九尾の狐とキケンな同居』(2021)

灯台
【とうだい】

海に光を灯し船舶の道しるべとなる灯台。

韓国ドラマでは、大きな木（→「大きな木」参照）と同様に、揺らがないものの象徴として使われているようだ。約束の場、再会の場としてたびたび登場する。特に記憶に残るのは、紅白の灯台が並んだ場所が重要な舞台となった『復活』（2005）。そのほか『ただ愛する仲』（2017）『ボーイフレンド』（2018）の灯台使いも魅力的。『IRIS-アイリス-』（2009）で使われた済州島の表善灯台は、アイリス灯台と呼ばれている。

紅白灯台

党派争い【とうはあらそい】

朝鮮王朝時代劇の面白さのひとつだが、頭の中を混乱させるものでもあるのが党派争い。あの司馬遼太郎でさえ、「朝鮮史を読んでいちばん頭に入りにくいのは、党派のことである」（『街道をゆく〈28〉耽羅紀行』＜朝日新聞社刊＞）と書いたぐらいなので、常人では当たり前かも。士林派が2つに分かれて東人派と西人派となり、西人派が2つに分かれて老論派と少論派となり、老論派×少論派×南人派×少北派が四色党派が呼ばれ……と、とにかくややこしい。党派政治（朋党政治）が始まったのは、第14代王・宣祖の治世。第19代王・粛宗の頃に激化し、第21代王・英祖の時代に各党派から均等に人材を登用する"蕩平策"が実施されるが、収まることはなかったという。王は、党派の動向に敏感にならざるを得なかった。王を補佐する一方で、政治の実権を握ったり、王の命を狙うこともあったからだ。

党派争いの変遷

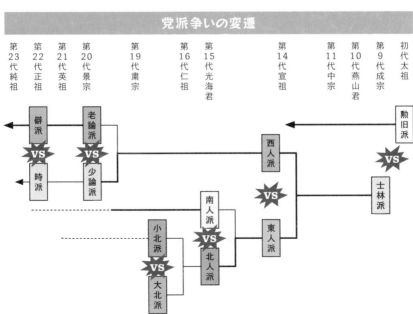

121

豆腐
【とうふ】

現代劇

た

韓国では、刑務所から出所したときに食べる風習がある。出迎えの人が豆腐を手渡す場面は、韓ドラファンなら見慣れたシーン。「豆腐のように白い心になってやり直せるように」という意味があるという。いつから始まったのかは定かではないが、日本統治時代にはすでにあった習慣のようだ。その頃は、刑務所で栄養失調になる人が多く、健康を気遣って消化にいい豆腐を栄養補充のために食べさせたのではないかといわれる。最近のドラマでは、過剰なほど豆腐が登場。留置所に入っただけでも豆腐が用意されることも。そんな中、『怪物』(2021)では、「留置所に一晩いただけだから、これでいいだろう」と、豆腐ではなく豆乳を手渡す斬新なシーンが。

童話作家コ・ムニョン
【どうわさっかこむにょん】

現代劇

『サイコだけど大丈夫』(2020)でソ・イェジが演じたヒロインのこと。エキセントリックな性格と魔女のようないで立ちで、およそ童話作家のイメージにそぐわないキャラながらも人気を集めた。2020年には、劇中に登場するコ・ムニョンの童話が宝島社から異

例の5冊同時発売。いずれも生易しいお話ではないのが魅力。なかでも、同作の監督も希代の名作と評価する、息子に自分の手足までも与える母の物語を描いた『サイコだけど大丈夫 公式絵本2 ゾンビの子』(宝島社刊)がすばらしい。

独立映画
【どくりつえいが】

いわゆるインディペンデント映画のことを、韓国では"独立映画"と呼ぶ。低予算で作られ、商業映画とは異なり、興行よりも芸術性や作家性が優先される。日本では映画『息もできない』(2009)が特に有名。毎年盛んに制作され、ソウル独立映画祭などの独自の映画祭も開催。若手俳優の登竜門にもなっている。イ・ジェフン(『BLEAK NIGHT 番人』(2011))やチョン・ウヒ(『ハン・ゴンジュ 17歳の涙』(2014))など、出演した独立映画のヒットから活躍する俳優は、その後も演技派として一目置かれる傾向が。

登山ファッション
【とざんふぁっしょん】

現代劇

登山は韓国の国民的な趣味。特に中高年に人気だが、注目はそのファッション。地方の市場で働くアジュンマの色コーデを、そのまま流用したようなカラフルな登山服を着用する。しかも、登山とはいえない軽

小さな山でも本気スタイル

I LOVE 登山♡

サングラス

本気＆ハデハデスタイル

ストック

大きなリュック

いハイキングでもばっちりキメる。劇中でも、そんな登山ファッションが要所要所で画面を彩る。『ナビレラ −それでも蝶は舞う−』（2021）では、年老いた父にバレエを止めさせたい家族が登山ウェアを贈り、「年をとったら登山が一番」と諭すシーンが。

都承旨【トスンジ】
時代劇

朝鮮王朝の官庁のひとつである承政院（スンジョンウォン）の長官のこと。承政院は王の秘書室のような機関で、都承旨はいわば秘書室長。王命の伝達を担当したため、劇中で王が「都承旨を呼べ！」と叫んでいるシーンをよく見る。王の側近である一方、王への報告も担ったことから、王と朝廷の高官との間で板挟みになってしまうことも。昨今では『王になった男』（2019）でキム・サンギョン、『暗行御史：朝鮮秘密捜査団』（2020）でアン・ネサンが、印象深く演じていた。

トッケビ【トッケビ】
現代劇 時代劇

今では『トッケビ〜君がくれた愛しい日々〜』（2016）のコン・ユのイメージになってしまったが、トッケビは朝鮮半島の代表的な精霊、妖怪のこと。"鬼"と訳されることもあるが、日本の鬼とは関係ないという。韓国文化の中で生まれた、ほかのものでは表現できない独自の妖怪といえる。性格は日本の河童に似ており、意地悪でいたずら好き。正直者に富をもたらす、シルム（韓国相撲）好き、女好きなどの特徴をもち、地方ごとにさまざまな伝承が残っているようだ。

飛ばし携帯【とばしけいたい】
現代劇

名前や住所などを登録せずに使える携帯電話のこと。犯罪もののドラマには、必ず一度は登場する小道具。スマホではなく、折り畳み式の携帯電話のことが多い。追跡されずに使えるのだという。いくつかの飛ばし携帯を使い分けて犯罪に用いることもあり、机の引き出しにゴロゴロ（もしくは並べられて）入っているシーンもよく見る。刑事に飛ばし携帯が見つかりそうになったら、電子レンジで壊すのが常套手段！

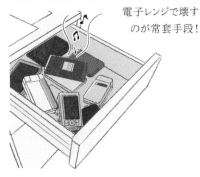

飛び蹴り【とびげり】
現代劇 時代劇

現代劇でも時代劇でも、アクションで目を引くのは飛び蹴り！ 韓国ドラマのアクションシーンに躍動感を与えている。壁や木などに一度足をかけて、「ヤーッ」といった面持ちで飛び蹴りすることも多い。特に興味深いのは、時代劇で剣を持ったまま飛び蹴りするシーン。剣道では足を使って攻撃することはないため、日本人には驚く光景だが、見慣れてくると痛快さを覚える。

トラウマ
【とらうま】

心的外傷後ストレス障害（PTSD）のこと。強烈なショックや精神的ストレスにより、フラッシュバックのように当時が思い出されたり、強い恐怖心を持ったりする。韓ドラ設定として不動の人気だった"不治の病"に代わり現れたのが、このトラウマ。昨今のドラマは、"トラウマを克服する物語"のようになっていることが多い。親の虐待、両親の死、殺人事件、事故などがトラウマになり、多重人格、エレベーターに乗れない、暗いところがムリ、引きこもり……といった障害や悩みを抱えている。『大丈夫、愛だ』（2014）では、登場人物のほとんどがトラウマや精神的病いを患っていた。

トランシーバー
【とらんしーばー】

現代劇

離れた相手と会話をするための無線機の一種。携帯電話の電波が届きにくい架空の国を舞台にした『太陽の末裔 Love Under The Sun』（2016）でも多用されていたが、その存在が大きく注目されたのは、何といっても『シグナル』（2016）。劇中で過去と現在

をつなぐ重要な小道具だった。『カイロス～運命を変える1分～』（2020）『TIMES』（2021）では携帯電話が媒介となったが、トランシーバーはかすれた音や聞き取りにくさによりノスタルジックな味わいに。

トルコドラマ
【とるこどらま】

トルコは、良質なドラマを量産するドラマ大国。海外輸出規模はアメリカに次ぎ世界2位。韓国ドラマと同様に愛憎劇や権力争いなどが好まれ、1話が1時間半から2時間と長く、100話以上のドラマがゴロゴロあるそう。中東や中南米を中心に人気を集め、そうした国々ではトルコスターのファッションをマネたり、トルコ料理がブームになったり、トルコにロケ地巡りに行ったりと、韓ドラファンの多いアジア諸国と同じような現象が起きているという。2013年には『ごめん、愛してる』（2004）がトルコでリメイクされたが、現在、韓国でもトルコドラマが好調だとか。日本でも、韓国ドラマの次はトルコドラマがくるかも⁉

トンイ
【トンイ】

時代劇

『トンイ』（2010）でハン・ヒョジュが演じたヒロインのこと。同作を手掛けたイ・ビョンフン監督（→「イ・ビョンフン」参照）が創作した名前で、歴史上では淑嬪崔氏（スクビンチェシ）（1670～1718）と呼ばれる。朝鮮王朝第19代王・粛宗の側室で、21代王・英祖（ヨンジョ）の生母。水汲みなどの雑用を担当した"ムスリ"という宮中の最下層ともいえる身分から初めて王の側室になった女性。朝鮮王朝で最も有名な悪女チャン・ヒビン（→「チャン・ヒビン」参照）のライバルで、『トンイ』以外は脇役扱いだ。『チャン・オクチョン』（2013）では元KARAのハン・スンヨンが小悪魔的に演じている

トンイ

が、明るいトンイのイメージとはまったく違うのが興味をそそる。

東宮殿
【トングンジョン／とうぐうでん】

高麗時代や朝鮮王朝時代の太子・世子の居所のこと。王の居所である大殿の東側にあったことから、この名がついた。また、"東宮"は、太子・世子の別称でもあった。『雲が描いた月明り』（2016）では、キム・ユジョン演じるヒロインが、パク・ボゴム演じる世子に"トン（韓国語で"糞"の意味）グンジョン"というあだ名をつけるユニークなエピソードが盛り込まれる。現代劇での東宮殿といえば、何といっても『宮～Love in Palace』（2006）だろう。"ネオオリエンタル"ともいえる洋の要素が混ざった韓国スタイルのインテリアは大きな見どころ。ドラマの華麗なイメージを作り上げている。

ドンベクさん
【ドンベクさん】

『アクシデント・カップル』（2009）の男性主人公と『椿の花咲く頃』（2019）のヒロインの名前。いずれのキャラクターも、自分に自信はないけれど、素朴な美しさと強さを持った人物であるのが共通している。ドンベクとは、韓国語で"ツバキ"の意味。韓国では、代表的な冬に咲く花で、"冬柏"と書いてツバキと読む。韓国人なら誰もが知る小説『冬椿花』、60年代に大ヒットした歌謡曲『ドンベクアガシ』（軍事独裁政権下では禁止曲に）など、韓国にはツバキを題材にした小説や音楽が多いという。そんな大衆に愛される花の名だと知ると、ドンベクさん2人にますます愛着がわく。

統営
【トンヨン】

慶尚南道にある港町。朝鮮水軍司令官イ・スンシン（→「イ・スンシン」参照）ゆかりの町で、朝鮮王朝時代に「三道水軍統制営」（現在の海軍本部のこと）があったことから、その地名がつけられた。統営の海は150余りの島がある多島海で、入り組んだ海岸線からの景色がことのほかすばらしい。ドラマのロケ地としても有名な町だが、特に『パダムパダム～彼と彼女の心拍音～』（2011）『優しい男』（2012）『検事ラプソディ～僕と彼女の愛すべき日々～』（2019）では、そんな統営の風景が存分に活かされている。『温かい一言』（2013）『星から来たあなた』（2013）のロケ地になった、統営から船で渡れる小さな島・長蛇島も絶景！

統営の多島美が堪能できる、閑麗水道眺望ケーブルカーからの眺め

『椿の花咲く頃』に見る 韓国ドラマの食文化

韓国ドラマと切っても切り離せないのが、
韓国の食。コリアン・フード・コラムニストの
八田靖史さんに、『椿の花咲く頃』を通して
見えてくる韓国の食文化について聞きました。

―― このドラマは、架空のカンジャンケジャン
通りが舞台です。登場人物たちがカンジャンケ
ジャンをご飯に乗せてガツガツ食べるシーンが
目を引きました。

ドラマのようにご飯にのせて食べた
いカンジャンケジャン

「カンジャンケジャ
ンは、ワタリガニ
をしょうゆ漬けに
したもので、韓国
でも日本同様、高
級な部類の料理で
す。あんな贅沢な
食べ方をしているのは、産地という設定だから
なのかもしれませんね。ドラマの中で、「ケジャ
ン定食 2万ウォン」と書かれているように見える
貼り紙があり、ドンベクの母が1万ウォン札を2
枚ほど出して支払いをしているようでした。もし
その価格で食べているとしたら、ソウルの半額
から6割程度。だいぶ安いといえます」

―― ドラマのロケ地である九龍浦（→「九龍浦」参
照）でも、カンジャンケジャンは食べられますか？

「食べられないわけではないですが、本来九龍
浦のある浦項は朝鮮半島の東海岸にあり、ズワ
イガニの名産地なんです。8話では、背景にズ
ワイガニのお店の看板が映り込んでいます。一

方、ドラマのオンサンという架空の町は西海岸
の設定で、ワタリガニが名物。漁場は、仁川の
江華島沖。韓国・北朝鮮・中国の漁船が操業す
るところで、春になると3カ国がワタリガニを争
うように獲り、それが西海岸の各港町に下ろさ
れていくんです」

―― ヒロインのドンベクは、カンジャンケジャン
通りでスナックを営んでいます。その名物料理
のトゥルチギ（豚肉の甘辛炒め）が、とてもおいし
そうでした。

慶尚道式のトゥルチギ

「あれは、トゥルチ
ギの中でも一番代
表的な慶尚道式の
もの。煮汁多めの
炒めものですね。
どちらかというと
家庭的な料理で、
スナックの看板メニューとしては珍しい。日本
でいうと、居酒屋だけど生姜焼きがおいしい店
……みたいな感じでしょうか」

―― ドンベクは、そのほかにも地方料理をいろ
いろ作っているようですね。

「お店のレギュラーメニューのように出ていた

ココにも注目！
チャンチグクス

「港を眺める屋台などで登場していたチャンチグクス。屋台などでサッと食べる温かいそうめん
ですが、"チャンチ"とは"宴会"のことで、結婚式のときにもよく食べる料理です。『チャンチ
グクスをいつ食べさせてくれるの？』は『いつ結婚するの？』の意味で、韓国では有名な食の比
喩表現。韓国ドラマでも何度も使われてきた表現です。本作でも最終回である人が『（その金
は）結婚式のククスに使うなよ！』と言っているのでチェックしてみて！」

ツブ貝の和え物（コルベンイムチム）は東海岸、サザエの刺身（ブルソラ）は南海岸や済州島などで有名な料理です。8話で、ヨンシ

新鮮なカレイを使ったカジャミムチム

クと市場に買い出しに行ったドンベクが『カレイをさばいて和え物とスープにして売り切るのが今日の目標』と言うシーンがありますが、カレイはまさにドラマのロケ地の浦項の名物。おそらくカレイのお刺身の和え物（カジャミムチム）あたりを作ったのでは。撮影中に市場で見つけて劇中の料理のアイデアにしちゃった……なんてことを想像してしまいますね（笑）」

──それは面白い視点！ この通りには、日本では珍しいお餅専門店もありましたね。

作りたてを味わえるきな粉餅

「韓国は、普段使いとしてのお餅の需要が高いんです。トッポッキが有名ですが、おやつとしてもよく食べますし、近所への引っ越しの挨拶やお祝い事のときに配ったりもします。ちなみに劇中で軒先で売られていたきな粉餅は、ソルビンのかき氷「きな粉餅ソルビン」の原型。韓国のお餅料理はうるち米が多いです

が、きな粉餅はもち米を使っています」

──そうした韓国ならではの食文化では、ドラマでよく登場するサムギョプサルが、本作ではとても印象的な役割を果たしていました。

「みんなで集まって食べるサムギョプサルは、幸せの象徴のような料理ですが、このドラマでは母と子の最後の食事など、悲しいシーンでも使われていましたよね。そういう意味では、キンパも印象的でした。キンパはお母さんに作ってもらう遠足料理の定番ですが、ドンベクは作ってもらえなかった。韓国の人なら誰もが持つノスタルジックな食の思い出が欠けているという、非常に切ないシーンになっていました」

──韓国ドラマといえば、キムチも欠かせません。劇中でドンベクが「キムチをくれない町なんて住みたくない」と言っていたのが印象に残っています。

「晩秋に行われるキムチ漬けの風習 “キムジャン” が2013年にユネスコの無形文化遺産に登録されたときも、『隣人との分け合いの精神』が評価されましたが、韓国の食文化の一番重要な部分なんだと思います。僕も韓国留学中は、キムチを山ほどもらいましたよ。日本だったら相手の負担になるのではと気にしますが、韓国の人たちはそこに躊躇がない。『親切にしたい』という自分の気持ちに素直なんですよね」

写真提供／八田靖史

PROFILE

八田靖史さん

韓国料理の魅力を伝えるべく、執筆活動やトークイベント、講演、企業向けのアドバイザー、韓国グルメツアーのプロデュースなどを行う。共著に『韓国ドラマ食堂』（イースト・プレス）、著書に『韓国かあさんの味とレシピ』（誠文堂新光社）など。公式サイト「韓食生活」https://www.kansyoku-life.com/、YouTube「八田靖史の韓食動画」を運営。

ココにも注目！

マスの刺身とオサムプルゴギ

「ギュテのセリフに何度も出てくる “マスの刺身” と、ヒャンミが運んだ出前メニュー “オサムプルゴギ（イカと豚肉の炒め物）”。この2つは平昌の名物ですが、『なぜこの料理を？』と思うほどマイナーな郷土料理。実は、本作の元ネタともいわれる韓国の短編小説『蕎麦の花咲く頃』は平昌が舞台なんです。脚本家は、何か意図があって平昌の郷土料理を登場させたのかも？ ちなみに撮影終了後、俳優とスタッフがそろって最終回を視聴した場所も、平昌のホテルだったそうです」

ナウリー
【ナウリー】

朝鮮王朝の従三品以下の官吏の敬称（→「大監」参照）。

ナPD
【ナぴーでぃー】

韓国バラエティ界の名物プロデューサー、ナ・ヨンソクのこと。『1泊2日』（1シーズンのみ）、『三食ごはん』、『花より』シリーズ、『ユン食堂』、『スペイン下宿』などの番組を担当。『水曜どうでしょう』のように自身が所々に登場し、俳優を番組にたびたび起用するのも特徴。ゲームをさせたり、旅をさせたり、ごはんを作らせたり、食堂をやらせたりして、俳優たちの素顔を巧みに引き出す。これまで、チャ・スンウォン、イ・スンギ、パク・ソジュン、ソン・ホジュン、ユン・ヨジョン、チョン・ユミなどが出演。なかでもイ・ソジンはナPDバラエティの常連。『花より青春アフリカ編〜双門洞4兄弟〜』は、『恋のスケッチ〜応答せよ1988〜』（2015）のメイン4人がアフリカを旅した感動の旅バラエティ。

生卵投げつけシーン
【なまたまごなげつけしーん】

韓国ドラマの名物シーンのひとつ。腹が立った相手への抗議の意味が込められている。1個ならまだしも、生卵パック持参で会社に乗り込んでくることもあり、びっくりさせられる。劇中で、政治家はだいたい一度はやられる。『最高です！スンシンちゃん』（2013）では、IUは女子高生に投げつけられていたが、ヒロインや主人公がターゲットになることも多い。実際にもロシア・ワールドカップの際に早期敗退となった韓国選手が空港で生卵を投げられる一幕があった。

「波が海の役目ならば、あなたを想うことが私の役目だ」
【なみがうみのやくめならばあなたをおもうことがわたしのやくめだ】

『ボーイフレンド』（2018）に登場する、キム・ヨンスの小説『波が海の仕事なら』（未邦訳）から引用された言葉。パク・ボゴム演じる主人公が本に書かれたフレーズを指し示し、ソン・ヘギョ演じるヒロインに自分の想いを伝えた。作者のキム・ヨンス（1970〜）は、美しい言葉で文章を紡ぐ作家で、韓国では若者にも人気。映画『よく知りもしないくせに』（2009）では、映画監督役で出演。日本でも邦訳本が何冊も出版されており、ドラマで小道具として使われた『世界の果て、彼女』（クオン刊）も邦訳されている。韓国ドラマは、こうして韓国の小説や詩の良作に触れられるのも魅力のひとつ。

涙ポロリ
【なみだぽろり】

韓国俳優は、涙をポロリと落とす。目薬を使っていることもあるようだが、それにしても、落ち方が美しすぎる。チェ・ジウをはじめ、"涙の女王"と呼ばれた女優は何人かいるが、驚くべきは韓国は男優も涙ポロリ名人なこと。

な

最近では『スタートアップ：夢の扉』(2020)のナム・ジュヒョクとキム・ソノが男泣き対決のように競い合っていたが、古くは『ホテリアー』(2001)のペ・ヨンジュン、『天国の階段』(2003)のクォン・サンウもすごかった。涙ポロリは、もはや韓国俳優の伝統芸なのである。

南営洞対共分室 現代劇
【ナミョンドンたいきょうぶんしつ】

警察庁の所属機関で、1976年に民主化運動を取り締まる専門部署のための施設としてソウルの南営洞に設けられた。調査室では拷問も行われ、韓国中央情報部（のちの安企部＜→「安企部」参照＞）のある“南山”、国軍保安司令部のある“西氷庫”とともに恐れられていたという。『サメ〜愛の黙示録〜』(2016)『錐 明日への光-』(2015)では、拷問官のその後が描かれていて興味深い。現在、建物は“警察庁人権保護センター”になっている。『第5共和国』(2005)でも逸話が登場するが、1987年6月の民主化抗争につながった拷問死を遂げたソウル大生・朴鍾哲さんの「朴鍾哲記念展示室」があり、5階の調査室もそのまま残される。

南山タワー 現代劇
【ナムサンたわー】

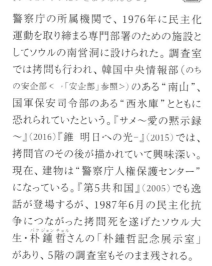

ソウルのシンボル。タワーの高さは236.7m。高さ262mの南山の頂上に建つ。Nソウルタワーが正式名称。1971年に放送電波送出塔として完成し、1980年から一般公開。タワーからはソウルの街がぐるりと一望できる。ドラマでは、『美しき日々』(2001)をはじめ、『青い海の伝説』(2016)『私の恋したテリウス〜A Love Mission〜』(2018)など、約束の場所としてよく使われる。また、『梨泰院クラス』(2020)の陸橋から眺める南山タワーなど、ドラマを彩る印象的な風景になっていることも多い。

な

2003年
【にせんさんねん】

韓流元年ともいわれる記念すべき年。第一次韓流ブームの立役者となった『冬のソナタ』(2002)がNHKのBS2で初放送された2003年を起点とする。2013年には、韓流10周年を記念したさまざまなイベントや雑誌が企画された。今後も20周年(2023)、30周年(2033)の年には、何か記念ごとがあるかもなので、要チェックだ！

日帝時代 現代劇
【にっていじだい】

日本統治時代(1910〜1945)のこと。韓国では、大日本帝国が支配していた時代という意味で“日帝時代”と呼ぶ。かつては「日帝36年」というフレーズが、枕詞のようになっていたとか。1987年に初版が出版され、今とは違うディープな韓国を知ることができる幻の名著『ディープ・コリア』(K&Bパブリッシャーズなど、さまざまな出版社が刊行)に詳しい。映画でよく扱われる時代だが、『野人時代−将軍の息子 キム・ドゥハン』(2002)『カクシタル』(2012)『死の賛美』(2018)『イモン〜禁断の愛〜』(2018)など、ドラマも結構ある。

二番手
【にばんて】

現代劇　時代劇

最高級二番手!!
・・・・・・・ナムグン・ミン
笑った時の三日月目にやられる

たいてい二番手の男性主人公を指し、韓国では"サブナムジュ"と呼ばれる。ヒロインを挟んで主人公と三角関係になることが多く、切ない想いを抱いた役なので、うまくハマれば主人公よりも印象を残せる。主人公とヒロインの恋愛には絡まず、サブカップル（→「サブカップル」参照）を形成する場合も。『あなたが眠っている間に』(2017)のチョン・ヘイン、『ゴー・バック夫婦』(2017)のチャン・ギョン、『スタートアップ: 夢の扉』(2020)のキム・ソノなど、二番手役をきっかけに人気が爆発する俳優も多い。見守り系、執着系、おちゃらけ系など、いろいろいるが、筆者的には『赤道の男』(2012)のイ・ジュニョクのような、失恋と人生を嘆いて破滅しそうになる危うい二番手も好み。

日本ドラマリメイク作
【にほんどらまりめいくさく】

現代劇

『白い巨塔』(2007)『花より男子〜Boys Over Flowers』(2009)『オフィスの女王』(2013)（原作『ハケンの品格』）『その冬、風が

吹く』(2013)（原作『愛なんていらねえよ、夏』）などヒットしたドラマもあるが、残念ながら韓国では視聴率が振るわなかった作品が多い。韓国化がうまくいっていないのかも？ 稀に『空から降る一億の星』(2018)のように、韓国での評判はイマイチだが、日本では人気を得た作品もある。そんな中で『マザー〜無償の愛〜』(2018)は原作を越えたともいわれ、高い評価を獲得。日本の小説や漫画をドラマ化した作品もあり、特に宮部みゆきの小説を初めて韓国ドラマ化した『ソロモンの偽証』(2016)は見応えがある。

ニュートロ
【にゅーとろ】

現代劇

新しさ（New）とレトロ（Retro）を組み合わせた新造語。ひと昔前のものを新たな感性で再解釈・再生産して楽しむこと。2018年頃から使われ始めた言葉で、単なるレトロとは異なる。音楽、ファッション、インテリアなど、韓国カルチャーの一大トレンドになっていて、昨今のドラマでもその流行を感じられる。『恋のスケッチ〜応答せよ1988〜』(2015)は、まさに先駆け。『愛の不時着』(2019)ではヒ

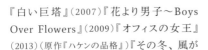

厳選！ニュートロドラマ

『応答せよ1994』(2013)
『恋のスケッチ〜応答せよ1988〜』(2015)
『キミに猛ダッシュ〜恋のゆくえは？〜』
(2017)
『最高の一発〜時空を超えて〜』(2017)
『ゴー・バック夫婦』(2017)
『ライフ・オン・マーズ』(2018)
『まぶしくて 一私たちの輝く時間一』(2019)
『花様年華〜君といた季節〜』(2020)
『五月の青春』(2021)

な

ロインが北朝鮮のファッションを"流行の最先端のニュートロ"と評価するシーンがあったり、『女神降臨』(2020)では70年代のノーランズのヒット曲「I'm in the Mood for Dancing」がカバーされたりしている。OSTもシティポップ風の曲が全盛。

女官
【にょかん】

時代劇

朝鮮王朝時代の宮廷劇で必ず登場する、宮中で王や王妃の世話や管理をする女性のこと。"尚宮"は、女官の最高位。女官は内命婦という官職に属した。女官の上の位には側室がおり、王の目に留まれば側室になれたため、野望を燃やす姿が描かれることも。『宮廷女官キム尚宮』(1995)のキム・ゲシが典型的。また、女官は王と形式的な婚姻関係を結ぶ必要があったため、男性主人公が女官になるヒロインを必死に阻止しようとするシーンもよく見る。

人魚
【にんぎょ】

現代劇 時代劇

世界各地にさまざまな伝説が残されるが、韓国でも朝鮮王朝時代の説話集『於于野譚』に人魚の話が入っているそうだ。この説話にヒントを得て作られたのが、『青い海の伝説』(2016)。ヒロインの"シムチョン"という名は、朝鮮王朝後期の小説『沈清伝』の父親の目を治すために海に身を投げた主人公から引用された。人魚といえば、マクチャンドラマの大家イム・ソンハンが脚本を手掛けた『人魚姫』(2002)もあるが、こちらは246話のドロドロ愛憎劇。

ぬいぐるみ
【ぬいぐるみ】

現代劇

「なぜ必要なんだ?」と疑問になるほど登場する、恋愛ドラマの必須アイテム。韓国では、あなたのことを「ずっと見ている」「いつも考えている」という意味でプレゼントされるのだそう。日本のゆるキャラのような雰囲気を放つオリジナルぬいぐるみが制作されることもあり、公式グッズとして販売されて爆発的人気になることも。

ヌナもの
【ぬなもの】

現代劇

年下男子との恋愛をテーマにしたドラマのこと。"ヌナ"とは、韓国語で"お姉さん"の意味で、実際の姉弟だけでなく、年上女性にも使う。韓国男性は、女性に"オッパ"(お兄さん)と呼ばれることを好むが、女性は年齢が上がるほどに、年下男性に"ヌナ"と呼ばれることにグッとくるように(日本女性も、韓国ドラマを観ていくうちにそうなる)。年下男性は生意気なのが基本設定。年齢差はいろいろあるが、『魔女の恋愛』(2014)『密会』(2014)の実年齢19歳差が最高年齢差か。本当によかったものだけを挙げようと思ったが、結局多くなってしまった……。集めてみると2014年がヌナもの全盛!?

厳選! ヌナもの

『私の名前はキム・サムスン』(2005)
『キツネちゃん、何しているの?』(2006)
『タルジャの春』(2007)
『君の声が聞こえる』(2013)
『魔女の恋愛』(2014)
『抱きしめたい
　〜ロマンスが必要〜』(2014)
『ずる賢いバツイチの恋』(2014)
『密会』(2014)
『プロデューサー』(2015)
『よくおごってくれる綺麗なお姉さん』(2018)
『ボーイフレンド』(2018)
『恋愛ワードを入力してください
　〜Search WWW〜』(2019)
『先輩、その口紅塗らないで』(2021)

な

布ごしの
ロマンチックシーン
【ぬのごしのろまんちっくしーん】

〔現代劇〕〔時代劇〕

布が幾枚もかけられた場所が映されたら、2人のロマンチックシーンが始まるサイン。布は、透けて光が入るようなものの場合もあれば、シーツのようなものの場合もある。『チュノ〜推奴〜』(2010)『ミスター・サンシャイン』(2018)『偶然見つけたハル』(2019)にも、何枚かの布の隙間にちらりとヒロインの姿が見え隠れするシーンが。『場合の数』(2020)でも、2人でシーツを干してからのロマンチックシーンが登場。ヒラヒラとはためく布の効果によって、まるで男性主人公がヒロインの幻影を追い求めているかのような雰囲気が醸し出される。

奴婢
【ぬひ】

〔時代劇〕

高麗時代と朝鮮王朝時代の最下層"賊民"に属する身分のひとつ。官庁や両班の家の所有物として雑用に従事するいわゆる奴隷で、牛や馬などの家畜のように売買や相続の対象となった。古代から存在したが、高麗時代に制度が確立。謀反の罪を犯したり、両親のどちらかが奴婢であったりする場合に、奴婢の身分になったという。

父は両班だが母は奴婢……といったエピソードは定番で、朝鮮王朝時代劇には必ず登場するが、『チュノ〜推奴〜』(2010)『イニョプの道』(2014)『逆賊−民の英雄 ホン・ギルドン−』(2017)など、奴婢をメインテーマに据えた作品はいずれもドラマチック。

内医院
【ネイウォン】

〔時代劇〕

朝鮮王朝時代に、宮中で使用する薬の調剤や治療を担当した部署。医科という試験を受けて選抜されると、ここの医官になれた。宮廷劇にはよく登場する部署なので、韓流時代劇ファンには馴染み深い。『宮廷女官チャングムの誓い』(2003)『馬医』(2012)『天命』(2013)などでは主な舞台になっている。『ホジュン〜宮廷医官への道〜』(1999)では、主人公のホジュンが、内医院の最高位であり王様の主治医である御医(オイ)を目指す姿が描かれた。

内官
【ネグァン】

〔時代劇〕

朝鮮王朝時代の官庁のひとつ内侍府(ネシブ)に所属する、王や王族の雑用を担当する官

去勢されてるか身体検査
合格！

ネグァン
内官
王や世子の身のまわりの世話をする去勢された官吏。

ひげがない▶
緑色の韓服▶

僚。原則的に宦官（去勢された男子の官僚）で、宦官、内侍とも呼ばれた。尚膳は、内侍府の最高位。世子付きの内官は、現代劇の財閥御曹司の秘書のような役回り。無理難題を押し付けられ右往左往するのだが、世子の絶対的な味方として陰に日向に活躍する。『雲が描いた月明り』（2016）では、男装し内官として宮中に忍び込んだヒロインとともに、世子に仕えたチャン内官も人気に。『秘密の扉』（2014）『王になった男』（2019）の内官も印象深い。

内禁衛

時代劇

【ネグミ】

朝鮮王朝時代に王の護衛を務めた部隊。いわゆる親衛隊で、宮廷ドラマの常連。内禁衛の長官である内禁衛将は、清廉潔白で忠誠心が強い人物として描かれることが多い。『根の深い木 ―世宗大王の誓い―』（2011）のチョ・ジヌン演じるムヒュルのように、王の信頼は厚いが武官のため、政治介入することをきっぱりと拒む内禁衛将もおり、その凛々しい姿にトキめかされる（筆者だけ？）。内禁衛将のキリっとした様を見ると、『ベルサイユのばら』の近衛連隊長だったオスカルを毎回思い出す。

ネックレスづけ

【ねっくれすづけ】

韓国イケメンの女性への最初のプレゼントは、ネックレスが基本。『冬のソナタ』（2002）のポラリスネックレス以降、これまで何度も何度も繰り返し見てきた。髪をかき上げてネックレスをつけてくれるまでが、お決まりの流れ。ヒロインは、「待っていました」という

ばかりに、首まわりがすっきりとした服装でやって来る。ネックレスを韓国語で"モッコリ"というが、それが気になっている韓ドラファンも多いはず。

Netflix

【ねっとふりっくす】

アメリカ発の動画配信サービス。日本では2015年からサービスを開始。2020年から独占配信した『愛の不時着』（2019）『梨泰院クラス』（2020）『サイコだけど大丈夫』（2020）が韓ドラファン以外にも広がりを見せ、日本においての韓国ドラマ配信の重要な担い手となった。世界的にもNetflixのKコンテンツは好調で、特にアジアでのユーザー数の伸びは韓国ドラマが牽引しているという。Netflixオリジナルの韓国ドラマも制作。『キングダム』（2019～）『人間レッスン』（2020）『Sweet Home－俺と世界の絶望－』（2020～）などがあり、いずれもハイクオリティ。オリジナルドラマや独占配信ドラマには「N」のマークがつけられている。韓国の本放送の数時間後に配信する同時配信作品もあり、韓ドラファンにはマストのプラットフォームになりつつある。

納骨堂
【のうこつどう】

現代劇

韓国ドラマの重要な舞台のひとつとなる、コインロッカーのような納骨スペースがずらりと並んだ納骨堂。日本と違うのは、納骨スペースの扉が透明なこと。中には骨壺や故人の写真、思い出の品などが収められていて、お参りに訪れた人がお花を扉にペタっと貼る姿も劇中でよく見る。天使のブロンズ像が印象的な自由路清雅公園納骨堂は、さまざまな作品の舞台に。ドラマでは、敵対している2人がばったり会って、相手の隠された想いを知る……なんてシーンも印象的だ。『ハイバイ、ママ!』(2020)では、ヒロインのママが幽霊の設定で、納骨堂が主な舞台になっていた。

ノーカット字幕版
【のーかっとじまくばん】

韓国放送時と同じノーカット版に字幕をつけているという意味。KNTV(→「KNTV」参照)などのCSチャンネルはノーカット字幕版が基本。ただし著作権の関係で、ぬいぐるみにボカシをかけていたり、音楽を変えていたりすることがある。韓国ドラマの放送時間は、1話1時間～1時間半とまちまち。日本の地上波やBSなどで放送する場合は、1

時間枠に収まるよう45分程度にカットし、吹き替えをつけることもある。また、DVDの場合は、異なる話数で編集していたり、テレビ版と吹き替えキャストを変更していることがある。小さなエピソードや伏線に大きな意味がある作品は、断然ノーカット版がいい。また、吹き替え版は目が疲れにくい利点がある一方、韓国俳優の魅力的な声(男女ともに日本人に比べ声が低い!)や、味わいのある韓国の方言が聞けないというデメリットがある。

ノ・ヒギョン (1966～)
【ノ ヒギョン】

脚本家。韓国ではマニア的な人気を誇り、トップスターが最も一緒に仕事がしたい作家ともいわれる。映画脚本を手掛けたこともあるが、些細な出来事を積み重ねて物語を作り上げるのが持ち味のため、ドラマのほうが活きる。日本では『愛の群像』(1999)で注目作家に。『グッバイ・ソロ』(2006)『彼らが生きる世界』(2008)『パダムパダム～彼と彼女の心拍音～』(2011)『その冬、風が吹く』(2013)『大丈夫、愛だ』(2014)『ディア・マイ・フレンズ』(2016)『ライブ～君こそが生きる理由～』(2018)など、いずれも人間の内面が浮かび上がるようなセリフとストーリーが魅力。劇的ではないためか、韓国での視聴率はいつもイマイチだが、じっくり味わうドラマが好きな人にはたまらない。

韓国ドラマ×Kカルチャーで
韓国がもっとわかる！

韓国の政治問題を取り上げたドラマとともに、
ドラマとは異なる視点で描かれた映画・小説・コミックをピックアップ。
さまざまな角度から韓国政治を知ることで、より理解が深まります！

光州事件がもっとわかる！

『砂時計』
（1995）

『タクシー運転手
約束は海を越えて』
（2017）

『少年が来る』
（2016）

『五月の青春』
（2021）

ドラマよりも映画で扱われることが多い光州事件（→「光州事件」参照）。なかでも『タクシー運転手 約束は海を越えて』は、政治的な話にエンタメ性を持たせ、誰もが興味を抱きやすくしているのが新しい。人間性の崩壊や苦しみの連鎖に迫った『ペパーミント・キャンディー』（1999）『26年』（2012）は、光州事件のことを学んでから観ると、さらにずしりと心に響く。また、『少年が来る』は、当時現場にいた人々の想いや願いを克明に描いた小説。重くのしかかるような内容で、読破するには覚悟が必要だが、それでも物語から知る意味は大きい。『五月の青春』でラブストーリーとともに描いているのは、さすが韓国ドラマというところ。

朴正熙大統領暗殺事件がもっとわかる！

『第5共和国』
（2005）

『KCIA
南山の部長たち』
（2020）

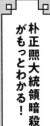
『ユゴ 大統領有故』
（2005）

『第5共和国』は、まるでドキュメンタリーのごとく、朴正熙大統領（→「朴正熙」参照）暗殺までの経緯が綴られている。一方、『KCIA 南山の部長たち』は暗殺までの40日間を韓国ノワール的に、『ユゴ 大統領有故』は暗殺までの24時間をブラックコメディ的に描いた作品。先に『第5共和国』を視聴して映画を隅々まで楽しむのもよし、2作の映画で衝撃を受けて興味を持ってから『第5共和国』で全容を知るのもよし（筆者はこちら）。それぞれの暗殺現場シーンや配役による見え方の違いを見比べるのも。『ユゴ 大統領有故』は、ラストに流される大統領の葬式パレードの映像も見もの。当時の朴大統領の人気は、すごかったのだ。

脱北についてもっとわかる！

『ドクター異邦人』
（2014）

『クロッシング』
（2008）

『マダム・ベー ある
脱北ブローカーの告白』
（2016）

『愛の不時着』
（2019）

この4作を観ると、さまざまな脱北のパターンがあるのだなと思う。『ドクター異邦人』の主人公は、ハンガリーのブダペストの韓国大使館に助けを求める。『クロッシング』では、国境を越え中国で働く父の予期せぬ脱北と、それを追う息子の悲痛な脱北を描写。ドキュメンタリー映画『マダム・ベー ある脱北ブローカーの告白』は、中国で脱北ブローカーをしていた女性が自らも脱北するためにタイへと向かう。そして、『愛の不時着』では、炭鉱跡から脱北する……。それぞれ北朝鮮の情景も映し出されるが、ロマンチックな『愛の不時着』と過酷な『クロッシング』を見比べると、日常生活の描かれ方が違いすぎて衝撃。

廃工場
【はいこうじょう】

刑事ドラマやサスペンスドラマで活躍する舞台のひとつ。廃工場には、暴力がつきもの。悪い奴らに拉致されたら、たいてい廃工場に連れて行かれ、目が覚めると、ぽつんと1つだけ置かれたイスにしばりつけられている。そこへ部下を引き連れたボス格の男が登場。その男の指示によって拷問を受けるのが、お決まりの流れだ。また、悪人たちが取引しているところに警察が入ってきて、

激しい乱闘になることもしばしば。廃工場が出てきたら、血を見る覚悟が必要。地下の機械室も同様の使われ方をする。

倍速視聴
【ばいそくしちょう】

韓国ドラマをたくさん観たいあまり、1.5倍速や2倍速で視聴すること。倍速視聴だけでは飽き足らず、「主人公のシーンしか観ない」「OSTが流れる回想シーンは飛ばす」という人もいる。作り手の努力を無視した悲しい行為だが、現在は動画配信サービスの普及により気軽にたくさんの作品が観られるようになったため、欲張りになってしまうのもわからないでもない。だが、なかには『空港に行く道』(2016)のように、風景だけのシーンや回想シーンに感じ入ることができなければ意味を成さないドラマもある。緻密なサスペンスも、少しでも見逃すと面白味が薄くなる。作品によっては、実はとてももったいない行為であることをお忘れなく！

俳優途中降板ドラマ
【はいゆうとちゅうこうばんどらま】

何らかの理由により、メインキャストの俳優が途中で変わってしまうドラマのこと。主な理由は、事故、病気、製作者とのいざこざなど。日本よりも圧倒的にドラマ制作数が多いため目立つだけかもしれないが、『エデンの東』(2008)『大王の夢』(2012)『あなたはひどいです』(2017)『リターン−真相−』(2018)『飛べ小川の竜』(2020)など、韓国ドラマには結構ある出来事。俳優が変わったはずなのに、不思議と気にならないこともあり、演出力(成り代わり力?)に驚くこともあるが、なかにはシュールな味わいを放つ作品も。

バイリンガル
【ばいりんがる】

2ヵ国語を操る人のこと。主人公やヒロインが優秀であることの象徴として、設定されていることが多い。しかも、英語、日本語だけでなく、なかなか珍しい言語のことも。例えば『プラハの恋人』(2005)ではヒロインがチェコ語、『黒騎士〜永遠の約束〜』(2017)では主人公がスロベニア語、『ヴィンチェンツォ』(2021)では主人公がイタリア語、ロシアロケを敢行した『白夜』(1998)では登場人物ほぼ全員がロシア語を話せる設定だった。驚くのはソ・ガンジュンで、『キミはロボット』(2018)でチェコ語、『第3の魅力〜終わらない恋の始まり〜』(2018)でポルトガル語を駆使。今後も、韓国ドラマにどんなバイリンガルが登場するのか注視したい。

パウロ・コエーリョ (1947〜)
【ぱうろ こえーりょ】

ブラジルの小説家。リオ・デ・ジャネイロ出身で、現在も現地に在住。世界中を旅した後に出版した2作目『アルケミスト』(『アル

ケミスト 夢を旅した少年』＜KADOKAWA刊＞）が世界的なベストセラーに。2020年10月に自身のTwitterで『マイ・ディア・ミスター〜私のおじさん〜』(2018)について「人間の心理を完璧に描写していた。優れた脚本、ファンタスティックな演出と最高のキャストに賛辞を送る」と絶賛し、韓ドラ界の話題となった。また、『魔女の恋愛』(2014)では、小道具としてエッセイ集『魔法の瞬間』（日本版『マジカル・モーメント 賢者のつぶやき』＜ダイヤモンド社刊＞）が使われている。

朴正熙 (1917〜1979)
【パク チョンヒ】　〔現代劇〕

韓国の第5〜9代大統領。在任期間は1963〜1979年。元軍人。第19代大統領・朴槿恵（パククネ）の父。1961年の軍事クーデターにより権力を掌握。大統領に権限を集中させ、“漢江の奇跡”とも呼ばれる急速な経済発展を果たす。永久独裁を目指し“維新政権”と呼ばれた。1979年、側近により暗殺される。強権的なイメージが強いが、韓国では歴代大統領で2番目の人気（1位は盧武鉉（ノムヒョン））。朴正熙の人生や政権運営がずばりと描かれているのは『第3共和国』(1993)『第4共和国』(1995)だが、現在日本では観られないようだ。同2作など多くの作品で演じるイ・チャンファンは、“朴正熙専門俳優”と呼ばれる。『英雄時代』(2005)などで演じたトッコ・ヨンジェが、それに続いて多い。『キミに猛ダッシュ〜恋のゆくえは？〜』(2017)など60〜70年代が舞台の作品でも朴正熙政権時代を垣間見られる。

パク・ジウン (1976〜)
【パク ジウン】

脚本家。ラジオなどの放送作家を経てドラマ作家に。『僕の妻はスーパーウーマン』(2009)以降は、手掛けた作品すべてがヒッ

ト。スター作家として並び称されるキム・ウンスク（→「キム・ウンスク」）に比べ、ヒロインのキャラが濃いのが特徴。日本では『星から来たあなた』(2013)『青い海の伝説』(2016)『愛の不時着』(2019)など、切ないラブロマンスに笑いを絶妙に散りばめた作品が人気を集めるが、実は韓国で最も評価が高いのはホームドラマの『棚ぼたのあなた』(2012)。筆者は、1話1話がウィットに飛んだエッセイのような『プロデューサー』(2015)もお気に入り。

星から来たあなた

は

パク・ジェボム (1971〜)
【パク ジェボム】

脚本家。デビューは映画脚本。韓国初のメディカル捜査ドラマ『神のクイズ』(2010〜)で人気脚本家に。『グッド・ドクター』(2013)も好評を得て日・米でリメイク作が作られたが、勢いに乗ったのはその後。『キム課長とソ理事 〜Bravo! Your Life〜』(2017)『熱血司祭』(2019)『ヴィンチェンツォ』(2021)と、ダークヒーロー的な主人公が活躍する痛快ドラマが連続してヒット。社会風刺的なコメディや過去作のパロディをうまく取り入れているのも魅力だ。

パク・シヌ
【パク シヌ】

演出家。細かな部分にもこだわった演出により"ディテール職人"と呼ばれる。何といってもその名を有名にしたのは、数多くの国でNetflixの「今日のトップ10」1位を獲得した『サイコだけど大丈夫』(2020)。残酷で美しい大人の童話だが、澄み切った映像やラブコメディ要素も所々に盛り込んで、隅々まで楽しめる1作に仕上げた。そのほかの代表作『嫉妬の化身〜恋の嵐は接近中！〜』(2016)や『ボーイフレンド』(2018)なども丁寧な演出力が光る。

爆弾酒 現代劇
【ばくだんしゅ】

韓国焼酎とビールを混ぜたもの。ソジュ＋メクチュ（韓国語で"ビール"の意味）で、"ソメク"とも呼ばれる、韓国独特のお酒の飲み方のひとつ。のど越しがよく、早く飲めて早く酔っ払うことができるそうだが、劇中では登場人物たちが盛り上がって気分をスカッとさせたいときによく登場する。ビールの入ったグラスに焼酎のショットグラスを落とす華麗なパフォーマンスが披露されることもあり、『マイ・ディア・ミスター〜私のおじさん〜』(2018)でも、おじさんたちが大盛り上がり！

ビールと焼酎で 爆弾酒

一方で、『熱血司祭』(2019)のように、男社会に立ち向かう女性が男性上司に媚びるために行うシーンは、少々切ない気分に。

箱 現代劇
【はこ】

韓国ドラマの必須アイテム。特に目につくのは、退職時や部署を移動するときに使う箱。どのドラマでも同じような四角いボックスが必ず登場し、そこに私物を入れて持ち帰る。昔の作品を観返すと、『恋人』(2006)では段ボールだったが、いつからか取っ手のついた真新しいボックスになった。荷物が入った箱を持ったまま会社を後にすることもあり、「箱持参で電車に乗るのか？」と心配になってしまうことも。

日本はこんな感じの箱

韓ドラの箱はフタ付き!?
引越しや会社を辞める時はフタ付きの箱（フタしてない場合も）

プレゼントの箱もパカッと開けられる仕様

バスの車内 現代劇
【ばすのしゃない】

胸キュンシーンが繰り広げられる、重要な舞台のひとつ。主人公とヒロインが一緒に乗っていたら、まだ関係が深まっていないときでも、必ず何かある。とにかくよく見るのは、急ブレーキシーン。ヒロインがフラッとしたところを主人公がパッと支えて、気がついたら顔と顔が近づいてる……という場面

がお決まりだ。カップルになってからは、2人用の席での肩貸しシーン（→「肩貸し」参照）が見もの。また、バスに乗っている女性を車やバイクで主人公が追いかけるシーンもなぜだかよくある。

バックハグ

【ばっくはぐ】

現代劇 時代劇

恋愛ものには、必ず一度は登場する。女性が窓に向かって立っているとき、料理をしているときは、そのあとにバックハグシーンが待ち構えていると思っていい。そのほかにも、陶芸、パソコン、ゴルフなど、これまでさまざまなシチュエーションにバックハグが

韓ドラあるある バックハグ

盛り込まれてきた。上から何か物が落ちてきたときも、結構な確率で胸キュンバッグハグの展開に。そのほか、お店でビールの樽を開けるとき、拳銃を打つとき……といった変わり種も。今後も、どんな状況でのバックハグが登場するのか楽しみである。

白血病

【はっけつびょう】

現代劇

白血病の名作といえば、『秋の童話～オータム・イン・マイ・ハート～』(2000)と『美しき日々』(2001)。韓国ドラマの不治の病＝白血病とされ、鼻血が出たら白血病と言われた時代があった。最近の鼻血は疲れたアピールであることが多いし（→「鼻血」参照）、白血病は過去のものと思っていたが、改めて調べてみると、今も使われることがあるようだ。白血病は物語半ば以降に判明するのが常。主人公が鼻血を出したら、やはり一度は白血病を疑ってみよう。

『初恋』(1996)

【はつこい】

現代劇

韓国ドラマ史上1位の最高視聴率65.8%を記録したドラマ。全66話（2005年にNHK衛生第2で放送されたのは全40話の海外向けバージョン）。『冬のソナタ』(2002)のペ・ヨンジュンとチェ・ジウの初共演作として注目されたが、チェ・ジウはヒロインではない。初恋がテーマだが、大きな見どころはメインで描かれる父と三姉弟の貧しい家族。チェ・スジョン演じる長男とペ・ヨンジュン演じる次男はもちろん、少し障害のある姉や不器用な父の存在も味わい深く心を捉える。ゆったりしすぎな展開、演出の雑さ、狙った風ではない本気の80年代風俗なども、今となっては逆に新鮮。千葉県のローカルスターであるジャガーさんの持ち歌のように聞こえる主題歌も、一聴の価値アリ！

初恋シンドローム
【はつこいしんどろーむ】

韓国ドラマでは、とにかく初恋が大事にされる。あまりに毎回の設定であるため、「また初恋！」「こだわりすぎでは……」と、つっこんだ経験がある人も多いはず。なかには『100日の郎君様』(2018)のように、初恋年齢があまりに幼すぎて、それほど覚えているものなのか疑念を持たざるを得ない作品もある。たまに初恋ではない人同士が結ばれるドラマに出会うと、どうしても違和感を覚えてしまうのは、そんな韓ドラの初恋シンドロームに慣らされてしまったからだろう（そう感じるようになったら、立派な韓ドラオタクです！)。

白骨団
【はっこつだん】

80年代、90年代に民主化デモを鎮圧するために編成された私服警察のこと。服装が白ヘルメットに上下デニムだったため、その見た目から"白骨団"という別称があった。盾と警棒を持ち暴力的で、デモの参加者を殺傷することもあったため、恐れられていたという。同時代の民主化デモを扱うドラマなどによく登場。『花様年華〜君といた季節〜』(2020)では90年代のデモシーンのほか、現在を舞台にしたシーンでもデモ隊の歌に"白骨団"を敵視するフレーズが。ちなみに、企業が再開発反対派などの排除のために動員する集団は、"救社隊"というとか。こちらも鉄パイプや棍棒を持って暴力をふるう姿をドラマでたびたび見かける。

ばったり遭遇
【ばったりそうぐう】

運命の2人は、何度もばったり遭遇してしまうのが韓国ドラマ。偶然入った店で遭遇（時代劇でもあり！)、道や映画館でばったり、何と転職先の上司だった……などなど、さまざまなパターンがある。だが、「そんなバカな」と、冷めた目で見てはつまらない。運命は、そういうものだともいえる。偶然が続けば、運命になるのだ！　そのため、"ばったり遭遇"をわざと演出する登場人物の恋愛は、成就しないことになっている。

葉っぱ拭き
【はっぱふき】

現代劇 時代劇

現代劇・時代劇問わず、権力者は蘭の鉢植えを机周りによく置いている。そして「茎がまっすぐに伸び、堂々とした気品がある」などとつぶやきながら、蘭の葉を拭くのだ。蘭は高貴な人の象徴（→「水墨画」参照）だが、韓国ドラマにおいて葉っぱ拭きは悪事を働くフィクサーの象徴。訪問者が来ても振り向かずに（エライ人は簡単には振り向かない!）、葉っぱを拭きながら要件を背中で聞く場面も韓ドラ激渋鉄板シーン。

初雪
【はつゆき】

現代劇

韓国ドラマにロマンチックな雰囲気を与えるシチュエーションのひとつ。韓国で、「初雪の日にデートすると幸せになる」「初雪の日は誰かに会いたくなる」といわれているのだそう。韓ドラファンの間では、『冬のソナタ』（2002）から、初雪の逸話が知られるようになった。美しいシーンが多く、初雪の日を約束の日にしていたり、恋愛ドラマでなくても初雪を嬉しそうに眺めるシーンが印象深い。なかでも『トッケビ〜君がくれた愛しい

日々〜』（2016）は、OSTにも「初雪のように君に会いに行く」という曲があり、初雪が重要な役割を担っていた。

花男
【はなだん】

現代劇

神尾葉子による日本の大ヒット少女漫画『花より男子』の略称。2001年に『流星花園』の名で台湾でドラマ化されたのを皮切りに、日中韓でドラマに。韓国版は、『花より男子〜Boys Over Flowers』（2009）。中国では2009年にも作られたようだが、日本で視聴できるのは『流星花園 2018』。2021年には、タイ版『F4 Thailand / Boys over flowers』も誕生。そのほか、F4がマッチョすぎるアメリカ版や、F4が登場すらしないベトナム版もある。制作年が新しい中国版やタイ版は、メインキャストの金持ち男子グループF4のクオリティがものすごいので、全作品のF4比べを改めてしてみるのも楽しい。

は

日・韓花男比較!! どっちの花男がスキ?

KOREA ク・ジュンピョ イ・ミンホ

JAPAN 道明寺司 松本潤

インパクトではベトナム版の圧勝!?

鼻血
【はなぢ】
現代劇

鼻血は、言ってみれば努力の証。日本で鼻血を出すときといえば、チョコレートを食べすぎたときか、エッチなものを見たときだが、韓国ドラマでは意味が違う。母親の病院代を稼ぐために掛け持ちで仕事をしたとき、公務員試験のために必死で勉強したときなどに鼻血が出る。つまり、財閥家の人が鼻血を出すことは、そうそうないのである。貧乏な主人公が、ずいぶん無理して頑張っていたら、その後に必ず鼻血シーンが待っている。

漢陽
【ハニャン】
時代劇

朝鮮王朝の首都で、現在のソウル。漢城（ハンソン）が公式名称だったが、漢陽の名もよく使われていた。朝鮮王朝建国の2年後、1394年に開京（ケギョン）（→「開京」参照）から遷都。朝鮮王朝第2代王・定宗（チョンジョン）のときに開京に都が戻されるが、第3代王・太宗（テジョン）の治世の1405年に再び移されて、その後、約500年間、朝鮮王朝の都として栄えた。ちなみに、ソウルは新羅語で“都”を意味する“ソラボル”が語源というのが通説。ほかの街のように漢字で表記することはできないのだとか。

母の愛情
【ははのあいじょう】
現代劇 時代劇

韓国ドラマの大きなポイントになる母の愛。息子の友人宅（財閥家）で家政婦をしたりして家族のために懸命に働く母、得意の常備菜を詰め込んだタッパーをいそいそと1人暮らしの子どもに届ける母、成人になった娘とも添い寝してくれる母……など、劇中のさまざまな場面に韓国の母ならではの愛情が感じ取れる。その一方で、行きすぎた母の愛によって物語が停滞してしまうこと

も。韓国ドラマの母親は、財閥家も庶民もすべからく、身分違いの恋に猛反対し、主人公カップルの大きな障壁となるからだ。ヒロインの頬を引っぱたくのも、たいてい男性主人公の母である。

パヤ族
【ぱやぞく】
現代劇

『ペガサスマーケット』（2019）の登場人物。ウェブ漫画原作の同作は、シュールな笑いネタが満載なのに、ふと気が付くと泣かされているという、韓国ドラマコメディの傑作（と、勝手に思っている）。メインキャストは、キム・ビョンチョルとイ・ドンフィ。コリアンドリームを抱いて韓国にやって来たパヤ族10人は、変人社長に採用され、頭に角のような被り物をつけた民族衣装を着たまま、つぶれかけのスーパーで人間カートとして働くことになる。肌を黒く塗っているので、問題ある演出ともいえるが、それを忘れてしまうほど、純真で愛おしい人々として描かれる。パヤ族の子どもの「サットゥ」と言う姿がたまらない。

鍼治療
【はりちちょう】
時代劇

時代劇の治療シーンの定番。医官たちは、鍼先をじっと見つめてから（ココがすごく印象

的！）、息を整えスッと鍼を打っていく。『宮廷女官チャングムの誓い』(2003)も、チャングムの緊張感いっぱいの鍼治療シーンが、ひとつの見どころである。そのほか、『ホジュン〜宮廷医官への道〜』(1999)『馬医』(2012)『医心伝心〜脈あり！恋あり？〜』(2017)の鍼治療も見応えたっぷり。日本の鍼灸師たちも興味深くこれらのドラマをよく視聴しているようだ。

漢江沿い
【ハンガンぞい】 現代劇

漢江は、ソウルの中心を東西に流れる、シンボル的な川。ドラマにもたびたび、サイクリングや漢江クルーズなどがロマンチックなデートシーンとして登場する。だが、それは表の顔。夜のシーンでは、裏の顔を見せる。『密会』(2014)では疑惑のパソコンを川に捨てるシーンがあったが、漢江は証拠隠滅など、何かと決別するために物を投げ捨てる場でもある。また、漢江沿いは悪だくみをする場所としても定番。悪人たちがそれぞれの車でやって来て、サッとUSBを渡し立ち去ったり、もしくはいずれかの車に乗り込み良からぬことを話し合ったりする。

ハンズフリー通話
【はんずふりーつうわ】 現代劇

捜査・デート・追跡・通勤など、韓国ドラマは自動車運転シーンの頻度がとにかく高い。それに付随するのが、運転中のハンズフリー通話だ。『パリの恋人』(2004)でイヤホン式のものがすでに使用されていたが、刑事も財閥御曹司も急いでいるのか、それとも韓国の人々のせっかちな人柄を表わしているのか、韓国ドラマにおいてハンズフリー通話の普及度はすごい。スマホを持って片手運転よりはいいと思うのだが、ハンズフリーの広まりによって韓国ドラマの交通事故が減っている気配はない……。

判書
【パンソ】 時代劇

朝鮮王朝には、"吏曹""戸曹""礼曹""兵曹""刑曹""工曹"という、行政実務を担当した6つの官庁"六曹"があった。判書は、その長官のこと。品階は正二品（上から3番目の品階）で、つまりは朝鮮王朝においての高官。六曹を最高機関の議政府が統括していた（→「議政府」参照）。

半地下部屋
【はんちかべや】 現代劇

半分だけ地下になっている部屋のこと。ほかの階の部屋より安価。窓はあるものの、日差しがあまり入らず湿気がこもりやすい。一度宿泊したことがあるが、外の足音も結構気になった。『パラサイト 半地下の家族』(2019)で一躍有名になった半地下部屋だが、ドラマでは屋根部屋（→「屋根部屋」参照）に比べると出番が少ない。メインキャストよりも、脇役の登場人物の困窮状態を表すときに使われることが多い。珍しく半地下部屋に住む女性を主人公にした単発ドラマ『バイバイ、半地下の私』(2019)は、『パラサイト〜』のように窓に立ちションをされるシーンから始まる。

は

韓服の色使い
【ハンボクのいろづかい】

時代劇

韓服とは、朝鮮半島の民族衣装のこと。時代によっていろいろ変化があったようだが、朝鮮王朝時代劇でとにかく目を引くのは、その色使い。陰陽五行思想をもとに、黄、青、白、赤、黒の5色を「五方色」と呼び、韓服にも取り入れていたらしいが、昨今の時代劇では、色鮮やかな宮殿と張り合うように、さまざまな色を使用。時には想像を超えた色の組み合わせであることも。一方で、朝鮮民族は古代から"白"を尊び、白衣を好んで着ていたことから「白衣民族」と呼ばれていた歴史もある。『緑豆の花』(2019)では、白衣の韓服を着用する民衆たちの姿が力強く印象的。

派手カワ
韓服♡

反乱もの
【はんらんもの】

現代劇 時代劇

韓国ドラマならではのドラマの一ジャンル。

"反乱軍"という項目名にしようと思っていたが、書いているうちに、そう考えるに至った。時代劇では家臣が主君に対し企てる反乱(謀反)もよくあるが、それより何より目を引くのは庶民による反乱。圧政に苦しむ庶民が立ち上がり国や強大な敵に対抗していく物語は、日本にあまりなく、韓国ドラマ的面白さが詰まっている。最後は悲しい結末であることが多いが、負けるとわかっていても立ち向かわざるを得ないときがあり、信念と勇気を持った登場人物たちに胸が熱くなる。『緑豆の花』(2019)のように反乱軍(義兵)の物語がメインで語られるものから、ちらりと出てくるものまであり、最近の現代劇ではダークヒーローもの(→「ダークヒーロー」参照)が、このジャンルの役割を担っている。

韓流時代劇王
【はんりゅうじだいげきおう】

時代劇

俳優チェ・スジョン(1962〜)のこと。『初恋』(→「『初恋』」参照)で国民的スターとなり、その後、主人公の王建(→「王建」参照)を演じた大作時代劇『太祖王建』(2000)を皮切りに、『海神-HESHIN-』(2004)『大祚榮 テジョン』(2006)と出演する時代劇が軒並みヒット。チェ・スジョン不敗神話が生まれ、韓流時代劇王と称されるようになった。現代劇でも活躍するが、その魅力を味わい尽くせるのはやはり時代劇。最初は演技がちょっとくどいかなと思うのだが、観進めていくうちに、チェ・スジョンマジックにまんまとハマってしまう。

韓流四天王
【はんりゅうしてんのう】

『冬のソナタ』(2002)から始まった第一次韓流ブームを牽引した、ペ・ヨンジュン、チャン・ドンゴン、イ・ビョンホン、ウォンビンの4人の俳優のこと。当時の日本のメディアが

は

勝手に名付けただけで、日本だけの独自の総称。今になってみると、ソン・スンホンやクォン・サンウが入っていてもいい気がする。現在は"新韓流四天王"（→「新韓流四天王」参照）がいるので、"元祖韓流四天王"などと呼ばれることも多い。チャン・ドンゴンとイ・ビョンホンは、今も俳優として活躍。ウォンビンは、何度も復帰の噂があったが、2021年現在は広告モデルとしての活動ばかり。ペ・ヨンジュンについては、「ヨンさま」参照。

韓流ブーム
【はんりゅうぶーむ】

中国、台湾、香港、ベトナムなどでは90年代後半から流行。日本は2003年の冬ソナブームが発端といわれる。ここまで継続して幅広い世代に広がっている現状を見ると、一過性の"ブーム"という表現では括れなくなったような気もする。

韓流ブームの変遷

第一次韓流ブーム
2003〜2006年頃
ドラマ『冬のソナタ』（2002）
ヨン様大人気！
ドラマ『宮廷女官チャングムの誓い』（2003）
韓流四天王が中高年の主婦層に人気に！

第二次韓流ブーム
2010〜2012年頃
ドラマ『美男〈イケメン〉ですね』（2009）
グンちゃんがドラマ界を牽引！
K-POP KARA 少女時代 BIGBANG
K-POPが日本を席捲！

第三次韓流ブーム
2016〜2019年頃
K-POP TWICE BTS 韓国コスメ
韓国グルメ チーズタッカルビ
K文学『82年生まれ、キム・ジヨン』（筑摩書房刊）
韓国カルチャーが若い世代に支持されるように

第四次韓流ブーム
2020年〜
映画『パラサイト 半地下の家族』（2019）
ドラマ『愛の不時着』（2019）
K-POP NiziU
韓国エンタメ全般が幅広い層に浸透

ピアノ
【ぴあの】

現代劇

韓国ドラマのロマンチックアイコンのひとつ。韓国イケメンはピアノが似合わなければならないといっても過言ではない。『冬のソナタ』(2002)の記憶呼び出しピアノ(!)、『天国の階段』(2003)の砂浜ピアノ(!)といった名シーンが生み出されている。『蒼のピアニスト』(2012)『ブラームスが好きですか?』(2020)など主人公がピアニストという作品もあるが、何よりロマンチックなのは『ドドソソララソ』(2020)のように素人の男性主人公がヒロインのために一生懸命演奏するシーン。女性はなぜかチェリストも多い。

PPL
【ぴーぴーえる】

現代劇

Product placementの略で、間接広告の意味。ハリウッドから始まったもので、映画やドラマの中で俳優が小道具として商品を使うことで企業名や商品名を露出させる広告手法。韓国ドラマでは2010年から合法化され、今では見ない作品はほぼない。化粧品、掃除機、スマホ、フライドチキン、インスタントラーメンなど、あらゆる物がPPLに。わざとらしくメイクしたり飲み物を飲んだりし、商品のロゴがバッと映し出されるの

やたらと掃除機かける

ですぐわかる。韓国ドラマが海外で人気になったことで世界的ブランドも参入。『恋愛体質〜30歳になれば大丈夫』(2019)では、韓国ドラマにおいてのPPLの扱われ方がユニークに描かれている。

尾行
【びこう】

現代劇

主人公ではなく、二番手(→「二番手」参照)の見守り男子系に多い行動パターン。尾行をしてしまう人物は、たいてい恋が叶わない。『美男<イケメン>ですね』(2009)には、ジョン・ヨンファ演じるシヌの名尾行シーンがある。『恋するアプリ Love Alarm』シーズン2(2021)では、ヒロインが尾行相手に「まだついてくるなら、私を好きと見なすよ」と、ズバッと言い放つシーンが。

久石譲(1950〜)
【ひさいしじょう】

作曲家。『風の谷のナウシカ』(1984)などのジブリ作品、『HANA-BI』(1997)などの北野監督作品の音楽を手掛けたことで有名だが、韓国ドラマの『太王四神記』(2007)でも音楽を担当している。本作の監督の故キム・ジョンハクが、スケールが大きく繊細な久石譲の映画音楽の世界観に魅了され、直接頼み込んだのだとか。神話的なドラマの内容にぴったりな曲ばかりで、音楽アルバムとしても聴き応えがある。

日差し遮り
【ひざしさえぎり】

韓国イケメンの必殺技のひとつで、強い日差しから好きな女性を守ろうとすること。紫外線が美肌に悪影響を与えることを考えての行為なのか、騎士(ナイト)すぎる、非常にすばらしい。手で遮るのが基本だが、『砂時計』(1995)では本、『華麗なる遺産』(2009)では観葉植物、『都会の男女の恋愛法』(2020)では帽子と、これまでさまざまな物を駆使した日差し遮りシーンも目撃してきた。雨や埃を遮ることもある。

ひざまずき告白
【ひざまずきこくはく】

女性の前でひざまずいて告白(プロポーズ)すること。ひざまずいて女性の靴の紐を結んだり、足のケガの治療をすることもよくあるが、そのクライマックス的なもの。『個人の趣向』(2010)では、彼氏は違う意味でひざまずいたのに、ヒロインがプロポーズされると勘違いするシーンがある。女性の目にはそれほど"男性がひざまずく=告白"に映るということか。『まぶしくて −私たちの輝く時間−』(2019)では川の浅瀬で、『コーヒープリンス1号店』(2009)では女性から男性に、という珍ひざまずき告白シーンが。

秘書
【ひしょ】

オフィスドラマや財閥御曹司ものの常連キャラ。大きく分けて2パターンある。『キム秘書はいったい、なぜ?』(2018)などの女性秘書パターンと、『シークレット・ガーデン』(2010)のキム・ソンオに代表される御曹司を横で支える男性秘書パターンだ。個人的に注目しているのは男性秘書パターン。主人公とのブロマンスが面白く、将来の演技派候補であることも多い。『嫉妬の化身〜恋の嵐は接近中!〜』(2016)の秘書役のパク・ソンフンも、今では主演俳優に。

VIP
【ビップ】

現代劇

Very Important Personの略語で、重要人物のこと。"ブイアイピー"とも読む。最重要人物は、VVIP（Very Very Important Person）。韓国ドラマでは昨今、財閥など富や権力を手にしたセレブを表わす言葉として定着。たいていの場合、洗練されているように見えて恐ろしいほどに強欲な人々である。タイトルにその名がついた『VIP－迷路の始まり－』(2019)は、高級百貨店のVIP顧客専門チームが舞台。『潜入弁護人〜Class of Lies〜』(2019)では、"VIP生徒"なる高校生まで登場している。『SKYキャッスル〜上流階級の妻たち〜』(2019)『ペントハウス』(2020〜)でもVIPが活躍。

1人ご飯シーン
【ひとりごはんしーん】

現代劇

1人でご飯を食べるシーンのこと。かつては大勢で食べることが韓国の食文化であり幸せの象徴でもあったが、今では一人飯を楽しむ人も増加。だが、ドラマでは現在も、1人ご飯シーンで寂しさを表現していることが多い。屋台で1人でお酒を飲んだり、部屋で1人でビビンパをがっついたり、一見何ともないようなシーンなのだが、ふとした瞬間、涙がこぼれる……。なかでも『赤と黒』(2010)のヒロインが帰ったあとに涙をポロポロ流しながら1人でご飯を食べるキム・ナムギルのシーンは名場面。

1人デモ
【ひとりでも】

現代劇

首にボードを下げて大企業や検察庁などの前に立ち、1人でデモを行うこと。日本においてはドラマや現実でもほぼ見たことがない、韓国ドラマならではのもの。『レディプレジデント〜大物』(2010)では、ヒロインが夫の死の真相を求めて1人デモをするシーンがあった。本作のようにメインキャラが行うこともあるが、大半の場合、1人デモをするのは大企業に切り捨てられた弱小企業の元社長、息子の無実を訴える母といった脇役の面々。さらりと見てしまうシーンだが、考えてみれば巨大な組織を相手に1人で立って訴えるのはすごいこと。ドラマの一場面として登場する意味は大きい。

一人二役ドラマ
【ひとりふたやくどらま】

現代劇　時代劇

主演俳優が一人二役をしているドラマのこと。昨今、続々と誕生。演技に情熱を傾ける若手が挑戦していることが多い。『キミはロボット』(2018)ではソ・ガンジュン、『スイッチ〜君と世界を変える〜』(2018)ではチャン・グンソク、『王になった男』(2019)ではヨ・ジング、『アスダル年代記』(2019)ではソン・ジュンギが挑戦。ヤン・セジョンは『デュエル〜愛しき者たち〜』(2017)で一人三役という難役に挑んでいる。余談ではあるが、『トッケビ〜君がくれた愛しい日々〜』(2016)と『ミスター・サンシャイン』(2018)では、チョ・ウジンとキム・ビョンチョルがあ

えたり……。バレないようドギマギしながら連絡を取り合うシーンが見どころに。落ち合う場所は、屋上が定番。オフィスでは非常階段も多い。『私の恋愛のすべて』(2013)では、国会議員も秘密交際していた。

まりに似ていて一人二役なのかも……と視聴者を混乱させたという珍事例もある。

秘密結社
【ひみつけっしゃ】
現代劇 時代劇

特に時代劇によく登場する組織。剣契やら、辺首会やら、密本やら、組織名だけでも何やら怪しげ。夜に集まって会合を開いたり、独自の印や暗号が決められていたりすることも。目的が反乱や復讐のための場合もあるが、目につくのは権力者を裏で操って富をむさぼる組織。物語を盛り上げるのに一役買うものの、「実は裏で謎の組織が糸を引いていた」という展開は少々パターン化されており、韓国ドラマで「またか!」と思うもののひとつでもある。

秘密交際
【ひみつこうさい】
現代劇

特にオフィスドラマや学園ドラマによく見られる設定。だいたい最初は交際を隠すのが基本で、社内や校内ではアイコンタクトをしたり、メールでコソコソやりとりしたり、付箋や箸置きみたいに折った手紙で要件を伝

100%事前制作ドラマ
【ひゃくぱーせんと
じぜんせいさくどらま】
現代劇 時代劇

事前に全撮影を終えてから放送されるドラマのこと。後半が生放送のようになるといわれてきた韓国ドラマだが、2016年頃から100%事前制作のドラマが増えてきた。『太陽の末裔 Love Under The Sun』(2016)『麗<レイ>～花萌ゆる8人の皇子たち～』(2016)などは、中国と同時放送するにあたり、放送前に中国で全話チェックする必要があったため、この方式がとられたという。『青春の記録』(2020)のように、主演俳優が兵役を控えているために事前制作する作品もある。ドラマの完成度を高めるといわれる事前制作だが、必ずしもヒットするわけでもなく、韓国ドラマの魅力はクオリティだけではないことを教えてくれる。

100話以上
【ひゃくわいじょう】
現代劇 時代劇

日本で100話以上続くドラマといえば、NHK連続テレビ小説ぐらいだが、韓国ドラマにはワサワサある(しかも1話15分などではなく1時間以上……)。最近は減少傾向だが、週末ドラマや毎日ドラマ(→「毎日ドラマ」参照)は、今も100話以上が多い。時代劇もかつては『王と妃』(1998)が全186話、『太祖王建』(2000)が全200話と、すごい話数の作品があった。こうした長編ものはかなりの紆余曲折があり、ハマると麻薬のようにやめられなくなる。16話、20話のドラマとはまた違った感激が待ち受けている。

ヒューマンドラマ
【ひゅーまんどらま】

現代劇

人生の苦しみ・悲しみ・喜びを描いたもので、韓国ドラマの真髄ともいえるジャンル。日本にも名作がたくさんあるが、韓国ドラマの場合は韓国らしい情と縁（→「情と縁」参照）が効いた作品に名作が多く、涙なくしては観られないものばかり。『ありがとうございます』(2007)『刑務所のルールブック』(2017)『椿の花咲く頃』(2019) など、ヒューマンドラマに笑いやロマンスを織り交ぜた作品も素晴らしい。脚本家ノ・ヒギョン（→「ノ・ヒギョン」参照）は、ヒューマンドラマの名手といわれている。

ピョ・ミンス (1964〜)
【ピョ ミョンス】

演出家。最大のヒット作は『フルハウス』(2004)。さまざまなタイプのドラマを演出しているが、『コーヒーハウス』(2010)『オレのこと好きでしょ。』(2011)『プロデューサー』(2015)『ホグの愛』(2015)『第3の魅力〜終わらない恋の始まり〜』(2018) など、ポップに見えつつ繊細な感性が光る作品が目立つ。『彼らが生きる世界』(2008) など、人気

脚本家ノ・ヒギョンとタッグを組んだ作品も多い。『悲しい誘惑』(1999) では、韓国ドラマで初めて男性同士のキスシーン（実際にはぎりぎり寸止め?）を撮影した。

花郎
【ファラン】

時代劇

新羅（→「新羅」参照）に存在した青年組織またはそのリーダーのことを指す。貴族の子息から眉目秀麗な者が選ばれて、文武芸の修練を積み、歌舞を行う集団や戦士団として活躍した。おしろいをするなど美しく着飾っていたが、非常に勇敢で、花郎道精神は新羅が三国統一を成し遂げるための支柱となった。『善徳女王』(2009) で初めてスポットが当てられ、オム・テウン、イ・スンヒョ、キム・ナムギル、チュ・サンウク

が"F4"と呼ばれた。『花郎＜ファラン＞』
(2016)は、花郎がメインで扱われた初のドラマ。人気若手俳優と演技ドルが揃い踏みの作品だが、あまりにイケメン押しが強すぎて視聴者の幅が狭まっているのが残念。意外に一般の韓流時代劇好きも胸が熱くなる内容だ。特にパク・ソジュンが、『梨泰院クラス』(2020)の原型のようなリーダーシップを発揮する「私が神国の王だ！」と叫ぶシーンが圧巻。

ファン・ジニ
【ファン ジニ】

時代劇

生没年は不詳。朝鮮王朝第11代王・中宗（チュンジョン）の時代の妓生（キーセン）で、詩人。史料が少なく謎が多いが、漢詩、歌、踊り、楽器の才能に秀で絶世の美女だったため、多くの教養ある男性たちが彼女と一席設けることに憧れたという。『ファン・ジニ』(2006)では、ハ・ジウォンがそんなファン・ジニを好演。本作はあどけないチャン・グンソクの姿が見られるのも見どころだ。『ファン・ジニ 映画版』(2007)ではソン・ヘギョが演じた。

ファンタジー時代劇
【ふぁんたじーじだいげき】

時代劇

フュージョン時代劇（→「フュージョン時代劇」参照）に、タイムスリップ、魔法、悪霊などのファンタジー要素を加えた時代劇のこと。若手イケメン俳優が主役となるのが基本。『アラン使道伝－アランサトデン－』(2012)『夜を歩く士＜ソンビ＞』(2015)『麗＜レイ＞～花萌ゆる8人の皇子たち～』(2016)と、3作も主演しているイ・ジュンギは名手といえるかも。時代劇では人気のジャンルで、昨今も『キングダム』(2019～)『哲仁王后（チョルインワンフ）』(2020)などが話題となったが、『朝鮮駆魔師』(2021)は歴史歪曲があるとして前代未聞の2話で放送打ち切りとなった。「ファンタジーだから」という言い訳が、今後は通用しなくなるかも？

ファンタジー捜査もの
【ふぁんたじーそうさもの】

現代劇

主人公が超能力を持っていたりタイムスリップをしたりと、ファンタジー要素を盛り込んだ捜査ドラマのこと。事件を不思議な力で解決してしまうのは物語としてご法度のような気がするが、良作はファンタジー要素により人間ドラマを鮮明に描き出す。初期の名作は『魔王』(2007)。主演のチュ・ジフンは、『アイテム～運命に導かれし2人～』(2019)でもファンタジー捜査ものに出演している。言わずと知れた『シグナル』(2016)とともに、『愛の迷宮－トンネル－』(2017)も同ジャンル好きには見逃せない作品。昨今も続々と制作されているが、一定のクオリティはあるものの、韓国では視聴率に苦戦する作品が多いようだ。

ファンタジーロマンス
【ふぁんたじーろまんす】

昨今の韓国ドラマの人気ジャンル。主に、①メインキャラクターが神、宇宙人、九尾狐（クミホ）、天使、ロボットなど人間ではないパターン、②男女入れ替わりや超能力を手にするなど、メインキャラクターの身に何か不思議なことが起きるパターンの2つがある。個人的にはどうしても納得いかずに気分が乗らない作品もあるが、『ハベクの新婦』（2017）『キミはロボット』（2018）など、ファンタジー設定が切ない状況をうまく作り出す良作も数多い。

青い海の伝説

厳選！
ファンタジーロマンスドラマ

『僕の彼女は九尾狐＜クミホ＞』（2010）
『シークレット・ガーデン』（2010）
『ビッグ　～愛は奇跡＜ミラクル＞～』（2012）
『アラン使道伝 -アランサトデン-』（2012）
『星から来たあなた』（2013）
『ああ、私の幽霊さま』（2015）
『青い海の伝説』（2016）

『トッケビ～君がくれた愛しい日々～』（2016）
『黒騎士～永遠の約束～』（2017）
『ハベクの新婦』（2017）
『キミはロボット』（2018）
『九尾狐＜クミホ＞伝～不滅の愛～』（2020）
『九尾の狐とキケンな同居』（2021）
『ある日、私の家の玄関に滅亡が入ってきた』（2021）

ファンミ
【ふぁんみ】

チャン・ヒョクのファンミ行きました
♥사랑해요♥
0.5秒のふれあい
！サラシン！
ハイタッチした手で顔をさわりまくりました。
アンチエイジング
流れるようなハイタッチ

ファンミーティングの略。韓国俳優の場合は、圧倒的に男優がやることが多い。ゲームやクイズをしてファンと交流するが、特徴的なのは舞台上でファンと一緒にドラマのシーンを再現することだろう。ニコニコしていたイケメン俳優が、役者の顔にふと戻る瞬間に個人的には萌える。歌を披露するのも定番。歌手並みにうまい俳優もいれば、手を震わせて緊張しながら歌う俳優もいて、思わぬ顔が見られるのがうれしい。ファンミといっても最近は、熱狂的なファンだけでなく、ライトなファンがライブ感覚で参加することも多いよう。コロナ禍では、オンラインファンミが人気に。

不遇な幼少期
【ふぐうなようしょうき】

現代劇｜時代劇

特に幼少期が不遇なのは時代劇。『私の国』(2019)では2人の主人公がまさにそうだったが、庶子のために父親から冷遇されたり、父親が無実の罪で逆賊として処刑され家が没落したりすることは、よくあること。さらには、崖から落ちて記憶喪失になったり、ほかの家の子になったり、国外で暮らすようになったりすることもある。また、現代劇では、主人公の幼少期にびっくりする悲劇が待ち構えているのがお決まり。そして、悲劇を契機に物語は成人期に切り替わる。韓国ドラマは現代劇も時代劇も、主人公が幼少期からの不幸を跳ねのけ成長していくところにカタルシスがあるのだ！

復讐
【ふくしゅう】

現代劇｜時代劇

韓国ドラマの半分以上の作品に含まれる要素といっても過言ではない。『王女の男』(2011)『優しい男』(2012)『太陽がいっぱい』(2014)『モンスター〜その愛と復讐〜』(2016)など、復讐がメインテーマのドラマも多く、その場合はたいてい男性が主人公。女性が主人公の場合は愛憎が強く絡み、マクチャンドラマ（→「マクチャンドラマ」参照）になりやすい。復讐の対象は、両親や兄妹を死に追いやった財閥家か、自分を裏切った恋愛相手が定番。奈落の底に落とされても、何十年も憎しみと向かい合って復讐のチャンスを待つケースもあり恐れ入る。その執念が"愛"によって断ち切られるのが、韓国復讐劇の醍醐味である。

復讐劇の秘密部屋
【ふくしゅうげきのひみつべや】

現代劇

長年、執念を燃やして復讐相手を追いか

けている主人公はたいてい持っている。自身の部屋そのものがアジトの場合もあるが、部屋の本棚や大きな絵画の後ろが開くようになっていて、そこが隠し部屋になっているパターンも多い。壁には、復讐対象者の写真や、関連する過去の新聞記事の切り抜き、復讐する財閥家の相関図などがズラリと貼られている。それを苦々しく眺めたり、時には写真にパンチしたりしながら、日々、復讐心をメラメラさせているのだ！

復讐三部作
【ふくしゅうさんぶさく】

現代劇

演出家パク・チャンホンと脚本家キム・ジウが手掛けた復讐をテーマにした三部作のこと。1作目の『復活』(2005)は、当時としては斬新な構成と映像が注目され、旋風を巻き起こした。2作目の『魔王』(2007)は、タロットカードの暗示などを織り交ぜたストーリーが難解とされ、視聴率は低迷したが、マニア的な人気を博し日本でもリメイク。3作目の『サメ〜愛の黙示録〜』(2013)は、現代史の闇まで切り込み、復讐三部作の最終章にふさわしいラストを設けている。ちなみに韓国映画では、パク・チャヌク監督の復讐三部作『復讐者に憐れみを』(2002)『オールドボーイ』(2003)『親切なクムジャさん』(2005)が有名。

父性愛
【ふせいあい】 現代劇 時代劇

韓国ドラマは、母の愛(→「母の愛情」参照)の印象が強いが、父と子の関係を描いた作品も結構多い。父の無償の愛、次第に芽生える父性愛、息子への歪んだ愛、血の繋がらない父子の情愛など、テーマはさまざま。ホームドラマでは、『適齢期惑々ロマンス～お父さんが変!?～』(2017)『一度行ってきました』(2020)で主人公の父親を演じたキム・ヨンチョルやチョン・ホジンが、KBS演技大賞の大賞を受賞している。『ある春の夜に』(2019)のチョン・ヘインのような若い父親キャラも最近人気だ。

『沸点 ソウル・オン・ザ・ストリート』
【ふってんそうるおんざすとりーと】

80年代韓国の民主化闘争を描いたグラフィック・ノベル。ころから刊。ドラマでもよく描かれる民主化デモ(→「民主化デモ」参照)の理解が深まる1冊。「今が99度だ。そう信じなきゃ」というセリフに胸が熱くなる。作者は『錐-明日への光』(2015)の原作漫画も手掛けたチェ・ギュソク。訳者の加藤直樹氏は巻末で「当時の出来事を21世紀の感性で語り直した作品」と解説している。

フュージョン時代劇
【ふゅーじょんじだいげき】 時代劇

歴史的事実に則った本格時代劇(→「本格時代劇」)とは異なり、新たな発想で作られた、ロマンスやアクションを中心にした娯楽的な時代劇のこと。主人公はだいたい善人で、出生の秘密と不遇な幼少期が設けられているのがお決まり。メインキャラクターが想像上の人物だったり、アクの強い悪人が登場したりするのも定番。『王女の男』(2011)のように、歴史上の人物の描写が的確と評価された作品もあるが、背景だけ時代劇という作品も増えている。最近の時代劇は、ほぼすべてフュージョン時代劇といえるだろう。

不倫
【ふりん】 現代劇

ドロドロ愛憎劇の定番要素。夫の不倫話が最も多いが、意外に不倫の中に純愛を見いだすドラマも多い。先駆け的な作品は、20歳の年の差を越えた男女の愛を描いた『青い霧』(2001)。『密会』(2014)『一理ある愛』(2014)も不倫純愛ものの名作。ちなみに、韓国の姦通罪は、制定から62年後の2015年に廃止(日本は1947年に廃止)。かつては不倫で刑務所に送られるシーンもあったが、それも過去のものに。

触れ合う指先
【ふれあうゆびさき】 現代劇

好意を持ち始めた頃、もしくはつき合い始め

た頃に、2人並んで歩くシーンで見られる光景のひとつ。ちょっと触れ合ってしまう指、触れそうで触れない指が、グーっとクローズアップされる。このことをきっかけにお互いをさらに意識するようになったり、触れ合う指先に気づいて手を握ろうとするがどうしてもできなかったり……なんて展開もよく見る。似たようなシチュエーションでの、男性が肩を抱き寄せたくて女性の肩先まで手を伸ばすけれどウ〜っとなって触れられない……という場面も、極上の萌えシーン！

『フレンズ』(2002)
【ふれんず】

現代劇

2002年日韓ワールドカップを記念して日本のTBSと韓国のMBCが共同制作したドラマ。全2話。主演は深田恭子とウォンビン。2人が韓国でも日本でもなく香港で出会うというのが、日韓初の共同制作ドラマの始まりにふさわしい。日本人女性と韓国人男性が愛を育むというベタなストーリーだが、切なさたっぷり。2人がお似合いだ。その後の韓流ブームを後押ししたことは間違いない。当時の日本ではあまり知られていなかった韓国の家族観がわかるエピソードも、興味をそそった。

ブロマンス
【ぶろまんす】

現代劇　時代劇

性的な関係はない男性同士の親密な関係のこと。"Brother"と"Romance"を掛け合わせた造語。昨今のラブコメディに欠かせない設定で、主人公と二番手（→「二番手」参照）で繰り広げられることが多い。美しい男性キャスト2人が、ライバルなのに気遣い合ってしまったり、気遣っているつもりはないのに結果的にそうなってしまったりする様に、女性視聴者はなぜかキュンとする。『ホグの愛』(2015)『ソムナム』(2017)のような、ブロマンスなのか、それ以上なのか微妙な2人もこれまた面白い（そういえば、どちらも主人公はチェ・ウシク！）。

厳選！
ブロマンスドラマ

『トキメキ☆成均館スキャンダル』(2010)
『キルミー・ヒールミー』(2015)
『花郎＜ファラン＞』(2016)
『トッケビ〜君がくれた愛しい日々〜』(2016)
『キム課長とソ理事 〜Bravo! Your Life 〜』
(2017)
『サイコパス・ダイアリー』(2019)
『スタートアップ：夢の扉』(2020)
『ナビレラ −それでも蝶は舞うー』(2021)

異色の年齢差ブロマンス！

イ・サン

正祖 イ・ソジン

英祖 イ・スンジェ

は

文芸復興の王
【ぶんげいふっこうのおう】

時代劇

朝鮮王朝第21代王・英祖（→「英祖」参照）
と、その孫である第22代王・正祖（→「イ・
サン」参照）のこと。英祖・正祖の治世であ
る18世紀は、近代に向けて社会が安定
し、人口も急増。2人が身分制度の改革
や経済・文芸の復興に尽力したことから、
朝鮮王朝のルネッサンスとも呼ばれる。こ
の時代が舞台のドラマも数多く、『風の絵
師』(2008)では天才絵師が主人公だったり、
『秘密の扉』(2014)ではヒロインが貸本屋
の娘だったりと、文化の薫りがするエピソー
ドが盛り込まれる。

興宣大院君 (1821〜1898)
【フンソンテウォングン】

時代劇

第26代王・高宗（→「高宗」参照）の父。大院
君とは、直系でない国王の実父に与えら
れた称号。朝鮮王朝では4人いたが、生前
に大院君となったのは興宣大院君だけで
あるため、大院君といえば興宣大院君を
指す。興宣大院君は、王位継承者から排
除されるも、ならず者や乞食を装って返り咲
きを狙い、やがて安東金氏（→「安東金氏」
参照）を倒し、次男を王位に就け権力を掌
握したという強者。『Dr. JIN』(2012)では、

イ・ボムスが熱演。日本の原作テレビドラマ
『JIN-仁-』で坂本竜馬としていた役どこ
ろを、興宣大院君としているのが興味深い。

文武両道
【ぶんぶりょうどう】

時代劇

たいていの韓流時代劇では、主人公か二
番手（→「二番手」参照）のいずれかが文武両
道である。悪いことに巻き込まれて闘わざ
るを得なくなるのが基本ストーリーなので、
必要なキャラ設定なのである。世子など高
い地位にある主人公の場合は、命を狙わ
れるのを防ぐため、当初は文武両道である
ことを隠していることも。二番手が文武両
道の場合は、庶子であることが多い。父に
認められようと頑張っているのだが、そのう
ち野心と劣等感に苛まれ身を滅ぼす、悲
しい運命を持つ。

兵役
【へいえき】

現代劇

北朝鮮と休戦中にある韓国には、徴兵制
がある。韓国男性は18歳から原則として
28歳までに、約18ヵ月間（服務形態による）、
軍務に就かなければならない。ドラマでは、
登場人物が兵役を終えて戻って来たり、こ
れから入隊したりすることが、ひとつの契機
になることも。また、最近は兵役逃れは減っ
てきたものの、今でも韓国俳優は何か問題
が起こると入隊で事を収める傾向があるが、
それは劇中の登場人物も同様。『それでも
僕らは走り続ける』(2020)でも、暴力事件
を起こした陸上選手を「とりあえず軍隊に
入れよう」と相談する場面が。

廃人
【ペイン】

現代劇 時代劇

観終わった後もドラマのことが頭から離れ

ず、何も手をつけられなくなった人のことを指す。"〇〇廃人"などと表す。ハマりすぎて抜け出せないという意味で使われる最近の"沼"という言葉にニュアンスが近い。今ではほぼ使用されない韓ドラ語のひとつだが、かつては、『チェオクの剣』(2003)の茶母廃人("茶母"は韓国放送時の原題)、『ごめん、愛してる』(2004)のミサ廃人("ミサ"は韓国タイトル『ミアナダ、サランハンダ』の略)、『最高の愛～恋はドゥグンドゥグン～』(2011)のトッコ廃人("トッコ"はチャ・スンウォン演じる主人公の名前)などがいた。

ペーハー
【ペーハー】

時代劇

高麗後期まで使われていた王様の呼称(→「チョーナー」参照)。

百想芸術大賞
【ペクサンげいじゅつたいしょう】

1965年に設立されたテレビ・映画・演劇を網羅する総合芸術賞。韓国のゴールデングローブ賞とも呼ばれる。その1年間(例：2021年5月開催の第57回百想芸術大賞の場合は、2020年5月1日から2021年4月11日まで)に放送・公開された作品が対象。2013年(第49回)からはケーブル局の作品も加わり、ドラマの賞としてはすべての局の作品を対象にした唯一のもの。地上波各局の演技大賞(→「地上波テレビ局の演技大賞」参照)よりも権威を持つといわれる。大賞は、俳優ではなく作品に与えられることもあり、毎年、予想は混迷を極める。

白丁
【ペクチョン】

時代劇

朝鮮王朝時代の最も低い身分である賤民に属する被差別民。同じ賤民の奴婢、妓生、巫堂よりも迫害されていた。職業は、食肉処理業や柳器(編笠などの柳細工)製造業など。三大義賊として有名な林巨正は白丁出身。身分が変わることはなく、結婚も白丁間のみが基本だったが、『済衆院/チュジュンウォン』(2010)『馬医』(2012)では、白丁から医師になった実在の人物をモチーフにドラマ化している。そのほかにも『根の深い木-世宗大王の誓い-』(2011)『オレンジ・マーマレード』(2015)『仮面の王 イ・ソン』(2017)『ミスター・サンシャイン』(2019)など、重要な登場人物が白丁という設定は多い。韓国ドラマでは、身分差別を受けた人々の生き様もしっかりと映し出されているのが印象的だ。

恵民署
【ヘミンソ】

時代劇

朝鮮王朝時代にあった庶民のための治療や薬の管理を行っていた官庁。現在の国立病院のようなもの。韓ドラファンは『宮廷女官チャングムの誓い』(2003)で、その名を知った人が多いだろう。『医心伝心～脈あり！恋あり？～』(2017)では主人公が働く場、『馬医』(2012)では医女も活躍する場だった。『ホジュン～伝説の心医～』(2013)などを観ると、医官にとっては出世から一番遠ざかる場でもあったようだ。

弁護士
【べんごし】

現代劇

ハイエナ

韓国ドラマにおいての弁護士は、どちらかというとヒールのイメージ。人権派より金目当てのタイプが目立ち、ファッションも派手。ただし、心に傷を隠し持ち、つらい生い立ちなどから合理主義・現実主義に陥っているケースが多く、結果的に良心を取り戻しダークヒーロー（→「ダークヒーロー」参照）になることも多い。破天荒なタイプも人気。『君の声が聞こえる』（2013）ではヒロインが国選弁護士という珍しい設定だったが、彼女も突飛な行動が目立った。また、2シーズンまで制作され人気を博した『町の弁護士チョ・ドゥルホ』（2016・2019）も、型破りな主人公の活躍が痛快。

ホームドラマ
【ほーむどらま】

現代劇

韓国ドラマの王道ジャンルのひとつ。100話以上あることが多い。KBSのホームドラマが人気。嫁姑の微妙な関係、大妃（→「大妃」参照）のようにデーンとした祖母、母親に弱い夫、無口で強情な父、家事が完璧な母……など、韓国の家族の多彩な姿に触れられる。だいたい1作品3家族以上は登場するが、あまりに細かく描写されるため、各家庭の家電が置いてある場所まで把握できるなど、人の家庭をのぞき見している気分になる。そのうち、親戚ぐらいの立ち位置でドラマを観賞するように。画面にイチイチつっこんでいる自分に気づいたら、ホームドラマにハマっている証拠だ。『青春の記録』（2020）もそうだが、青春ドラマやラブストーリーと括られる作品でも、ホームドラマの要素が多分に入っている。

『星に願いを』
【ほしにねがいを】（1997）

現代劇

『冬のソナタ』（2002）よりも前に、中国や中南米で大ヒットしたドラマ。全16話。1999年に中国のメディアで"韓流"という言葉が初めて用いられた記念すべき作品でもある。中国で元祖韓流スターといえば、本作の主演俳優アン・ジェウクのこと。ストーリーは『キャンディ♡キャンディ』（→「キャンディ・タイプ」参照）に影響を受けたといわれるが、最近の韓国ドラマとはイメージがやや異なり、それほど強烈な展開はなく、おしゃれなトレンディドラマといった雰囲気が強い。イタリア・ミラノでの海外ロケシーンでは、イタリア語の曲がBGMになっているのが珍しい。

ホ・ジュン （1539〜1615）
【ホ ジュン】

時代劇

世界記録遺産に登録される医学書『東医宝鑑』を編纂した朝鮮王朝中期の名医。武人の家に生まれるが、優れた医術により宮中の内医院の医官となり、最終的に御

は

ホジュン

医となり王の健康を守った。『ホジュン〜宮廷医官への道〜』(1999)は、歴代時代劇1位の最高視聴率63.7%を獲得。チョン・グァンリョルが小ジュンを熱演したが、傷口に直接口をつけ毒素を吸い取りペッと吐き出すシーンが印象的で、今でもたまに思い出してはマネをしてしまう。『ホジュン〜伝説の心医〜』(2013)は、同作のリメイク作。ユン・シユンが青年時代を演じた『魔女宝鑑〜ホジュン、若き日の恋〜』(2016)は、黒呪術などファンタジーを絡めた異色作。

ポスター
【ぽすたー】

韓国ドラマの韓国版ポスターなどの広告媒体は、昨今の韓国ドラマの進化に合わせるように、目を見張るほどカッコいい。韓国は書籍の装丁デザインもすばらしいことで知られるが、それに通じるものがある。ところが、日本版ポスターでは、少しでもドラマに恋愛話が入っていると、なぜか背景がピンク色に染められてしまう事態に（"韓国ドラマポスターピンクすぎる問題"と呼んでいる）。そのドラマを観ようかどうか迷っているときは、韓国版のポスターをチェックしてみると、作品の真の印象を捉えることができるかも。

母胎ソロ
【ぼたいそろ】

生まれてから一度も恋愛したことがない、ずっと1人、という意味。男性の場合は、童貞や女性慣れしていない野暮な人というニュアンスもあるが、昨今は素朴で純粋な人として好感を持たれることもある。『愛の不時着』(2019)の主人公ジョンヒョクもヒロインに"母胎ソロ"と言われたが、まさにそのイメージだった。"母胎"（韓国語では"モテ"）と英語の"ソロ"を合わせた造語だが、韓国では『グッバイ・ソロ』(2006)というドラマや、『SOLO DAY』という楽曲があるなど、"ソロ"という単語の多用が目立つ。韓国語にはソロ（"お互いに"という意味）という言葉もあるので少々ややこしい。

渤海
【ぼっかい】

698年から926年まで朝鮮半島北部から中国東北部、ロシア沿海州にかけて存在した王朝。スペクタクル時代劇『大祚栄 テジョヨン』(2006)では、初代王・大祚栄の一代記が描かれている。大祚栄は、高句麗の遺民と靺鞨人を率いて建国したという。そのほか、『千秋太后（チョンチュテフ）』(2009)など、統一新羅時代や高麗時代初期を舞台にした作品にも渤海の名が登場している。

筆者が訪れたロシア・ウスリースクのしがない公園に、何気なく置かれていた渤海のカメの遺跡

ポッポ
【ポッポ】

現代劇

軽いキスのこと。響きがかわいいこともあり、ドラマを観ているとすぐ覚えてしまう韓国語のひとつ。一般的には子どもに対する"チュー"を指すことが多いが、異性間でも行われる。劇中の大人のポッポは、頬とおでこにするものに大別される。頬の場合は、チュッというぐらいのライトなものが大半だが、おでこ（どちらかというと前髪?）にする場合は、気持ちを我慢しなくてはならないけど狂おしいほど愛おしい……など、深い意味を持つことが多く切ない。また、高身長俳優が上からするおでこポッポは、横からのシーンがとても美しい。

捕盗庁
【ポドチョン】

時代劇

朝鮮王朝時代にあった罪人を捕らえるための官庁。第9代王・成宗の時代に設けられた。韓流時代劇では登場人物の誰かが捕まることが多いので、捕盗庁の役人は脇役としてお馴染み。『チャクペ〜相棒〜』（2011）『オクニョ 運命の女（ひと）』（2016）では、メインキャラクターが捕盗庁の高官という設定。また、管轄によって左捕盗庁と右捕盗庁に分けられていたが、『チェオクの剣』（2003）では左捕盗庁が舞台に。

ホラー＆オカルト
【ほら－あんどおかると】

現代劇　時代劇

昨今、盛んに作品が制作されるジャンル。地上波ドラマでも『九尾狐伝〜愛と哀しみの母〜』（2010）などはゾッとさせられる出来だったが、韓国では、映画に比べて地上波ドラマは規制が厳しく、かつては控え目なものが多かった。だが、比較的自由な表現が可能なケーブルドラマやNetflixオリジナルドラマの隆盛によりアップグレード。『客－ザ・ゲスト－』（2018）『テバク不動産』（2021）などKオカルトと呼ばれる作品や、『キングダム』（2019〜）『ダークホール』（2021）といったゾンビなどのクリーチャーものが続々と作られている。いずれも作品性が高く、マニアの心を捉えるグロさもしっかり備えていると思われる。ホラー＆オカルト好きは、Netflixとともにケーブルテレビ局OCN（→「OCN」参照）にも注目したい。

厳選！ ホラー＆オカルトドラマ

『九尾狐伝〜愛と哀しみの母〜』（2010）

（ホラー＋ラブコメディの意欲作！）

『主君の太陽』（2013）←
『君を守りたい〜SAVE ME〜』（2017）
『客－ザ・ゲスト－』（2018）
『パンドラ 小さな神の子供たち』（2018）
『キングダム』（2019〜）
『他人は地獄だ』（2019）
『憑依〜殺人鬼を追え〜』（2019）
『誘法〜運命を変える方法〜』（2020）
『クェダム: 禁断の都市怪談』（2020）
『Sweet Home －俺と世界の絶望－』（2021）
『ダークホール』（2021）
『テバク不動産』（2021）

本
【ほん】

現代劇

"本"は、韓国ドラマにおいて重要なメッセージが込められた小道具であることが多

物語のカギになるものがはさまっている

ヒラッ

いので見逃せない。本のタイトルに意味を持たせていることもあるが、本棚からふと本を抜き出すシーンがあったら要注目。抜き出した瞬間、もしくは本を開いたときに、見てはいけないメモや写真がポロリと落ちる。写真の場合は、意味ありげに半分切られていたり、裏に重要なキーワードが書かれていたりする。『誰も知らない』(2020)のように、本に直接書き込まれたメッセージがドラマの行方を左右することも。

本格時代劇
【ほんかくじだいげき】

`時代劇`

『朝鮮王朝実録』などの歴史書を参考に、その時代を忠実に描いた時代劇のこと。フュージョン時代劇に対するもの。実在の歴史上の人物を扱い、勧善懲悪ではないのが特徴。ただし、本格時代劇でも主人公をヒーロー的に描いていることもあり、フュージョン時代劇との判別が難しい作品も。『鄭道伝〈チョン・ドジョン〉』(2014)など多くの本格時代劇を輩出したKBS大河ドラマ枠の『チャン・ヨンシル〜朝鮮伝説の科学者〜』(2016)以降は、フュージョン時代劇にほぼ押し切られている状況。

洪吉童
【ホン ギルドン】

`時代劇`

ハングルで書かれた最古の小説『洪吉童伝』の主人公。作者の許筠(1569〜1618)は政治家でもあり、『ホ・ギュン 朝鮮王朝を揺るがした男』(2000)というドラマでその人

生が描かれている。小説は、庶子のために出世の道を絶たれた主人公が盗賊となり、活貧党を組織して不正役人などをやっつける痛快な物語。韓流時代劇の重要要素である庶子(→「庶子」参照)の物語や変革思想の原型が描かれているともいえる。三大義賊の1人として庶民に親しまれ、アニメやゲームでも活躍。ドラマでは、『快刀ホン・ギルドン』(2008)でカン・ジファン、『逆賊-民の英雄ホン・ギルドン-』(2017)でユン・ギュンサンが演じた。

ホン姉妹
【ホンしまい】

脚本家。ホン・ジョンウン(1974〜)、ホン・ミラン(1977〜)の姉妹でチームを組んで脚本を手掛けることから、"ホン姉妹"の名で親しまれる。芸能番組の構成作家から転身し、『快傑春香』(2005)でデビュー。ファンタジックでユニークなアイデアを取り入れたロマンチックコメディが得意。ヒロインや主人公のキャラが魅力的で、とにかく楽しめるという作品が多い。日本における代表作は『美男〈イケメン〉ですね』(2009)。そのほか、『マイガール』(2005)『快刀ホン・ギルドン』(2008)「最高の愛〜恋はドゥグンドゥグン〜』(2011)『主君の太陽』(2013)『ホテルデルーナ〜月明かりの恋人〜』(2019)など。

は

「本当に好きなときは理由なんてないんですよ」

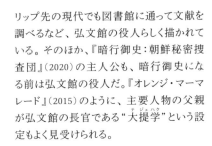

【ほんとうにすきなときはりゆうなんてないんですよ】

日本に韓流を根付かせた『冬のソナタ』（2002）の名ゼリフ。恋人サンヒョクの好きな理由を列挙するユジン（チェ・ジウ扮）に、ミニョン（ペ・ヨンジュン扮）が冗談っぽく言った一言。個人的には、"冬ソナ"というと、このセリフを真っ先に思い出す。『スタートアップ：夢の扉』（2020）では、オマージュのような「人を好きになるのに理由なんてない」というセリフがあるが、それをペ・スジ演じるヒロインに言わせるところに時代を感じさせる。

本部長

【ほんぶちょう】

財閥御曹司が、祖父や父の会社で働く場合の主な肩書。「また、本部長!?」と思うこともしばしば。厳密にいうと、韓国において本部長とは職責（社内での職務や権限のこと）であって、副社長や社長などの職位とは異なるのだとか。御曹司の肩書としてよく見る室長やチーム長も職責で、本部長が一番偉く、室長、チーム長と続く。ちなみに理事は職位で、日本でいう取締役のこと。日本だったら中年俳優が演じそうだが、韓国ドラマの本部長は、『逆転の女王』（2010）のパク・シフ、『じれったいロマンス』（2017）のソンフンなど、きりっとスーツを着こなした韓国イケメンばかりである。

弘文館

【ホンムングァン】

朝鮮王朝時代にあった蔵書の管理や政治研究などを担当した官庁。『イニョン王妃の男』（2012）の主人公ブンドは、タイムスリップ先の現代でも図書館に通って文献を調べるなど、弘文館の役人らしく描かれている。そのほか、『暗行御史：朝鮮秘密捜査団』（2020）の主人公も、暗行御史になる前は弘文館の役人だ。『オレンジ・マーマレード』（2015）のように、主要人物の父親が弘文館の長官である"大提学"という設定もよく見受けられる。

本屋

【ほんや】

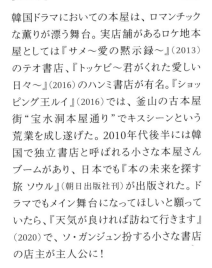

韓国ドラマにおいての本屋は、ロマンチックな薫りが漂う舞台。実店舗があるロケ地本屋としては『サメ〜愛の黙示録〜』（2013）のテオ書店、『トッケビ〜君がくれた愛しい日々〜』（2016）のハンミ書店が有名。『ショッピング王ルイ』（2016）では、釜山の古本屋街"宝水洞本屋通り"でキスシーンという荒業を成し遂げた。2010年代後半には韓国で独立書店と呼ばれる小さな本屋さんブームがあり、日本でも『本の未来を探す旅 ソウル』（朝日出版社刊）が出版された。ドラマでもメイン舞台になってほしいと願っていたら、『天気が良ければ訪ねて行きます』（2020）で、ソ・ガンジュン扮する小さな書店の店主が主人公に！

韓国ドラマ×Kカルチャーで
韓国がもっとわかる！

韓国の社会問題を取り上げたドラマとともに、
ドラマとは異なる視点で描かれた映画・小説・コミックをピックアップ。
さまざまな角度から韓国の社会問題を知ることで、より理解が深まります！

労働問題がもっとわかる！

『錐－明日への光－』
（2015）

『明日へ』
（2014）

『ペガサスマーケット』
（2019）

『錐－明日への光－』は、韓国の労働問題が過酷なことがよくわかる。これでもかというほど現実を見せつけられ、観ていて辛くなっていく。『明日へ』でも、そんな『錐』のスーパーマーケットとほとんど同じような出来事が起きるが、不当解雇に対する座り込みデモが明るく描かれるシーンもあり、少し救いがある。そして、さらなる救いを感じるのが、『ペガサスマーケット』だ。同じくスーパーマーケットを舞台にしているが、社会の片隅に追いやられている労働者たちの希望の星は、へんてこりんな社長。あっけらかんとした精神が、どうしようもないときの大切な救いになることに気づかされる。

新興宗教問題がもっとわかる！

『君を守りたい
～SAVE ME～』
（2017）

『我は神なり』
（2013）

『約束の地
～SAVE ME～』
（2019）

『シークレット・
サンシャイン』
（2007）

『君を守りたい～SAVE ME～』でもカルト教団（→「カルト教団」参照）が村の人々を餌食にする様が描かれるが、人の心の危うさがより露わになるのが、アニメ映画『我は神なり』と、同作のドラマ版として制作された『約束の地～SAVE ME～』だ。寒村に忍び込む怪しい宗教団体が、二段三段構えの巧妙な手口で村の人々を飲み込み、新たな悪を生み出していく。映画版は"個"を、ドラマ版は"社会"を中心に描いており、また違った感慨を覚える。信仰と詐欺、善人と悪人、神と悪魔……。その境目は曖昧なのかも？　宗教の"赦し"について考えさせられる名作『シークレット・サンシャイン』も、必見の一作。

海外養子問題がもっとわかる！

『ごめん、愛してる』
（2004）

『冬の小鳥』
（2009）

『バービー』
（2011）

『はちみつ色のユン』
（2015）

『ごめん、愛してる』は、海外養子（→「海外養子」参照）のインタビューシーンから物語が始まっている。主人公は、少し陽気にまだ見ぬ母について語る。ドラマを観終わった後、もしくはここに挙げた関連作すべてに触れた後、そのシーンを見返すとつらい。胸が痛くなる。20世紀最大の孤児輸出国ともいわれる韓国。『冬の小鳥』では児童養護施設から、『バービー』では寒村から、幼い子が海外養子へと向かう姿を映し出す。韓国からベルギーの海外養子となった作家が綴るコミック『はちみつ色のユン』は、映画にもなったが、彼らが辿る道とその深い心の傷が丹念に描かれている。

マウム
【マウム】

韓国語で、心、精神、気持ちという意味。「心に値段がつけられますか?」「心だけは渡さない」「私の心はどうしてくれるんだ」「心の赴くままに」などなど、韓国ドラマのセリフには"心"という言葉がしょっちゅう出てくる。ドラマを集中して観ていくと、日本語の"心"という意味よりももっと深く、THE BLUE HEARTSの楽曲『情熱の薔薇』の「♪心のずっと奥の方」というフレーズの意味合いに近いように思えてくる。ただそこにある、動かない純粋性、得体の知れない想い。このマウムの感覚に感動や共感ができるかどうかで、韓国ドラマ沼にハマるかどうかが決まるのかも。

前髪タッチ
【まえがみたっち】

相手の乱れた前髪をさっと手で整える行為のこと。男性→女性、女性→男性、いずれのパターンもアリ。劇中では、ある程度の仲になるとすぐに髪を触るのだが、スキンシップ慣れしてない日本人からすると、「ええっ、そこで触っちゃうの!?(セクハラじゃない!?)」と思ってしまうことも。一番よくあるのが、車の中で相手が寝ているとき。前髪を

整えて相手の顔を覗き込み、時には手で唇に触れたり……。『スタートアップ:夢の扉』(2020)では、キム・ソノが韓ドラお決まりの前髪タッチからの流れをしなかったことで、紳士的だと好感が高まった。

マクチャンドラマ
【マクチャンどらま】

不倫、復讐、殺人、近親相姦など、日常とはかけ離れた出来事が次々と起こる壮絶な愛憎ドラマのこと。観始めたら止まらない韓国ドラマの人気ジャンル。毎日ドラマ(→「毎日ドラマ」参照)に多いが、韓国ではこの内容を朝ドラとして放送することもあるというからすごい。"マクチャン"とはそもそも韓国語で"どん詰まり"という意味で、ワンパターンで発展がないという意味合いが込められているが、昨今ではよく練られたマクチャンドラマも人気。マクチャンドラマの大家2人がシナリオを手掛けた、キム・スノク脚本の『ペントハウス』(2020〜)と、リム・フィービー(イム・ソンハン)脚本の『結婚作詞 離婚作曲』(2021〜)も、奇抜で刺激的ながらも上質な作りで大ヒットシーズンドラマに。

股割り
【またわり】

時代劇で一度は観たことがある、最もポピュラーな拷問のひとつ。罪人を椅子に座らせて両足首を縛り、股の間に差し込んだ2本の棒をクロスさせて股を割る拷問。韓国語ではチュリ(周牢)という。劇中でも、ものすごい悲鳴を上げて気を失ったり、股が血みどろになったりするシーンがあるが、『悲劇の朝鮮―スウェーデン人ジャーナリストが目撃した李朝最後の真実―』(白帝社刊)では、"脚の骨が砕けつぶれる音が聞こえる"などと、実際に目にした情景が詳しく描写されている。そのほか、十字の

板に縛りつけられて尻を叩かれる鞭打ちの刑（苔刑）も、韓流時代劇でよく見る拷問。

く、お金をかけずに2人だけでただ楽しめるデートという意味で、韓国ドラマにおいてはカップルの幸せの象徴のようなもの。『偶然見つけたハル』(2019)では、記憶をなくしたヒロインと男性主人公の街ブラデートで切ないシーンを創出した。

マッコリ
【まっこり】

マッコリの
飲みすぎ注意!!
韓ドラヒロインて
→すぐ吐く
←白目
シゲロ

朝鮮半島の伝統酒で米が主原料のアルコール発酵飲料。日本では生マッコリが人気で、ソジュ（→「ソジュ」参照）よりも好きな人が多い印象。かつては、『シンデレラのお姉さん』(2010)でマッコリの酒造所がメイン舞台になったり、『ファンタスティック・カップル』(2006)で金持ちのヒロインがマッコリの味に目覚めたりと、懐かしさと切なさを醸し出すアイテムとして印象的に使われていた。最近はその座をソジュに奪われた感があったが、『ヴィンチェンツォ』(2021)や『怪物』(2021)、映画『リトル・フォレスト 春夏秋冬』(2018)では再びマッコリにスポットが当てられており、復活の兆しも。マッコリはチヂミに合わせるのが定番。2021年には新大久保に煌びやかなマッコリ・チヂミ専門店「人生酒場」がオープンして人気に。

街ブラデート
【まちぶらでーと】

主に気持ちを確かめ合ったあとのファーストデートや、最終回間近のラストデートに使用される。だいたい楽し気なBGMだけでセリフはなく、イメージビデオのようなシーンになっている。露店でアクセサリーや帽子を実際につけて楽しんだり、屋台で買い食いしたり、ストリートミュージシャンを眺めたり、ゲームセンターに寄ってクレーンゲームをしたりする。財閥とか庶民とか関係な

韓ドラあるある
街ブラデート

眼差し演技
【まなざしえんぎ】

現代劇 時代劇

とにかく韓国イケメンの眼差し演技はスゴい。眼力においては、韓国俳優界でチェ・スジョンの右に出る者はいないと思うが、ここで伝えたいのは、それではない。左右にかすかに揺れる瞳、今にも涙がこぼれそうなウルウルとした瞳、「絶対に離さない」と言いながら貫くようにまっすぐ見つめる瞳。韓国イケメンは、感情を眼差しで表すことに秀でている。さまざまな眼差しを使い分けて、ドラマの魅力を向上させる。そのスゴさにまだ気づいていない人は、次のドラマはぜひ眼差しに注目を！

ま

丸ごとの茹で鶏
【まるごとのゆでどり】

時代劇

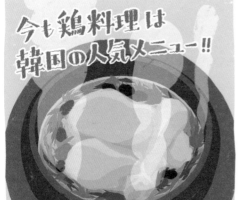

時代劇のご馳走。『善徳女王』(2009)でもピダムの大好物だった。現在でも、タッカンマリなどの鶏を丸ごと使った料理や、フライドチキンが人気の韓国だが、韓国といえば牛肉と豚肉と思い込んでいた筆者のイメージを覆したのが丸ごとの茹で鶏だった。ギャートルズ肉のように豪快にガツガツ食べ

るのが特徴。おいしいところをちぎってあげたりする行為は、スプーン乗せ（→「おかずスプーン乗せ」）の心に通じるものがある。

○年後
【まるねんご】

現代劇 時代劇

今、空港に着いたわ…

海外から戻ってくる

物語の切り替わりに使われる常套手段。主に、①不幸な幼少期から成人期に転換するとき、②終盤に離れ離れになった主人公とヒロインが再会するとき、の2つのタイミングに使われる。①の場合は、グルグル画面が回ったり、カメラが青空にパーンすると、「○年後」となるパターンがかつて流行った。悲劇で終わった幼少期を振り切るように、成人期は明るい音楽で始まるのも定番。②の場合の「○年後」は、空港スタートが人気。海外から戻って来た主人公やヒロインが映し出されるが、たいていワンランクアップグレードした姿をしている。

#MeToo
【みぃーとぅー】

現代劇

セクハラや性被害を共有するために使用されるSNS用語。2017年にハリウッドの大物

プロデューサーがセクハラ告発されたことが韓国芸能界にも影響を及ぼし、映画監督や俳優のセクハラ事件が発覚。2018年には警察の調査を受けていたドラマ界の名優チョ・ミンギが自ら命を絶った。韓国では、2016年に女性というだけで男性に殺害された江南駅付近女性殺人事件が起き、フェミニズムのムーブメントが高まっていたことも大きい。韓国女性の生きづらさを綴った『82年生まれ、キム・ジヨン』(2019)は映画も原作本もヒット。ドラマでも『よくおごってくれる綺麗なお姉さん』(2018)『契約主夫殿オ・ジャクトゥ』(2018)など、直接テーマに掲げずともフェミニズムの話題に触れる作品が昨今多くなった。

未婚の母
【みこんのはは】
現代劇

最近は、"シングルマザー"のほうが通りがいい。韓国ドラマでは、主人公もしくは主人公の母親が未婚の母であることが、物語の肝になっていることが多い。古くは『冬のソナタ』(2002)『ごめん、愛してる』(2004)、最近では『結婚契約』(2016)『マザー～無償の愛～』(2018)など。韓国で未婚の母が1人で子どもを育てるのは、日本以上に厳しいといわれる。育て切れない子どもを、児童養護施設の前に置き去りにする姿や海外養子(→「海外養子」参照)に出すエピソードがたびたび盛り込まれ、韓国社会の未婚の母に対する偏見、過酷な子育て事情を垣間見ることができる。『椿の花咲く頃』(2019)は、ドラマの内容が多くの未婚の母の慰めになったと、韓国の未婚の母団体から感謝碑が贈呈された。

『密会』のベッドシーン
【みっかいのべっどしーん】
現代劇

『密会』(2014)の2人の姿もベッドもまったく見せない斬新なベッドシーンのこと。同作は、ユ・アイン演じる20歳の青年とキム・ヒエ演じる40歳の人妻の純愛を描いたドラマ。肉欲的になる可能性もある20歳差のベッドシーンを、貧しいピアニストである主人公の簡素な部屋のカット、2人の静かな会話、ピアノの音色だけで構成し、儚く美しい場面に仕上げた、韓ドラ随一のラブシーンだ。本作には、このほかにもビリー・ジョエルの名曲『ピアノマン』を1曲まるまる2人で聞くという型破りなシーンもある。

ま

密航
【みっこう】

現代劇

韓国内から逃亡しようと企てる犯罪者や容疑者が採る最終手段。出国禁止（→「出国禁止」参照）になると空港からは脱出できないため、彼らは密航するべく夜の港へと向かう。必須アイテムは、偽造パスポート。ギリギリの選択のため、信用できそうにもない人に大金を払って入手することになり、時には騙されてしまうことも。手配がうまくいき、いざ密航となっても、結局、警察などが待ち構えていて乗船前に捕まってしまう。ドラマでは、密航がうまくいったところを見たことがない気がする。

ミニシリーズ
【みにしりーず】

ジャンルを問わず、12〜20話程度で放送されるドラマのこと。以前は16話が基本だったが、最近は12話や20話も人気。韓国では"月・火""水・木"など週2回放送されるのが通例。演技大賞（→「地上波テレビ局の演技大賞」参照）でもミニシリーズ部門の賞が設けられていたり、"ミニシリーズ視聴率No.1""ミニシリーズ初主演"などと謳われたりもする。毎日ドラマ（→「毎日ドラマ」参照）などに比べ完成度が高い作品が多いといわれ、日本でブームになるのもミニシリーズのドラマが多い。

身分隠し
【みぶんかくし】

現代劇　時代劇

一番よくあるのは、高い身分を隠すパターン。現代劇ならば財閥御曹司であることを隠して会社で平社員として働いたり、時代劇ならば世子であることを隠してフラリ

と街を歩いたり。そこでヒロインと出会い、最初は最悪な出会いなのだが、次第に恋へと発展する……というのが鉄板の流れ。『赤と黒』（2010）『カネの化〜愛を閉ざした男〜』（2017）『潜入弁護人〜Class of Lies〜』（2019）のように、復讐などのために身分を偽って潜入、もしくは側近として近づくのも、よくある展開だ（だいたい財閥家やそれにかかわるところに潜入！）。

見守り男子
【みまもりだんし】

現代劇　時代劇

好きな女性をそばで見守り、ピンチのときは助けてくれ、どこか紳士的、そんな男子のこと。たいてい二番手（→「二番手」参照）は、ヒロインを奪おうとする系と、この見守り系に分かれる。切ない眼差しをして"そば"で見守ることが条件。『花様年華〜君といた季節〜』（2020）では、何と25年間もヒロインをそばで見守っていた相当我慢強い見守り男子が登場。また、ペ・スビンは、『華麗なる遺産』（2009）『トンイ』（2010）と2作にわたり、ハン・ヒョジュ演じるヒロインの見守り男子役に扮した。

見守り男子の愛のカタチ!?尾行デート!!

美男ですねカン・シヌジョン・ヨンファ

ミュージカル俳優
【みゅーじかるはいゆう】

ミュージカルが盛んな韓国だが、ミュージカル俳優はドラマ界でも活躍。なかでも『馬医』(2012)『秘密の森』(2017)などの主演俳優チョ・スンウはミュージカル界のトップスター。そのほか、ユ・ジュンサン、オム・ギジュン、カン・ハヌルなども、ドラマだけでなく舞台でも人気。『刑務所のルールブック』(2017)『賢い医師生活』(2020〜)はミュージカル俳優が多数出演していることでも知られ、メインキャストのチョン・ミドはミュージカル女優であるのに劇中では歌が下手な役に扮していた。

ミランダ警告
【みらんだけいこく】

現代劇

逮捕時や取り調べの前に、被疑者の権利を告知すること。劇中で、「弁護人を選任でき、逮捕、勾留適否審査を請求できる」などと言いながら刑事が手錠をかけるシーンが、それ。アメリカ発祥の法手続きのひとつ。韓国では1997年に導入。『ライフ・オン・マーズ』(2018)では、1988年にタイムスリップした主人公が「ミランダ警告」を求め、80年代の刑事に「飲み物の名前か?」と訝しがられるシーンがある。

明
【みん】

時代劇

1368年から1644年まで中国に存在した王朝。朱元璋が元を駆逐して建国。朝鮮王朝は明の冊封体制下に入った。王や世子になるためには宗主国である明から承認を得なければならず、『大王世宗』(2008)『華政〔ファジョン〕』(2015)など、ドラマにもそ

のエピソードがよく登場する。また、明の使者がやって来て無理な要求をされたり、不遜な態度をとられたりするのも定番シーン。『軍師リュ・ソンリョン〜懲毖録<ジンビロク>〜』(2015)など、壬辰倭乱(イムジンウェラン)(→「壬辰倭乱」参照)を描いたドラマでも明と朝鮮王朝との関係がよくわかる。

民主化デモ
【みんしゅかでも】

現代劇

70〜80年代の軍事独裁政権時(→「軍事独裁政権時代」参照)に民主化を求めて行われたデモのこと。ドラマでも、時代のひとつの風景としてたびたび登場する。なかでも激しい抗争となった光州事件(→「光州事件」参照)を舞台にした『砂時計』(1995)『五月の青春』(2021)などでは、ダイレクトに描写。『ラブレイン』(2012)『恋のスケッチ〜応答せよ1988〜』(2015)などでも、催涙ガスが立ち込める風景が描かれたり、デモに巻き込まれたり学生として参加したりするエピソードが盛り込まれている。

閔妃 (1851～1895)

時代劇

【ミンビ／びんひ】

朝鮮王朝第26代王・高宗（コジョン）の妃、明成皇后（めいせいこうごう）のこと。良家の生まれだが、8歳で両親を亡くして天涯孤独に。高宗の父・興宣大院君（フンソンテウォングン）（→「興宣大院君」参照）の目に留まり王妃となるが、聡明で知略に長けていたことから後に政権を牛耳り、大院君と対立。1895年、景福宮内で日本の軍人らにより暗殺された（乙未事変（いつびじへん））。ミュージカル作品をドラマ化した全124話の『明成皇后』(2001)では、ムン・グニョン、イ・ミヨン、チェ・ミョンギルの3人が各世代を熱演。そのほか、『済衆院／チェジュンウォン』(2010)『朝鮮ガンマン』(2014)『風と雲と雨』(2020)などにもエピソードが盛り込まれる。

巫堂

現代劇 時代劇

【ムーダン】

吉凶を占ったり、悪霊を追い払ったりする、朝鮮半島の伝統的なシャーマン。『太陽を抱く月』(2012)ではヒロインが王宮内の官庁"星宿庁"（実際に朝鮮王朝前半まで存在したと伝わる）の巫堂だったが、町の巫堂が脇役として登場することも多い。母親が子ども

と結婚相手の相性を見てもらおうと巫堂の元を訪れることも。『第5共和国』(2005)では、「全斗煥（チョンドファン）は大統領になれない」と占う巫堂たちを情報員が拷問する珍シーンがあった。また、『客-ザ・ゲスト-』(2018)『謗法～運命を変える方法～』(2020)は、楽器が打ち鳴らされる中、巫堂がぐるぐる回り踊ってトランス状態になる宗教儀式"クッ"のシーンが圧巻。

胸キュン

現代劇 時代劇

【むねきゅん】

胸がキュンキュンときめくこと。韓国語では、"シムクン"という。ロマンスものにはなくてはならない要素。劇中では、恋に疎い男性主人公が、自分が胸キュンしたことを"胃もたれ"と勘違いする場面をよく見る。日本では韓国ドラマを"胸キュンラブコメディ"と紹介したがる傾向が。軽いノリで楽しめるドラマと思って観ると、意外にそうでもない作品もあるので注意が必要だ。

太陽を抱く月

泣きながら胸を叩く

ドンッ

胸たたき

現代劇 時代劇

【むねたたき】

韓国ドラマにおいての感情表現のひとつ。

登場人物たちは耐え切れない心の痛みが襲ってきたとき、胸をたたきながら号泣する。時には、その想いを抱え切れずに気を失ってしまうことも。女性が多いが、若手のイケメン俳優も結構やっている。日本では見たことのない光景だが、胸たたきは気の流れをよくするために有効だという説も。そのほか、頭に血が上ったときに後頭部を押さえるという感情表現も、韓ドラならでは。

絶対カモフラージュならん柄…

レトロ制服？教練迷彩服

ま

ムン・グニョン ×ムン・チェウォン
【ムン グニョン×ムン チェウォン】 時代劇

『風の絵師』(2008)に出演した女優2人。SBS演技大賞で史上初の女性カップルでのベストカップル賞を受賞した。朝鮮王朝後期最高の画家シン・ユンボクが実は女性だったという奇抜な発想で描かれた作品で、ムン・グニョンは男装の天才絵師を好演。同演技賞では最年少で大賞を受賞している。パッと見た目はつぶらな瞳の女性なのに、その演技力でふとイケメン儒者に見えるのが不思議！ ムン・チェウォン扮する妓生が惚れてしまうのもうなずけるほど。厳密にはウーマンス(女性同士の親密な友情。ブロマンス(→「ブロマンス」参照)の女性版)ではないが、その走りともいえそうだ。

迷彩学生服
【めいさいがくせいふく】 現代劇

70年代、80年代を舞台にしたドラマでたびたび登場する、上下揃ったホワイトタイガー柄のような迷彩服のこと。「大阪のおばちゃん!?」と見紛うようなこの服は、朴政権下に行っていた高校の軍事教育の際に着た"教練服"と呼ばれるもの。登下校にも着ていたようで、劇中の民主化デモ(→「民主化デモ」参照)のシーンでもよく見かける。『チング〜愛と友情の絆〜』(2009)では、あの

ヒョンビンがカッコ良く着こなしている。韓国では遊園地で仮装を楽しんだりするが、レトロブームに乗って教練服もアイテムに。『結婚作詞 離婚作曲』(2021〜)でも、イ・テゴンが遊園地で颯爽と着ていた。

名分
【めいぶん】 現代劇 時代劇

身分や地位によって守るべき本分のこと。儒教道徳では、この名分が非常に重視されるが、韓国ドラマでもよく聞く言葉のひとつ。韓国語で"ミョンブン"と言い、耳をすませば、「これならミョンブンが立つ」などと、劇中で権力者たちが言っているのを耳にできる。「よくぞそんな名分を考え出したな」ということも多々あるが、そのうち「名分はどうなってるんだ？」と観ているこちらも気になるように。また、同じように重視されるものに"道理"がある。「道理に背くことはするな」というセリフは定番。『偉大なショー〜恋も公約も守ります！〜』(2019)では、ソン・スンホン扮する政治家が父親を孤独死させたことが道理に背く行為とされ、選挙に負けてしまうシーンがあった。

迷惑な親族
【めいわくなしんぞく】

主人公やヒロインの周りに1人は迷惑な親族がいるのが、韓ドラの決まり事のひとつ。『パリの恋人』(2004)『バリでの出来事』(2004)『棚ぼたのあなた』(2012)『チョコレート：忘れかけてた幸せの味』(2019)など、兄弟や叔父さんであること多いようだ。借金を重ねてお金を無心するなどして男性主人公やヒロインの行く手を阻むが、だいたい憎めないタイプで、ドラマのいい賑やかしに。一方で両親の場合は、ディープな話になることもある。昨今は狂暴化が進み、お父さんが連続殺人犯……なんてケースも。

メガネ
【めがね】

韓国ドラマにおいての知的アイテム。劇中でクールなイメージや真面目な雰囲気を出したいときにつける。メガネ韓国男子の元祖といえばペ・ヨンジュンだが、韓国では『冬のソナタ』(2002)より前の『若者のひなた』(1995)で"ペ・ヨンジュンメガネブーム"が起きたという。『冬のソナタ』では、キャラクターに差をつけるためにかけたそうだが、チェ・ダニエルのように作品によってメガネをつける俳優も多い。『約束の地〜SAVE

焼き芋が好きか？ふかし芋が好きか？

応答せよ1988 リュ・ドンリョン イ・ドンフィ

ME〜』(2019)では、詐欺師が豹変アイテムとして使用。メガネをかけるとインテリ教授、外すと素の凶悪詐欺師に。

妄想シーン
【もうそうしーん】

主人公やヒロインが恋の病にかかると登場するシーン。たいてい自分の恋心を打ち消そうと1人で悶々としているときに、恋する相手がボワッと目の前に現れる。『シークレット・ガーデン』(2010)は、ヒョンビン扮する主人公の前にさまざまなファッションをしたヒロインが現れる妄想シーンが有名。韓国ドラマのパロディドラマをいくつか制作しているBIGBANGも、同場面に挑戦しているが、ヒロインのライム役を演じたG-DRAGONが本家ハ・ジウォンを超えた(?)セクシーさを発揮し話題に。

もしも王室が残っていたらドラマ
【もしもおうしつがのこっていたらどらま】

『宮〜Love in Palace』(2006)が先駆け。ツンデレ皇太子のシン君(チュ・ジフン扮)と普通の高校生のチェギョン(ユン・ウネ扮)が繰り広げる王宮ロマンスが大人気を博した。身分違いの恋が大好きな韓国ドラマだが、王族×庶民の恋はその究極の形ともいえ、定期的に制作されている。現代の王宮というロマンチックな舞台も、ラブロマンスを盛り上げる要素に。そのほか、『マイ・プリンセス』(2011)『キング〜Two Hearts』(2012)『皇后の品格』(2018)『ザ・キング：永遠の君主』(2020)などがある。

モッパンドラマ
【モッパンどらま】

食べるシーンを盛り込んだドラマのこと。

"モッパン"とは"モグヌン バンソン"（直訳すると"食べる放送"）の略で、食べるシーンのことを指す。シーズン3まで制作された『ゴハン行こうよ』（2013〜）が有名。主人公ク・デヨンにはぜひ、寅さんのように全国各地を巡り続けてほしい。韓国料理の美しさもわかる『天地人〜チョンジイン〜』（2011）も、温かな佳作。そのほか、『私に乾杯〜ヨジュの酒〜』（2015）『甘辛オフィス〜極上の恋のレシピ〜』（2018）などがある。モッパンドラマの良作は、食べる幸せを生きる喜びに昇華させる。ちなみに韓国俳優のモッパン王といえば、ハ・ジョンウ。映画『哀しき獣』（2010）などでの食べる演技があまりに真に迫っていたことから、その称号を得た。

モデル出身俳優
【もでるしゅっしんはいゆう】

先駆者はチャ・スンウォン。昨今は、その路線を継承したような俳優が続々と誕生。ナム・ジュヒョク、イ・ジョンソク、キム・ウビン、キム・ヨングァンなどは、抜群のスタイルに演技力も備え主役もこなす。『ボーンアゲイン〜運命のトライアングル〜』（2020）では、イ・スヒョクと、彼に憧れモデルとなったチャ

ン・ギョンが共演。まさにモデル出身俳優対決といった様相を呈し、ドラマの内容はさておき、長い廊下をモデルウォーキングのごとく歩く姿やバイクを長い脚でバッとまたぐ姿に目を奪われる。

モムチャン
【モムチャン】

たくましい筋肉を持つ人のこと。"モムチャン俳優"などという。韓国語のモム（体）とチャン（良い）を組み合わせた造語。韓国俳優ではチャ・インピョを元祖とする情報もあるが、2004年発行の某ムックにはモムチャンスターの始まりはイ・ジョンジェだと記されている。クォン・サンウを思い浮かべる人も多いだろう。一時減ったように思えたが、最近はまた増加傾向。イケメン俳優は、劇中で一度は肉体美を披露するのが義務化されたようにも見える。筋肉隆々タイプより日本でいう細マッチョ系が増えている中、『ムーブ・トゥ・ヘブン：私は遺品整理士です』（2021）のイ・ジェフンは格闘家並みの筋肉に仕上げていた。

モ・ワニル（1976〜）
【モ ワニル】

演出家。『ビューティフル・マインド〜愛が起こした奇跡〜』（2016）などの共同演出、『ヒーラー〜最高の恋人〜』（2014）などのPDを務めてきたが、『ミスティ 〜愛の真実〜』（2018）で急浮上。『夫婦の世界』（2020）は大ヒットし、第56回百想芸術大賞で演出賞を受賞した。いずれの作品も緊迫感あふれる物語を上質に描いているのが目を引く。現在はJTBCに所属するが、もともとはKBSの演出家で、シン・ウォンホ監督（→「イ・ウジョン脚本家＆シン・ウォンホ監督」参照）やキム・ウォンソク監督（→「キム・ウォンソク」参照）と同期。彼らとともに一時代を築きそうだ。

ま

フランス

『恋するパッケージツアー ～パリから始まる最高の恋～』

パリとフランス北部のロマンチックな風景とともに、旅の感性が蘇る一作。世界遺産の修道院モン・サン＝ミシェルもたっぷり見せてくれる。ヒロインの名所案内、旅先でのあるある話、ツアー客それぞれの人生模様も面白く、まるで韓ドラ版ロードムービーのよう。

スペイン

『青い海の伝説』

北部の町ア・コルーニャの世界遺産"ヘラクレスの塔"の場面が心に残る。

スペイン

『アルハンブラ宮殿の思い出』

劇中ではヒロインがガイドを務めてグラナダを案内。アルハンブラ宮殿内も舞台に。

スロベニア

『黒騎士～永遠の約束～』

本作を観れば、ヨーロッパの小国・スロベニアの美しさがよくわかる。旅行代理店勤務のヒロインと青年実業家の主人公。2人を引き合わせる重要な場所として登場するのは、"アルプスの瞳"とも称されるブレッド湖の湖岸に建つブレッド城だ。絶壁という危うい場所にある古城の情景は、意味深なタイトルにもぴったり。2人の恋の行く末を物語っているようにも見える。最終回のスロベニアシーンも、いやはや切なく美しい。

ポーランド

『私の恋したテリウス～A Love Mission～』

韓ドラ初のポーランドロケ。ワルシャワ歴史地区がドラマでたっぷり堪能できる。

チェコ

『キミはロボット』

温泉リゾート地カルロヴィ・ヴァリで撮影。実は"ロボット"の語源はチェコ語！

フランス

『パリの恋人』

ちょっとした街角も様になるパリ。ヒロインが語学学校に通う風景も見どころ。

ポルトガル

『第3の魅力～終わらない恋の始まり～』

主人公が傷心旅行で訪れ、リスボン、エボラ、オビドスなどの町を歩き回る。アルガルヴェ地方のベナジル海中洞窟、アレンテージョ地方のぶどう畑の風景も見どころ。市場で買い物したりドミトリーに宿泊したり、バックパッカー旅をちゃんとしているのも面白い。

モロッコ

『Vagabond ／バガボンド』

砂漠や異国情緒あふれる街並みの中で、激しいアクションを披露。

ハンガリー

『ドクター異邦人』

バイクでブダペストを駆け巡るシーンが圧巻。名所セーチェーニ鎖橋でもアクション全開。

ロシア

『白夜』

ドラマで90年代のロシアが見られるのは貴重。中央アジアなどの旧ソ連諸国も登場。

スイス

『愛の不時着』

湖畔のピアノ演奏シーン、2人の愛の象徴のような美しい山々に目はくぎ付け！

ギリシャ

『太陽の末裔 Love Under The Sun』

架空の地ウルクのロケ地。難破船もいいけど、山の斜面に広がる町アラホバの絶景も◎。

ヨルダン

『ミセン－未生－』

最終回に、あの"インディ・ジョーンズ"の舞台・ペトラ遺跡が登場！

「なぜここで!?」と、意外すぎる異国の地で
撮影が行われていることも多い韓国ドラマ。
観るだけで海外旅行気分になれるドラマを
ずずずいっとご案内！

タイ
『ミスティ～愛の真実～』
舞台のホテルはタイの貴族
の元邸宅。スコールがエロ
ティックなスパイスに。

アメリカ
『ホテリアー』
オープンカーでラスベガス付
近の荒野を行くシーンは、往
年のアメリカ映画のよう！

カナダ
『トッケビ～君がくれた愛しい日々～』
古き良きフランスの情緒が残るケベック歴史
地区にテレポートできるなんてステキ。

香港
『フレンズ』
香港らしい風景たっぷり。
現地にポツンと残されたヒ
ロイン視点で楽しむのも。

日本（沖縄）
『だから俺はアンチと結婚した』
那覇散策シーンと、ヒロインが第一牧志
公設市場で迷子になるシーンが印象的。

ニューカレドニア
『花より男子–Boys Over Flowers』
劇中では、御曹司軍団の旅にふさわしく海
上コテージへ。青い海にうっとり！

オーストラリア
『ごめん、愛してる』
メルボルンの路面電車が走る街
並みとともに、旅人が騙される
風景にも旅情が……。

インドネシア（バリ島）
『バリでの出来事』
序盤と最終回はバリ島が舞台。衝撃的な
ラストシーンは、クタビーチで撮影。

ネパール
『ナイン ～9回の時間旅行～』
ヒマラヤ山脈を望む湖畔の町・ポカラが重
要な舞台に。上空からのシーンも見もの。

キューバ
『ボーイフレンド』
2人の出会いの舞台となったのは、ハバナのカバー
ニャ要塞。キューバ人歌手オマーラ・ポルトゥオン
ドの "Si llego a besarte"（「あなたにキスしたら」）
が流れる中、夕景をバックに自由を謳歌する人々
が色づいていくシーンは、本作を象徴する場面だ。
街角でサルサを楽しむ人々、通りを走るクラシック
カー、チェ・ゲバラが描かれた壁、海沿いのマレコ
ン通りも、これぞキューバの風景。古い邸宅にふと
迷い込むというシーンも旅の雰囲気満点！

やきもち
【やきもち】

現代劇 時代劇

恋愛ドラマのひとつの局面であり、胸キュンポイント。ほかの男性が、ヒロインに触れるところを見たりヒロインと2人っきりで会っていたと知ったりしたことで、男性主人公のやきもちモードが始動。これによって急激に相手への想いも強まる。このやきもち演技がうまいかどうかは、ラブコメキングになれるかの指標にも。『彼女はキレイだった』(2015)のパク・ソジュン、『嫉妬の化身〜恋の嵐は接近中!』(2016)のチョ・ジョンソクのやきもち演技は、一見の価値あり。

野心
【やしん】

現代劇 時代劇

愛情に飢えた登場人物が抱きやすいもの。能力があるにもかかわらず周囲に認められず、「見返してやる」という想いから野心が芽生える。単に野心的な人物より、"野心と友情""野心と愛情"など、2つの感情の間で揺れ動く人物のほうが韓ドラ的。愛情や友情を手放し、大きな野心を抱いた者は、たいてい破滅の道を辿る。『イ・サン』(2007)のホン・グギョンは、自身の野心とイ・サンへの忠誠心の間で苦しんだ。

屋台
【やたい】

現代劇

韓国ドラマに欠かせないもののひとつ。トッポッキやおでんなどが食べられる立ち食いのおやつ屋台もよく登場するが、しんみりするのは飲み屋屋台。傷心したときに1人でソジュをグイっと煽るシーンは、韓ドラの象徴的な風景だ。屋台→おんぶ(→「おんぶ」参照)の流れになることもしばしば。だいたい屋台のおばさんが、飲みすぎたヒロインを見兼ねて男性主人公を電話で呼び出し

てくれる。『サンガプ屋台』(2020)では相談の場になっていたが、劇中で2人で屋台に行くときは何か相談事があることが多い。

薬局
【やっきょく】

現代劇

病院の薬みたいな袋に入ってる

ドリンクタイプの風邪薬

登場回数が意外に多いスポット。というのも、男性主人公やヒロインは、たびたび体調を崩したりケガをしたりするため。よく見るのは、夜中に具合が悪くなったヒロインのために、主人公が閉店した薬局を渡り歩き、ドアを叩きまくって薬を買おうとするシー

ン。そんな苦労などなかったかのように、手
に入れた薬をヒロインの枕元にポンと置い
て帰ることもあり、視聴者だけを胸キュンさ
せる。『知ってるワイフ』(2018)では、男性
主人公が薬局を営む人の自宅まで押しか
け、店を開けてもらっていた。

屋根部屋
【やねべや】

現代劇

ビルの屋上に作られた掘っ立て小屋のよう
な韓国独特の部屋のこと。『屋根部屋のプ
リンス』(2012)など、タイトルにその名がつ
いた作品もあるが、昨今は韓ドラで大人気
の物件で、貧乏なヒロインが次々と住んで
いる。見晴らしが良いため、半地下部屋(→
「半地下部屋」参照)より希望を感じさせるの
かもしれない。韓国語では"オッタッパン"
という。ペントハウスのようにも感じるが、部
屋に行き着くまでの階段は大変。夏は直
射日光で暑く、冬は吹きさらしで寒いため、
住み心地も悪そうだ。

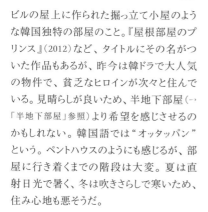

山の隠れアジト
【やまのかくれあじと】

時代劇

反乱軍や秘密結社が密かに集う基地の
こと。『トンイ』(2010)のような洞窟タイプと、
『天命』(2013)のような砦タイプがある。こ

こで密談したり軍事訓練をしたりして団結
力や闘争心を高めるのだが、それだけじゃ
ないのが韓ドラの隠れアジトの醍醐味。反
乱軍が砦タイプに隠れ住んでいる場合は、
子どもも一緒に暮らしていて、みんなが次
第に家族同然になっていくのだ。だが、結
局、国軍に踏み込まれ、軽口をたたき合っ
ていた人々が悲しい結末を迎える……。い
やはや、これぞ韓ドラ的メンタリティ!

やり切れなさ
【やりきれなさ】

現代劇　時代劇

韓国ドラマに必須の要素のひとつ。"無力
感""絶望感"とも表現できるが、具体的
には、個人の努力ではどうしようもできない
ことや大きな力には絶対に勝てないことを
思い知らされるときに抱く感情。貧困な家
庭や庶子に生まれたことから、何をやって
も出口が見えない……。韓国社会の生き
づらさを揶揄した"ヘル朝鮮"という言葉
を連想させる。「やり切れない」と思わずげ
んなりしてしまうが、竹やりで何度も国軍に
突っ込んだ『緑豆の花』(2019)の義兵のご
とく、それでもあきらめずに奮闘する姿が描
かれるのもまた韓ドラならではの魅力。

両班
【ヤンバン】

高麗時代から朝鮮王朝時代の支配階級のこと。高麗時代に官僚が国務を行う際、東班（文官）、西班（武官）と並んだことから、その両方という意味で"両班"と呼称されるように。儒学を学び、肉体労働はせず、両班の特権を維持するためには科挙（→「科挙」参照）を受けて官僚になるしかなかった。両班という身分を証明する族譜（家系図のようなもの）を購入し中人が両班に成りすましたというエピソードや、同じ両班でも庶子（→「庶子」参照）の場合は出世の道が絶たれるというエピソードなど、韓流時代劇は両班にまつわるネタの宝庫だ。

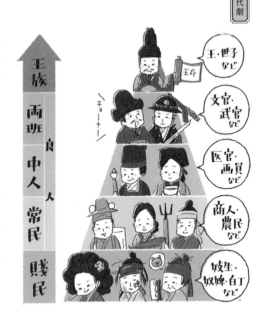

両班肩掛けファッション
【やんばんかたかけふぁっしょん】

時代劇の高貴な女性が着る、袖があるのに通さない外套"トゥルマギ"や、チマチョゴリのチマ（スカート）のようなマント"スゲチマ"。肩に掛けるだけじゃなく頭から被ったりもするため、最初は物珍しいが、見慣れてくると、イスラムの女性のヒジャブにも似ていて奥ゆかしさを感じる。一方、現代劇でも、高い位の女性たちは肩掛けファッションがお好き。豪奢なジャケットをサッと羽織って颯爽と歩く姿が印象的だが、もしかしてこれは、両班の時代から連綿と続いているものでは!?　『愛の不時着』（2019）のヒロインのラストファッションも、カーディガンの肩掛けであった。

USBメモリ
【ゆーえすびーめもり】

現代劇

昨今のサスペンスドラマやオフィスドラマの重要アイテム。単に"USB"と呼ぶことが多い。事件の手がかりとなる映像や、証拠となる書類が保存されていたりして、真相を追う刑事や権力を争う者たちでUSBの争奪戦になることも。『ペントハウス』（2020～）では、死体からUSBが出てくるという荒技も登場。

Uターン
【ゆーたーん】

現代劇

自動車運転シーンのひとつの見せ場。ブレーキを強く踏んでハンドルを切り、キッキーという感じでUターンをする。刑事が緊急通報を受けて事件現場に向かうときにも使われるが、何より目を引くのは、気持ちが高ぶったときの必死な形相のUターン。「オレが助けに行かなくては！」「このまま別れるわけにはいかない！」「今、想いを伝えなくては！」という主人公の焦燥を表す名物シーンで、お気に入りの俳優が演じている場合は見逃してはならない。

幽霊
【ゆーれい】

現代劇　時代劇

本気のホラーものより、ラブコメディやヒューマンドラマによく登場する。幽霊になっても49日間しかこの世にいられず、それを過ぎると悪鬼や怨霊になる、という設定であることが多い。『主君の太陽』（2013）『君を守る恋〜Who Are You〜』（2013）『ああ、私の幽霊さま』（2015）『ホテルデルーナ〜月明か

りの恋人〜』（2019）が人気作。『私の期限は49日』（2011）『私たちが出会った奇跡』（2018）のように幽霊というより魂を扱ったようなドラマも多いが、その場合はだいたい誰かにのり移る。『私だけに見える探偵』（2018）では、生霊も登場。

『雪の華』
【ゆきのはな】

現代劇

2003年に中島美嘉がリリースした楽曲。歌手兼ミュージカル俳優のパク・ヒョシンが2004年にカバーし、『ごめん、愛してる』（2004）のOSTとして大ヒットした。心に切なさが降り積もるような作品にぴったりな韓ドラの名曲の1曲が、日本発というのは感慨深い。韓国版は男性アーティストが歌っているという違いはあるが、曲も詩もアレンジなくほぼ同じ。韓国では原曲が中島美嘉の楽曲だとはあまり知られていないようだ。世界で100組以上のアーティストにカバーされているが、ドラマの主人公を演じたソ・ジソプが歌う姿も実に感動的。

ホテルデルーナ

指ピク
【ゆびぴく】

劇中で昏睡状態の患者の指がピクっと動いたら、そろそろ目覚めるサインだ。韓国ドラマではなぜか本人が目覚めるのを拒んでいる患者が多いが、カメラが指にクローズアップされたら、もう大丈夫。指がピクっとしたのに、次のシーンで目覚めていない場合は、何らかの理由で周囲を欺くために昏睡状態を装っている可能性大。

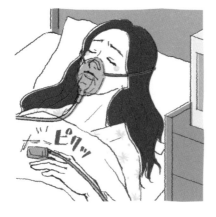

ユミン（1979〜）
【ユミン】

韓国ドラマに初めてレギュラー出演した日本人女優といわれる笛木優子の韓国での芸名。2000年に日本で女優デビューするが、韓国映画やドラマにハマり、韓国に語学留学。その際『わが家』（2001）に出演し、そのまま韓国で女優活動をすることに。2作目では、イ・ビョンホン主演の大ヒット作『オールイン 運命の愛』（2003）に出演。『IRIS－アイリス－』（2009）でも日本人役を務めて活躍し、印象を残した。『IRIS－アイリス2－』（2013）を最後に活動の拠点を日本に移したが、韓国ドラマへの日本人俳優進出の足がかりになったことは間違いない。

ユン・ソクホ（1957〜）
【ユン ソクホ】

演出家。日本の韓流ブームを切り開いたメロドラマの巨匠。美しい映像を紡ぎ出すことから"映像詩人"と呼ばれる。2004年には監督でありながら日本で公式ガイドブック『もっと知りたい！韓国TVシリーズ ユン・ソクホの世界』（共同通信社刊）が出版。本書は、代表作の四季シリーズ（→「四季シリーズ」参照）以外の作品も紹介された貴重本である。『ラブレイン』（2012）からドラマ制作はストップ。復帰作の日本映画『心に吹く風』（2017）は、日本人俳優が出演しているにもかかわらず、韓国メロドラマの雰囲気たっぷりだ。

ユン・ヨジョン（1947〜）
【ユン ヨジョン】

第93回アカデミー賞で韓国俳優として初めて賞を獲得した韓国女優。映画『ミナリ』（2020）で助演女優賞を受賞した。一時女優を引退し米国に居住していたため、授賞式では流暢な英語で皮肉を交えてスピーチし話題に。1966年に女優デビュー。映画では老売春婦を演じるなど挑戦的だが、ドラマでは『棚ぼたのあなた』（2012）『本当に良い時代』（2014）など母親役での活躍が目立つ。『ユン食堂』（2017・2018）などのバラエティでは、辛辣だけれどユーモアあふれる姿で魅了。『プロデューサー』（2015）『ディア・マイ・フレンズ』（2016）では、劇中でもそんな姿を垣間見せる。

吉俣良（1959〜）
【よしまたりょう】

作曲家・編曲家・プロデューサー。映画『冷静と情熱のあいだ』（2001）、ドラマ『薔薇のない花屋』（2008）など、ドラマや映画の

や

OSTを数多く担当。『イルジメ〔一枝梅〕』（2008）では、音楽監督を務めた。自ら作曲したオープニングの『孤独な足跡』は、韓流時代劇の名曲中の名曲。そのほか『花信』『縁』など、手掛けた曲はいずれも切ない旋律が作品のイメージにぴったり。『イルジメ〔一枝梅〕』の成功の一端は、音楽が担っているといっても過言ではない。『青い海の伝説』（2016）でもOSTを担当。2017年には、韓国公演を果たしている。

よその子
［よそのこ］

現代劇 時代劇

韓国ドラマの主人公は、"よその子"であることが多い。その裏には、韓ドラあるあるの典型"出生の秘密"が隠されている。血のつながりはないにもかかわらず、たいてい育ての父は優しいのだが、物語途中で死んでしまうのが常。その後、がめつい育ての母に財産や身分を横取りされるというのが、ひとつのパターンだ。また、財閥家の長が児童養護施設からよその子を連れてきて高い教育を受けさせ、自分の右腕や息子の秘書にするのも、よくある展開。『君の視線が止まる先に』（2020）では、この韓ドラならではの要素を主軸に、これぞ韓国BL（→「韓国BL」参照）というべき作品に仕上げた。

左議政（→「右議政／左議政」参照）に対し、領議政は総理大臣的存在。ドラマでは実質的な最高権力者として登場し、二番手（→「二番手」参照）が息子や孫であることが多い。略称の"領相"（ヨンサン）が、偉い人なのに少しかわいい。

四角関係
［よんかくかんけい］

現代劇 時代劇

第一次韓流ブーム時の作品から脈々と続く恋愛ドラマの定番設定。男性主人公とヒロインは相思相愛だが、二番手もヒロインが好きで、男性主人公には婚約者がいる……というのが典型的。正確には四角ではないが、二番手と婚約者が手を取り合って2人の仲を邪魔することも多く、ここにめでたく四角関係が成立することとなる。

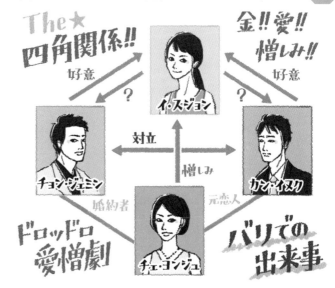

領議政
［ヨンイジョン］

時代劇

朝鮮王朝時代の行政府最高機関・議政府の三役のトップ。副総理的な右議政と

令監
［ヨンガム］

時代劇

従二品と正三品（上位4・5品階目まで）の高官の敬称（→「大監」参照）。

ヨン様
【ヨンさま】

おば様達の初恋 ＊ ペ・ヨンジュン

俳優ペ・ヨンジュン（1972～）の日本での愛称。"微笑みの貴公子"とも呼ばれた。『愛の挨拶』（1994）で俳優デビュー。『冬のソナタ』（2002）でヨン様ブームを巻き起こし、日本の韓流ブーム（→「韓流ブーム」参照）の火付け役に。彼をアジアのトップスターへと押し上げたユン・ソクホ監督（→「ユン・ソクホ」参照）は「全体的には優しい印象ですが、目に強さのある俳優」と評しているが、『初恋』（1996）『愛の群像』（1999）などのやさぐれた役で見せるするどい眼差しも魅力。『ドリームハイ』（2011）のプロデューサー、特別出演を務めて以降は、芸能事務所を運営するなど事業に専念。

燕山君 (1476～1506)
【ヨンサングン】

時代劇

朝鮮王朝第10代王。在位期間は1494～1506年（11年9ヵ月）。朝鮮王朝史上、最も悪名高い王で、ほかの王のように廟号（没したときに与えられる"○祖"や"○宗"など）もない。政治的に対立した党派の人々を粛清したり、実母の廃妃尹氏（ペ ビュン シ）の死にかかわった者を皆殺しにしたりと、残酷な士禍（サ ファ）（抗争）を二度も行った。暴政の限りを尽くし、全国の美女を集めて妓生（キー セン）を教育したり人妻を襲ったりと、淫楽に耽ったことでも有名。クーデターにより廃位した。多くのドラマや映画でその狂気の姿が描かれ、『逆賊－民の英雄ホン・ギルドン－』（2017）ではキム・ジソク、『七日の王妃』（2017）ではイ・ドンゴンが怪演。俳優の役者魂に火をつけるキャラクターでもある。

英祖 (1694～1776)
【ヨンジョ】

時代劇

朝鮮王朝第21代王。在位期間は1724～1776年（51年7ヵ月）。朝鮮王朝史上、最も長寿で長く在位に就いた王。第19代王・粛宗（スク チョン）（→「粛宗」参照）と淑嬪崔氏（スク ピョン チェ シ）（→「トンイ」参照）の息子で、第22代王・正祖（チョン ジョ）（→「イ・サン」参照）の祖父。蕩平策（タン ビョン チェク）により党争を正して人材を広く登用し政治を安定させるなど、数々の業績を残し、"朝鮮のルネッサンス"と呼ばれる時代の礎も築いた。その一方で、自分の息子を餓死させた米びつ事件（→「米びつ事件」参照）の冷徹な王としても知られる。ドラマでは幅広い年齢の俳優が演じている。『イ・サン』（2007）ではイ・スンジェ（→「イ・スンジェ」参照）、『秘密の扉』（2014）ではハン・ソックュ、『ヘチ 王座への道』（2019）ではチョン・イルが扮した。

や

Q1
『愛するウンドン』で
主人公のトップスター、
パク・ヒョンスが公園で
ずっと待っているのは
なぜ？

Q2
現代劇の男性が
無精ヒゲを剃るときの心境は？

Q3
俳優キム・テウの実弟である
俳優キム・テフンは
次男ですが、なぜか
"三男"と呼ばれています。
そのワケは？

難問度MAX！

マニアックすぎる韓ドラ★クイズ

通常の韓ドラクイズでは物足りない人向け！
全問正解できたら、あなたは
かなりのガチマニアです（著者調べ）。

Q4
『愛の不時着』で、
韓国から北朝鮮に
連れ戻される耳野郎こと
チョン・マンボクが
禁断線（軍事境界線）に向かう
車中でつぶやいた
意味深なセリフとは？

Q5
古代ファンタジー
『アスダル年代記』に登場する
モモ族の絶対的な掟とは？

Q6
『ボーンアゲイン
〜運命のトライアングル〜』
など、数多くのドラマに出演する
個性派脇役俳優パク・ヨンスと
瓜二つな日本の伝説的
ミュージシャンといえば？

ANSWER
正解はこちら

A1 愛するウンドンが「待ってて」と言ったから　A2 「やってやるぞ！」
A3 『百済の王 クンチョゴワン（近肖古王）』で三男役を務めたから
A4 「（雨が）降ったりやんだりだな」　A5 「恩は死んでも返す」
A6 Fishmansのボーカル佐藤伸治

A1
初恋の女性ウンドンを捜すためにスターになり、「僕が生きる理由は、君だ」と言い放つヒョンス。ウンドンに言われた「待ってて」という一言だけを信じて、離れ離れになった公園に10年にわたり訪れる情熱に感服。これぞ韓ドラ的愛です！

A2
これから何かを果たそうとするとき、韓ドラの登場人物は無精ヒゲをおもむろに剃り出します。ほとんどの俳優が物語途中でヒゲを剃る中で、俳優チェ・ミンスと俳優キム・サンホは、最後までヒゲ面を貫く韓ドラの貴重な"無精ヒゲ俳優"！

A3
キム・テフンは、オラハ（百済の王の呼び名）の第三子を嫌みたっぷりに演じてインパクトを残しました。ただし、こう呼ばれているのは筆者の周りだけかも。あしからず。自分だけのあだ名をつけると、俳優に親しみがわいて、韓ドラを観るのがさらに楽しくなりますよね！

A4
韓国と北朝鮮の関係を想起させる詩的なセリフ。このあとに、「二度と来ないだろっが、たまに思い出しそうだ」と続けます。もともとしんみりくるシーンですが、さらにグッときます。チョン・マンボクは、このほかにもいいセリフが意外にあるので要チェック！

A5
モモ族は、水の戦士という設定。「恩を返そう！」「恩を返そう！」と雄叫びを上げるシーン、「水に飛び込み、恩を返します！」と言ってみんなで滝つぼに飛び込み主人公を助けるシーンが圧巻。古代の部族なのに儒教っぽい思想が強い気がしますが、韓国の古代ファンタジーならではのキャラに感激しました。

A6
Fishmansは、90年代に活躍したロックバンド。韓国の音楽通にも支持されているようで、ソウルの弘大にはFishmansのアルバムタイトル「空中キャンプ」の名がついたライブハウスもあります。1999年に若くして亡くなりましたが、今も健在ならもっと似ていたかも？

ライバル役 現代劇 時代劇
【らいばるやく】

ラブストーリーを盛り上げるのに必要なキャラクター。主に二番手（→「二番手」参照）に設定される。日本のドラマでもよくあるが、「昔の幼なじみ現る！」という感じで途中投入されることも多い。ライバル役は、『ある春の夜に』(2019)のようなじわじわとくるイヤ〜な奴キャラか、そうでなければ主人公以上に感情移入できる魅力的なキャラがいい。また、『恋するアプリ Love Alarm』(2019・2021)『ボーンアゲイン〜運命のトライアングル〜』(2020)のようなW主演ドラマは、ライバル役がどちらなのか判別がつかず、最後の最後まで楽しめてお得感がある。

ラジオからの声 現代劇
【らじおからのこえ】

ノスタルジックな雰囲気を出したいときに使われる手法。ラジオのDJの声から始まるドラマも多い。『応答せよ1994』(2013)では、停電のときにみんなで寝そべってラジオを聞く場面が、ドラマの象徴的なシーンに。流れていたのは、1969年から現在も続く「星が輝く夜に」という実在するラジオ番組。DJのイ・ムンセの柔らかな声が、甘酸っぱさを感じさせた。直接伝えづらい想いをラジオで伝えることもよくあり、『ナビレラ−それでも蝶は舞う−』(2021)でも主人公のおじいちゃんが孫が勤めるラジオ局に自分の想いを投稿。『ラジオロマンス〜愛のリクエスト〜』(2018)というラジオブースを舞台にしたラブコメディもある。

拉致 現代劇 時代劇
【らち】

韓国ドラマでは、わりと気軽に拉致をする。特に悪徳な金持ち連中は、ちょっと気に入

らないことがあると、関係者をすぐ拉致。細い道や地下駐車場で黒塗りのボックスカーが近づいてきたら要注意。男たちが降りてきて、ざざっと拉致していく。後ろから袋のようなものを被せて拉致するのもよくある手口。拉致して連れて行かれる場所は、現代劇では廃工場（→「廃工場」参照）、時代劇では両班の家の納屋のようなところ。

ラブコメディ 現代劇 時代劇
【らぶこめでぃ】

韓ドラ王道の人気ジャンル。笑って胸キュンしてホロりとくる、隅々まで楽しめるドラマ。心が疲れているときにも気軽に観られ、元気づけられることも。かつては恋愛ものといえば、メロドラマ、純愛もの、ロマンチックラブストーリーが主だったが、日本では『美男＜イケメン＞ですね』(2009)から韓国ラブコメディが隆盛したことにより、韓ドラ人気が若い世代まで広がった。個人的なザ・韓国ラブコメディは、『最高の愛〜恋はドゥグンドゥグン〜』(2011)。

ラブライン 現代劇 時代劇
【らぶらいん】

これぞ韓ドラ語ともいえる言葉のひとつで、恋愛要素を意味する韓国語式英語。「主

人公カップルのラブラインが見どころ！」「本作は、韓国ドラマには珍しくラブラインが盛り込まれていない」などのように使われる。英語では本来、"手相"を意味するようだが、K-POPの歌詞にも使用されており、韓ドラを知らないK-POPファンが戸惑うことも。

『Love Letter』(1995)
【らぶれたー】

1通の手紙から始まるラブストーリーを描いた日本映画。監督は岩井俊二。メインキャストは中山美穂、豊川悦司。韓国でヒットした初の日本映画といわれる。ドラマ監督や俳優でもファンが多く、劇中で登場人物が中山美穂のセリフ「お元気ですか？」をマネするシーンもよく見られる。また、淡い色調やほのかに差し込む日差しは岩井作品の特徴だが、『半分の半分 〜声で繋がる愛〜』(2020)など昨今のドラマにも、その影響が見て取れる。『花様年華〜君といた季節〜』(2020)では、主人公たちの思い出の映画として登場した。本作同様に手紙を題材にした岩井監督初の韓国ショートムービー『チャンオクの手紙』(2017)は、何より姑の描き方が韓ドラ的すぎて驚く。

留学
【りゅうがく】 現代劇

韓国ドラマの重要な要素のひとつ。韓国ドラマにおいて留学は、登場人物のアップグレードに欠かせないものであり、行けばすべてが許される場と認識されている節がある。ヒロインや男性主人公が留学先から帰ってくるところから物語が始まったり、最終回間近で急に留学が決まって離れ離れになったりするのは、定番中の定番。財閥家では、子どもが悪いことに巻き込まれると留学させようとするのが常とう手段だ。また、留学経験がないことが就職に影響を及ぼ

すというエピソードも多く、劇中で一度は"留学"という言葉を聞いている気がする。

料理男子
【りょうりだんし】 現代劇 時代劇

恋愛ドラマでは、たいてい主人公か二番手（→「二番手」参照）のいずれかが料理好き。好きな女性ために腕を振るうシーンは鉄板だ。朝食（→「朝食」参照）のメニューはさまざまだが、夕食に作るのはパスタでなくてはならない。フライパンでパスタと具材を和える雄姿は、必ず披露される。ちなみにパスタの次に作られるのは、韓ドラのお金持ちが大好きなステーキ。元来、韓国は男性優位な社会のため，時代劇でその姿を拝むことはできなかったが、『ノクドゥ伝〜花に降る月明り〜』(2019)では、とうとう史劇でも二番手が料理男子に。

ルームサロン
【るーむさろん】 現代劇

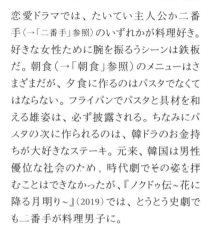

"高級クラブ"とも訳される、ホステス付き個室クラブのこと。煌びやかな装飾の個室に入ると、ソファがコの字に配置され、中央の机の上にはお酒やフルーツがずらりと並べられていることも。一番奥の誕生日席には、女性を両脇にはべらした権力者か、ガラの悪い人が座っている。オフィスドラマの接待シーンで登場することもあるが、一介の社員がここに呼ばれたときには、セクハラ・パワハラなどなど、良からぬことがあると覚悟しなくてはならない。

烈女

【れつじょ】

朝鮮王朝時代に、先立たれた夫の後を追って自死した女性のこと。儒教的な男尊女卑思想が強かった当時は、女性の再婚は厳禁。亡き夫のために貞操を守ることが美徳とされていた。烈女を出した家は"烈女碑"が建てられ称賛されたが、『星から来たあなた』(2013)の時代劇シーンにも、家門の名誉のために舅が嫁を殺そうとするエピソードが盛り込まれる。『ノクドゥ伝〜花に降る月明り〜』(2019)では、そうした未亡人の逃避場所として寡婦村が登場。また、『ポッサム‐運命を盗む』(2021)では、夜中に未亡人を誘拐して別の男性と結婚させる"ポッサム"という習慣がモチーフになった。

連続殺人事件

【れんぞくさつじんじけん】

韓国ドラマで扱われ率№.1ともいえる事件。名作映画『殺人の追憶』(2003)の影響が大きいと思われるが、これほど連続殺人をドラマに登場させる国がほかにあるだろうか? 最近は、5本に1本ぐらいのペースで連続殺人を見ている気がする。韓ドラの連続殺人事件のキーワードは、サイコパス、模倣犯、結束バンド、口笛、ススキ、地下室。犯人が死体を引きずるのも、連続殺人あるある。ピックアップしてみたら、扱われるドラマがあまりに多いことに驚いたので、思いつくかぎり挙げてみた。

こんなにあるよ！ 連続殺人ドラマ

『魔王』(2007)
『H.I.T.[ヒット]‐女性特別捜査官‐』(2007)
『サイン』(2011)
『バッドガイズ〜悪い奴ら〜』(2014)
『カプトンイ 真実を追う者たち』(2014)
『シグナル』(2016)
『華麗なる2人‐ミセスコップ2‐』(2016)
『クリミナル・マインド：KOREA』(2017)
『ボイス〜112の奇跡〜』(2017)
『愛の迷宮‐トンネル‐』(2017)
『デュエル〜愛しき者たち〜』(2017)
『赤い月青い太陽』(2018)
『パンドラ 小さな神の子どもたち』(2018)
『ここに来て抱きしめて』(2018)
『悪い刑事 〜THE FACT〜』(2018)
『客‐ザ・ゲスト‐』(2018)
『ライフ・オン・マーズ』(2018)
『サイコパス ダイアリー』(2019)

『みんなの嘘』(2019)
『椿の花咲く頃』(2019)
『憑依〜殺人鬼を追え〜』(2019)
『キル・イット〜巡り会うふたり〜』(2019)
『悪の花』(2020)
『ザ・ゲーム 〜午前0時：
　愛の鎮魂歌(レクイエム)〜』(2020)
『ザ・プロファイラー〜見た通りに話せ〜』(2020)
『誰も知らない』(2020)
『ボーンアゲイン〜運命のトライアングル〜』(2020)
『Train（原題）』(2020)
『メモリスト』(2020)
『番外捜査』(2020)
『マウス』(2021)
『怪物』(2021)
『模範タクシー』(2021)
『ホームタウン』(2021)

ロケ地巡り
【ろけちめぐり】

韓ドラマニアが好む韓国旅のスタイル。聖地のごとく劇中で使われた韓国内のロケ地に赴き、ほんの束の間、ドラマの世界に包まれ酔いしれる。特に第一次韓流ブーム（→「韓流ブーム」参照）の際には、韓ドラのロケ地は激混みだった。『冬のソナタ』(2002)の高校、『コーヒープリンス1号店』(2007)のカフェ、三国時代劇の舞台となった扶余や慶州など、個人的にもさまざまなロケ地に赴いているが、一度訪れれば、巡るファンの気持ちがよくわかるだろう。思いがけずに大興奮する自分に驚くはず。

『薯童謡〔ソドンヨ〕』などのロケ地・宮南池。

『パダムパダム～彼と彼女の心拍音～』などのロケ地・統営。

ロゴ隠し
【ろごかくし】

現代劇

劇中の登場人物が使用する商品のロゴを隠すこと。スポンサーへの配慮だと思われるが、主人公が着ているジャージブランドのロゴ、乗っている自動車ブランドのエンブレムなどに、ガムテープが貼られていることが。

ブランド名を半分ぐらい隠し、ほかのブランドがあるかのごとく見せる手法も。そこまでするなら、その商品を使わなければいいのにと思うが、昨今の洗練された作品でも散見できる。韓国ドラマならではの愛嬌なのか、それとも、ロゴを隠してまで使いたい究極のこだわりがあるのか……。

『六本木クラス～信念を貫いた一発逆転物語～』
【ろっぽんぎくらす しんねんをつらぬいたいっぱつぎゃくてんものがたり】

『梨泰院クラス』(2020)の原作であるウェブ漫画の日本版タイトル。2017年から配信されたが、当時は "梨泰院"（→「梨泰院」参照）という地名が日本で一般的ではなかったため、同じく外国人やバーが多い "六本木" に舞台を変更したのだという。ちなみに登場人物名も、パク・セロイ→宮部新、チョ・イソ→麻宮葵と、日本名だ。『梨泰院クラス』は原作の漫画作家が脚本を手掛けた作品だが、原作とドラマの同じ部分や違う部分を見比べてみるのも楽しい。韓国のウェブ漫画を日本配信する際は、基本的にタイトルや登場人物名を日本ローカライズするのが恒例のようだが、Kカルチャーがこれだけ拡大したので、今後はあえて変更しない作品があってもいいかも。

わかめスープ
【わかめすーぷ】

現代劇

誕生日に食べる定番料理。韓ドラファンなら知っていて当然ぐらいの初級ネタ。韓国には、ミネラル豊富なわかめ入りのスープを産前や産後に食す習慣があり、子は産んでくれた母に感謝し、母は出産の喜びを思い起こして、誕生日に食べるのだという。母親に作ってもらうのが基本だが、『トッケビ～君がくれた愛しい日々～』(2016)や『サイコだけど大丈夫』(2020)などのように、家族のいない登場人物がわかめスープをしんみり食べるシーンも心を捉える。

倭寇
【わこう】

時代劇

13～16世紀にかけて朝鮮半島や中国沿岸を荒らした日本人などの海賊集団。朝鮮王朝初代王のイ・ソンゲ(→「イ・ソンゲ」参照)は、武将だった頃、倭寇の討伐で名を上げた。韓流時代劇では、たびたび登場。略奪したり人をさらったりと民衆に悪事を働く外敵で、朝廷の運営にも影響を与える。『大王世宗』(2008)では、倭寇の本拠地とされた対馬を朝鮮軍が襲撃。『師任堂(サイムダン)、色の日記』(2017)でも、倭寇の陰謀が物語のポイントとなる。

話数延長
【わすうえんちょう】

現代劇 時代劇

韓国ドラマは、高視聴率を記録すると、軽々と話数延長する。日本ではドラマの放送クールがほぼ決まっているが、韓国はまちまちのため編成の自由度が高いのだろう。だが、延長によってドラマがトーンダウンしてしまうこともしばしば。俳優と契約問題に発展することもある。一方で視聴率不振であれば、ばっさり打ち切る。視聴率は上々だったのに突如終了した曰くつきの作品も。『レディ・ゴー!』(1997)はアジア通貨危機で、『英雄時代』(2003)は登場人物の1人が李明博元大統領をモチーフにしていたため政治的理由で、打ち切りに。

笑ドラ
【わらどら】

現代劇

コメディドラマのこと。韓国ドラマには、シットコム(→「シットコム」参照)の流れを継いだような笑って泣ける良作が多い。悪人もどこかヌケていて、観れば観るほど登場人物たちに愛着が湧いていく。『愛と笑いの大林洞 - ビッグ・フォレスト』(2018)『ペガサスマーケット』(2019)などの直球もののほか、『風の便りに聞きましたけど!?』(2015)などのブラックコメディものも見逃せない。恋愛要素を盛り込んだ『モダン・ファーマー』(2014)『ウラチャチャ My Love』(2018)も面白い!

王建 (877～943)
【ワンゴン】

時代劇

高麗王朝の建国者で、初代王・太祖。在位期間は918～943年。935年に新羅、936年に後三国を倒し朝鮮半島を統一した。統一までの道のりがわかるのは、後三国時代から高麗の建国までを描いた歴史大作『太祖王建』(2000)。韓国史劇最盛期の作品で、韓流時代劇王チェ・スジョンが初の時代劇で王建役を務めた。最高視聴率60.2%を獲得し、150話から延長されて全200話に(50話延長とはあっぱれ!)。

わ

あなたはいくつ正解できる？ 韓ドラ名言ドリル

第1問

謝りましょうか？ □□しましょうか？
──『太陽の末裔』より

絶妙のタイミングで繰り出される、ストレートで甘いトキメキ名ゼリフ。謝らないで〜!!

第2問

あなたの34年の人生は、**文句なしに**□□です。
──『椿の花咲く頃』より

ヨンシクが、あるシーンでドンベクに捧げた一言。こんな言葉をかけてもらえる人生がすばらしい！

第3問

今後お前が俺を**好き**でいる事を**許可**してやる。
俺がお前を□□事を**許可**してくれ。
──『美男＜イケメン＞ですね』より

ファン・テギョンだから許される、最上級のツンデレ名言！

第4問

最後には必ず□□□□人が**勝つ**の。それがこの世の道理よ。
──『製パン王 キム・タック』より

母が息子キム・タックに語った言葉で、彼の人生の指標に。こういう世の中であってほしい！

第5問

忘れてはならない人は**憎い**人じゃなくて□□な人だ。
人を憎み続けると気持ちが荒れて自分が傷つく。
──『愛の不時着』より

憎しみを口にするセリを諭す、ジョンヒョクの優しさあふれるセリフがたまらない！

第6問

後悔と引き換えに□□を得られる。
□□と引き換えに幸せの大切さを実感することができる。
──『アクシデント・カップル』より

“何事も起こらないのが悲しい人生”が信条のドンベクのセリフ。このドラマは、名言の宝庫です！

第7問

□□□□□□。だから来ました。
──『ボーイフレンド』より

ジニョクがスヒョンを突然訪ねたときに言ったセリフ。
飾り気のない言葉ですが、だからこそ突き刺さる！

第8問

ただ立っていれば地面だが、**歩けば**□になる。□を作れ。
──『私の国』より

自分で道を切り拓いてきたイ・ソンゲ将軍から主人公の1人への熱いメッセージに胸を打たれる。

ANSWER
正解はこちら

第1問：告白　　第2問：立派　　第3問：見る
第4問：正しい　　第5問：好き　　第6問：教訓　失敗
第7問：会いたかった　　第8問：道

189

HATSUKOI!!

イケメンですやーん!!

初恋とは…
初めて心をわしづかみにさ
れた人物や作品を仲間内で
そうよんでます。

7

ドキーーン

TAMA NEGI

BUTA USAGI

検査くるなよ…

エンドレス
見まくった…!!

癒し

シヌよ
お前ってやつは…

我慢できず
消灯後→
こっそり見てた

8

わかる!!
わかるよ!!
リ・ジョンヒョクに
不時着したの
よね!!

ユン・セリ風

今ならおばあちゃんの気持ちも
『愛の不時着』10回見る
気持ちもわかる!!
ヨン様はばあちゃんの
初恋だった
のね!!

10

ファン・テギョンに出会った時の
あの衝撃にはかなわんのよ…

その後、色んな人に恋したけど

『運命のように
君を愛してる』
イ・ゴン/チャン・ヒョク
この髪型で
こんなかっこいい
ことある?

IHAHA!

神

スキ

『君の声が聞こえる』
パク・スハ/イ・ジョンソク
天使
かな?
っておもた

スキ

『魔女の恋愛』
ユン・ドンハ
/パク・ソジュン
最強恋愛棒
女のハート
返して…!!

スキ

『シークレット・
ガーデン』
キム・ジュウォン
/ヒョンビン
こんな美しい骨格の人
いるんてなかった

9

私はファン・テギョン派!!

中盤まではシヌ!!って
思ってたのに…ファン・テギョンが
すごい勢いでおいあげてきた!!
シヌは優しいから許してくれるよね…
でも今ならシヌかもなー

ちなみに…

ありがとう韓ドラ!!
ありがとう初恋!!

グスン!

ケンチャナヨ

シヌ…
コマアネヨ

許可する!!

ハハ

許可するよ!!

ばあちゃん
遺伝してます!!

初恋から10年、
今日も韓国ドラマに恋してます。
日々の生活に癒しと潤いを
ありがとう

I♥
KANDORA

11

韓ドラに恋して
―初恋は永遠に―
作・新家史子

1

初めて韓ドラを知ったのは『冬のソナタ』

まだビデオテープ時代 →

← ポスター

念のためダビングしたやつ →

テレビ放送録画したビデオテープ ←

サントラ用に買ったCDラジカセ →

おばあちゃんがヨン様にどっぷりハマった

ムキムキのやつ

15,000円の写真集 →

NOヨン様, NO LIFE!!

2

大学生で1人暮らし

このシーン →

たまに帰ってきた私でも5回は見てる…

3

この時は、韓ドラはおばちゃんが見るものって印象

そして、同じドラマを何回も見ておもしろいんか…?ってギモン

4

数年後―
体を壊して、まさかの長期入院

5

その頃…会社の仲間内で

A.N.JELL

『イケメン美男ですね』ブーム到来

6

韓ドラの師

インコ先生

入院中ヒマやし、『イケメン美男ですね』って思いながら見始めたら…

誰派か聞くからな

すごいタイトルやな

プーッ

謝罪会見したい

191

【文】高山 和佳（たかやま・わか）

ライター。夫が経営する東京・西荻窪「旅の本屋 のまど」のスタッフも兼務。編集プロダクション勤務後、スペイン語学留学、長期海外旅行を経て、フリーライターに。旅や美容などの記事を手掛けていたが、2011年頃から韓流本にも参加。『韓流旋風』『韓流ラブストーリー』（ともにコスミック出版）のほか、『韓流ドラマメモリアルBOOK』（辰巳出版）などムックも多数。韓ドラ歴は『冬のソナタ』から。今も毎晩の韓国ドラマ視聴は日課で、何本観たかはもう不明。毎年の韓国渡航も恒例行事。韓国ドラマの影響で韓国の文化・歴史全般に興味がわき、韓国関連の本も読み漁る。韓国を知るにつれ中国やロシアにも関心がおよんで、何だか迷宮に迷い込んだ気分です。

【絵】新家 史子（しんけ・ちかこ）

福井県出身・大阪府在住のイラストレーター、デザイナー。ファンシー文具会社でキャラクターデザイナーとして活躍後、病気により退職。病院の壁画やパッケージのイラストなど、現在はフリーで活動中。『美男＜イケメン＞ですね』でチャン・グンソク演じるファン・テギョンに恋して以来、韓国ドラマにどっぷりハマる。あの初恋の衝撃は永遠。韓ドラに出会って人生変わったと言っても過言ではない。キュンキュンするラブコメも、ジンとくるヒューマンドラマも大好物。韓国ドラマブログ『ヌナのお部屋にいらっしゃい』でイラストを担当。大好きな韓国ドラマのお仕事ができて本当に幸せ!!

【装丁・本文デザイン】 中井有紀子（SOBEIGE GRAPHIC）
【編集】 伊藤彩子
【取材協力】 八田靖史

韓国ドラマにまつわる言葉をイラストと豆知識でアイゴーと読み解く

韓ドラ語辞典

2021年10月14日　発　行　　　　　　　　　　　　　NDC778.8

著　　　者　　高山 和佳（文）
　　　　　　　新家 史子（絵）
発　行　者　　小川雄一
発　行　所　　株式会社 誠文堂新光社
　　　　　　　〒113-0033 東京都文京区本郷3-3-11
　　　　　　　電話 03-5800-5780
　　　　　　　https://www.seibundo-shinkosha.net/
印刷・製本　　図書印刷 株式会社

ISBN978-4-416-52187-8